大学生公共基础课系列教材

大学体育教程

主　编　张　亮　夏　涛　梁法泽

副主编　王长龙　欧阳吉华

宋灵凤　李　白

電子工業出版社

Publishing House of Electronics Industry

北京 · BEIJING

图书在版编目（CIP）数据

大学体育教程 / 张亮，夏涛，梁法泽主编. 一北京：电子工业出版社，2023.8
ISBN 978-7-121-46085-2

Ⅰ. ①大… Ⅱ. ①张… ②夏… ③梁… Ⅲ. ①体育－高等学校－教材 Ⅳ. ①G807.4

中国国家版本馆 CIP 数据核字（2023）第 146953 号

责任编辑：康　静
印　　刷：三河市华成印务有限公司
装　　订：三河市华成印务有限公司
出版发行：电子工业出版社
　　　　　北京市海淀区万寿路 173 信箱　邮编 100036
开　　本：787×1 092　1/16　印张：17.75　字数：454.4 千字
版　　次：2023 年 8 月第 1 版
印　　次：2024 年 8 月第 2 次印刷
定　　价：55.00 元

凡所购买电子工业出版社图书有缺损问题，请向购买书店调换。若书店售缺，请与本社发行部联系，联系及邮购电话：（010）88254888，88258888。

质量投诉请发邮件至 zlts@phei.com.cn，盗版侵权举报请发邮件至 dbqq@phei.com.cn。

本书咨询联系方式：（010）88254609，hzh@phei.com.cn。

前　言

“健康体魄是青少年为祖国和人民服务的基本前提，是中华民族旺盛生命力的体现。学校教育要树立健康第一的指导思想，切实加强体育工作，使学生掌握基本的运动技能，养成坚持锻炼身体的良好习惯。”这是《中共中央国务院关于深化教育改革全面推进素质教育的决定》中所强调的。因此，加强大学生体育锻炼，提高对体育与健康的认知，也就成了大学体育教学中的重点。

首先，目前市场上针对大学生体育与健康的图书品类繁多，各个版本的体育与健康教程内容侧重点不尽相同，针对学生没有贴合性；再者，随着社会和经济的发展，有些体育锻炼方式方法推陈出新，体育比赛规则不断改进，触发了新的健康理念认知，自然也造成了有些图书中知识点过于陈旧。为促进大学生体质和身心的健康发展，使当代大学生成为构建和谐社会的接班人，同时也为了适应高等学校体育教学的需要，我们编写了本书。

我们在编写过程中，首先以教育部颁布的《全国普通高等学校体育课程教学指导纲要》为依据，以“健康第一原则、实用性原则和知识层面丰富原则”为指导思想。其次吸取近年来体育学科研究成果，紧跟时代发展的潮流，力求做到体育健康的基础理论与体育运动的实践操作相结合，用理论知识指导我们的体育锻炼，注重理论联系实践。最后尽量使用简洁的语言进行归纳和说明，使课程内容贴近学生，提高学生自主锻炼的能力，旨在帮助学生形成运动爱好和专长，培养终身重视体育的意识和习惯，塑造健康体魄，提高对个人健康和群体健康的社会责任感，逐步形成健康的生活方式和积极进取、充满活力的人生态度。本书是福建省教育科学“十四五”规划 2021 年度教改专项课题《福建高校校园体育文化德育价值实现机制研究》（Fjjgzx21-295）研究成果。

本教材由阳光学院张亮、夏涛、梁法泽任主编，王长龙、欧阳吉华、宋灵凤、李白任副主编。本教材在编写过程中参考和引用了部分国内外同类教材和有关文献资料，在此对参考图书的作者表示谢意。由于编者水平有限，时间仓促，书中难免存在疏漏之处，希望大家对教材内容的不足之处提出宝贵意见，以帮助我们不断地提高图书质量，改进教学方法。

编　者

目　录

第一章 体育与健康基础知识

第一节 体育与高等学校体育

现代社会对高校人才的培养目标不仅仅是专业技术的精深，更要求身体全面发展以适应社会生产、生活的需要。身体全面发展的基本途径之一是科学的体育运动。

学习宣传贯彻党的二十大精神，紧紧围绕满足人民群众需求，从赛事、培训、场地、体教融合、体育与互联网融合等多个角度出发，贯彻新发展理念一要学深悟透，提高政治站位，精心组织安排，丰富形式载体，努力营造学习宣传贯彻党的二十大精神的浓厚氛围。二要奋勇争先，进一步激发干事热情，把学习宣传贯彻党的二十大精神与学习贯彻习近平总书记关于体育的重要论述结合起来，让体育运动常态化，学会至少两项终身受益的体育锻炼项目，养成良好锻炼习惯。挖掘学校体育在学生道德教育、智力发展、身心健康、审美素养和健康生活方式形成中的多元育人功能，有计划、有制度、有保障地促进学校体育与德育、智育、美育有机融合，提高学生综合素质。

体育课程是促进身心和谐发展、思想品德教育、文化科学教育、生活和体育技能教育与身体活动并有机结合的教育过程，是实施素质教育和培养全面发展的人才的重要途径。作为教育的一个重要方面，学校体育承载着增强学生体质、培养竞争意识、树立现代健康观的教育重任。对于正处于生长发育阶段的学生来说，学校体育对学生的身心发展乃至一生都有着极大的影响。突出“以人为本”“健康第一”的指导思想，不仅要向学生传授体育的知识、技术、技能，增强学生的体质，促进学生身体的全面发展，提高学生的心理健康水平，养成良好的体育习惯；而且要将体育作为增进健康的思维方式、行为方式和生活方式传授给学生，使其终身受益。

一、高校体育对学生的作用

随着社会的进步，生产的发展，体育本身也从单一的健身功能向多目标、多功能分流，并成为一门在多学科基础上发展起来的综合性学科。它在促进人体生长发育、挖掘和增强人的各种功能、培养人的道德和品质、加强人与人的联系、加快和繁荣经济发展、丰富人类文化生活等方面起到了重要作用。

（一）智育功能

学校体育通过各种各样的体育活动，可以促进学生的智力发展。体育锻炼能够促进学生神经系统的发育，这为智力开发奠定了生物基础。人体在进行体育运动时，视觉、听觉、平衡觉、本体感觉等多个感觉齐参与，各种感觉信息不断传入大脑皮质的各个中枢，从而活化、刺激了大脑细胞并改善了大脑的供氧量，有利于促进大脑思维活动的物质——脑啡肽分泌，使人头脑清醒，思维敏捷。学校体育本身是一项创造性的活动，蕴含着丰富的开发智力、培养创造力的内容，对全面培养观察能力、广泛训练记忆能力、启迪诱导想象力和提高思维能力具有重要的作用。此外，有研究表明，运动有助于开发大脑右半球的功能，对发展儿童的直觉、空间转换、形体感知等形象思维及创造力具有重要作用。学生进行系统的体育锻炼，加上合理的营养，可以使大脑获得更多的养分，从而进一步提高大脑的认知思维能力和脑细胞的反应速度。体育运动中的复杂、灵活、多变的特点，则有助于训练培养学生的综合能力，使其反应敏捷、扩散思维能力增强、对事物的观察判断更加准确。学校保证学生每天一小时的体育活动时间，对学生的智力发展有着积极的作用。

（二）德育功能

学校体育是德育的重要内容和手段，对学生的个体社会化过程和人格完善过程起着重要作用。学校体育可以培养学生的道德认识和信念，使学生的道德信念通过体育活动得到强化，并化为学生具体的道德行为。学校体育还能有效地培养学生的个性和意志品质，如勇敢、顽强、对挫折和困难的承受力等，同时也可以培育学生的集体主义和爱国主义精神以及责任感和荣誉感。这些不仅是学校德育的重要内容，也是现代人所必备的重要素质。

（三）美育功能

学校体育是学校美育的重要与特殊的途径，这是因为运动的过程始终伴随着美。学校体育在塑造学生身体美的同时，也伴随着行为美、运动美和心灵美，四者在运动实践中得到完美的结合。体育锻炼的这种塑造健美身体的作用是非常直接的，通过体育锻炼，能使学生身体匀称、姿态优雅、动作矫健，这既是健康的标志，也是人体美的表现。运动中的形体美、动作美、协调美、节奏美以及服饰美等都将给学生以强烈的美感体验，使其得到美的享受和情感的陶冶与升华。学校体育培育学生鉴赏美、表现美和创造美的作用是独特的、具体的，具有极强的实践性，这是一般学科无法比拟的。且不说冰上芭蕾、花样游泳、体操等这类在优美的旋律伴奏下进行的各项运动，即便是一个简单的体育动作也是在对学生进行美的教育。

（四）健心功能

培养学生的健康心理，是各级各类学校教育尤其是体育教育中非常值得关注的一个问题。忙碌繁重的工作生活和学习中的激烈竞争，对人的心理造成了巨大的压力和影响，并且现在很多大学生都是独生子女，独生子女的孤独使相当大一部分学生的心理存在问题。体育教育可以培养学生乐观进取、积极向上的精神，可以使学生勇敢、坚定、果断，提高自控能力；可以协调人际关系、提高交往和协作能力。体育竞赛活动则使学生在平等条件下的竞争中，充分发挥各自的能力，不断进取。竞赛的结果，则是对学生树立正确成败观的教育，使学生能正确地对待失败与挫折，正确地认识自己，增强自信心，成为生活的强者。

（五）健身功能

体育锻炼是增进健康、推迟衰老、延年益寿的最有效方法。通过锻炼可使血液循环加快、增强心脏的功能；可以改善大脑的供血状况，消除脑力劳动后的疲劳，使头脑清醒，思维敏捷；可使呼吸肌增强，肺活量增大，肺功能加强；能使肌肉粗壮结实、丰满有力；能使骨骼坚韧，骨密质增厚，骨的抗弯、抗折能力增强；还可以提高人体的基本活动能力，增强对环境的适应能力和抵抗疾病的能力。如果长期坚持体育锻炼，人类的体质就会得到增强，健康水平就会不断提高。

（六）娱乐功能

无论是从人的生理、心理还是从社会文化需求诸方面来看，娱乐都是人们精神生活的重要内容。体育运动集游戏性、竞赛性、艺术性和娱乐性于一体，因此，它特有的娱人娱己功能十分明显。体育活动不仅能给人以强健的身体，而且能给人以美的享受，从而使学习、工作和劳动所带来的紧张和压力得到积极有益的调节，获得积极性信息，这不仅有利于体力的恢复，而且也是一种精神上的享受。当今世界是一个快节奏、高效率、竞争激烈、全速前进的社会，这就不可避免地给人们带来许多紧张和压力，经常参加体育活动，可以适当缓解压力。现代体育活动以其运动技能的高难度、造型的艺术化、形式的多样化、竞争的激烈性和比赛结果的不确定性，容易使观赏体育竞技和表演的人们产生炽热、激动的感情，达到忘我的境界，这就会连续不断地激发起人们的审美情感，强化人们的美感神经。由此可见，体育是一种积极健康的娱乐方式，有助于人们愉快地度过余暇，满足人们心理的需要。

二、高校体育的目标与任务

（一）高等院校体育的目标

《全国普通高等学校体育课程教学指导纲要》明确指出，体育课程的基本目标是运动参与、运动技能、身体健康、心理健康、社会适应。在此基础上，要结合不同学校类型与专业特点，因人而异，因专业而异，按照认知、能力和情感三个目标来确定高等院校教育及体育课程的教学目标。

1. 认知目标

使高等院校学生学会体育的基本知识、技术、技能，至少熟练掌握一两种科学锻炼身体的方法；初步养成锻炼身体的习惯，了解为满足未来职业生涯需求，结合自身特点科学锻炼身体与自我生存和发展的理念；培养体育意识与兴趣因素，建立健全生活方式基础，了解和掌握满足生产、生活需要的常见体育项目的规则与方法。

2. 能力目标

能够积极、自觉地参与体育活动，学会一些与专业相关的体育运动技能与方法并进行科学的体育锻炼，适应职业劳动的身体需要，掌握常见运动创伤的处理方法，根据专业特点，加强易伤部位和相对较弱部位的锻炼，提高身体机能，积极预防未来职业操作易发生的损伤与职业病。

3. 情感目标

强化体育锻炼培养学生健康的体魄和坚强的性格，完善体育过程改善心理状态、克服心理障碍，养成积极乐观的生活态度，在运动中体验竞技的乐趣，培养学生抗挫折、团队合作、自我控制等能力。

总之，以“职业人”的培养为主要目标，以职业运动能力的教学和训练为主，体育课程能使学生养成自觉参与锻炼的行为习惯，掌握科学体育锻炼的方式方法，全面提高身体素质，形成健康的心理品质，表现出良好的人格特征、积极的竞争意识与团队合作态度，培养良好的体育素养。

第二节 健康、亚健康与体育运动

健康是一种不断变化的行程性的理念。如同体育一样，由于个体所处的自然环境、生存条件和时代经济发展的不同，人们的健康观念也在不断地变化和发展。

体育运动是指人们根据需要自我选择，运用各种体育手段，并结合自然力和卫生措施，以发展身体、增进健康、增强体质、调节精神、丰富文化生活和支配余暇时间为目的的体育活动。

一、健康的概念和内涵

“健康”一词在古代主要是指人身体的健康，当时人们对健康的理解就是指身体的无病状态，认为只要身体没有疾病就是健康的。到了20世纪80年代中期，世界卫生组织对健康重新进行了定义：“健康是身体上、精神上和社会适应上的完好状态，而不仅仅是没有疾病或者不虚弱。”这一定义一直沿用至今。

世界卫生组织对健康的重新定义说明，人是社会的人，我们在预防、诊断和治疗疾病的时候，不仅要考虑生理状况，还要考虑到社会、心理、精神、情绪等因素对人体健康的影响。我们可以从身体健康、心理健康和社会健康这几个方面来理解健康的含义。

（一）身体健康

从世界卫生组织确定的健康标准和专家的健康观点可以看出，健康包括身体健康和心理健康以及社会适应几个方面。而身体健康和心理健康二者相辅相成，相互依存，缺一不可。严格地说，没有一种病纯粹是身体方面的，也没有一种病纯粹是心理方面的。健康的目标是追求更积极、更高层次的适应和发展，是身心健康、社会幸福的理想状态。人们在考虑自身的健康和疾病时，要考察身体、心理两个方面的反应。

世界卫生组织给健康下的定义实际上是健康的十项标准。

（1）有充沛的精力，能从容不迫地担负日常生活和繁重工作，而且不会感到过分紧张与疲劳。

（2）处事乐观，态度积极，乐于承担责任，大事小事都乐于做，不挑剔。

（3）善于休息，睡眠好。

（4）应变能力强，能适应外界环境的各种变化。

（5）能抵抗各种传染病。

（6）体重适当，身体匀称，站立时头、肩、臂位置协调。

（7）眼睛明亮，反应敏捷，眼睑不易发炎。

（8）牙齿清洁，无龋齿，牙龈颜色正常，无出血现象。

（9）头发有光泽，无头屑。

（10）肌肉丰满，皮肤有弹性。

以上十项标准表明，健康的人要有强壮的身体和乐观向上的精神状态，并能与其所处的社会及自然环境保持协调的关系和良好的心理素质。

（二）心理健康

我们在了解了健康的含义之后，还应该了解和掌握什么是心理健康。心理健康是指个体在适应环境过程中，生理、心理和社会适应方面达到协调一致，保持一种良好的心理功能状态。广义的心理健康是指一种高效而满意的、持续的心理状态；狭义的心理健康是指人的基本心理活动的过程和内容完整协调一致，即认知、情感、意志、行为和人格完整而协调。广义的概念也好，狭义的概念也罢，关键是我们在生理、心理和社会适应方面达到协调一致，保持一种良好的心理功能状态。

关于心理健康的标准，许多心理学机构和心理学家都提出了不同的观点，我们结合许多学者和机构的研究成果与自己的工作实践，我们提出了以下几条心理健康的标准。

1. 智力正常

正常的智力水平是保证人们能正常学习、工作和生活的基本心理条件。智商在130分以上为超常，智商在90～129分之间为正常，智商在70～89分之间为亚正常，智商在70分以下为智力落后。衡量一个人的智力发展水平，可通过与同龄人的智力水平相比较来确定。

2. 情绪适中

快乐表示心理健康，如同体温表示身体健康一样，一个人的情绪适中，就会使整个身心处于积极向上的状态，对一切充满信心和希望。心理健康的人乐观开朗、热爱生活、积极向上，在一般情况下，总能保持良好的心境，他们能有效地控制、调节、转移消极情绪，善于避免消极情绪对自己的伤害。

3. 情商中等以上

情商是相对智商而言的，是指情感智力的高低。情感智力包含了解自我、管理自我、自我激励、识别他人的情绪、处理人际关系五个方面。情感智力是决定人们成功的重要因素。

4. 意志健全

行动的自觉性、果断性和顽强性是意志健全的重要标志。意志健全的人对自己的行动目的有正确的认识，能主动支配自己的行动；能明辨是非，适当而果断地做出决断并实施；在做出执行决断的过程中能锲而不舍，顽强拼搏。

反应适度是意志健全的主要表现，也是心理健康的外在表现之一。它表现为意识和行为一致；处世交际符合常理，行为反应符合情境。

5. 人格统一完整

人格是指一个人的整体精神面貌，是具有一定倾向性的心理特征的总和。人格的各种特征是有机合成的整体，对人的行为进行调节和控制。如果各种成分之间关系模糊，就会造成人格分裂。

6. 自我意识正确

心理健康者有自知之明，对自己的能力、性格中的优缺点能够客观恰当地分析，既不自傲也不自卑；对自己的生活目标和理想的确定切合实际，不提出苛刻的期望和要求，因而对自己总是满意的；能努力发挥自己的智力和道德潜能，对自己的不足能泰然处之。心理不健康的人则缺乏自知之明，或自傲，或自卑，由于所定的目标和理想超出现实，或者要求自己十全十美，因此总是自责、自怨、自卑，使自己的心理无法平衡，常面临心理危机。

7. 人际关系和谐

心理健康者能够正视现实，不逃避现实，对周围的客观事物和客观环境有客观的认识和评价，对生活、工作中的困难能妥善处理。

心理不健康的人往往以幻想代替现实，或抱怨自己“生不逢时”，或责怪社会环境对己不公，怨天尤人。心理健康者乐于与人交往，接受并悦纳他人，也能为他人所理解，人际关系和谐；能用同情、友善、信任、尊敬的态度对待他人，绝少有猜忌、嫉妒、畏惧、敌视等不良心理。因而，心理健康者在社会生活中有较强的适应能力和较充足的安全感，而一个心理不健康的人，总是游离于集体，与周围的人格格不入。

8. 人生目标积极向上

心理健康者能自觉驾驭自己的生活，即使在挫折的境遇中，仍能坚持不懈地努力，从事有价值的工作，遵守社会公德。心理不健康者或者因为失去生活目标，对人生悲观失望而闷闷不乐；或者因为理想的生活目标超越现实，为达不到目标而心烦意乱，焦虑不安。

9. 社会适应良好

心理健康者热爱并且自觉专注自己的工作、学习、事业，工作成绩突出，学习效果明显，并且在工作、学习中体验生活的充实，体验自己存在的价值。心理不健康者则缺乏责任心，工作常无成效或成效不明显，学习方法不当，学习效率低下，常感觉生活无奈和无价值。心理健康的人与社会保持良好接触，认识社会，了解社会，使自己的思想、信念、目标和行动能跟上时代发展的步伐，与社会的进步与发展协调一致，能及时调节和修正自己的计划和行动，顺应历史发展潮流。

10. 心地善良，同情弱者

心理健康者对他人有移情性理解，能够给他人以爱。这种爱意味着理解、同情、尊重、关心、帮助等，因而他有良好、稳定的人际关系。心理不健康的人常感叹社会、他人缺乏对自己的同情、关心和帮助，因而少有良好与稳定的人际关系。

11. 心理特点符合年龄特征

人每一年龄段的心理发展都会表现出相应的特征。一个人心理行为的发展总是随着年龄的增长而发展变化。如果一个人的认识、情感和言语举止等心理行为表现基本符合他的年龄特征，就表现为心理健康；如果严重偏离相应的年龄特征，心理发展严重滞后或超前，则表现为行为异常、心理不健康。

（三）社会健康

社会健康也称社会适应性，是指个体与他人和社会环境相互作用并具有良好的人际关系和现实社会角色的能力。有此能力的个体在社会交往中有自信心和安全感，能与人友好相处，心情舒畅，并知道如何交朋友和维持友谊，能以负责的态度行事并在社会中找到自己合适的位置。

社会健康也有自己的评价系统，但是不像生理健康那样有客观的评价标准，它的一些评价大多是主观的。我们可以从以下几个方面对一个人的社会健康状况做出评价：

（1）能接受与他人的差异。

（2）与家庭成员和睦相处。

（3）有一到两个亲密的朋友。

（4）共同工作时，能接受他人的思想和建议。

（5）能与同性、异性交朋友。
（6）当自己的意见与多数人的意见不同时，能保留意见，继续工作。
（7）主动与人交往，有稳定而广泛的人际关系。
（8）交往中客观评价他人，取人之长，补己之短。

二、影响健康的因素

美国学者劳森提出了“健康五要素”，即身体、精神、智力、情绪和社会必须都处于健康与完美状态，才能称为真正的健康。事实上，影响健康的因素是评价人们健康水平、计划和措施的依据。由于年龄、性别、地域、民族等客观原因，健康的影响因素也不尽相同。

（一）行为和生活方式因素

行为是有机体在外界环境刺激下所产生的反映，包括生理和心理的变化。人类的行为表现错综复杂，但基本规律是一致的，即它是人类为了维持自身的生存和种族的延续，在适应复杂的、不断变化的环境时所做出的反应。由于人同时具有生物性和社会性，所以人类的行为分为本能的和社会的两大类。个体的社会行为是人与周围环境相适应的行为，是通过社会化过程确立的。行为是影响健康的重要因素，几乎所有影响健康的重要因素都与行为有关。美国的一项调查显示，只要有效地控制行为危险因素，如不合理饮食、缺乏运动锻炼、吸烟、酗酒和滥用药物等，就能降低 40%～70%的早死概率。

（二）环境因素

人类与自然环境之间有着极为密切的关系。自然环境为人类的生存和发展提供了条件，人类的生活和生产活动同时又在不断改造着环境，从而创造有利于自身生存和发展的条件。另外，人类在改造环境的过程中，又会把大量的废弃物带给环境，造成环境污染，对人体健康产生不良影响，甚至危及人的生命。

（三）人体生物学因素

1. 遗传因素

后代形成和亲代相似的多种特征称为遗传特征。遗传不仅使后代在形态、体质以及性格、智力、功能等方面和亲代相似，还把亲代的许多隐性或显性的疾病遗传给了后代。

2. 心理因素

我们的祖先在 2000 多年前就发现了情绪对身心健康的影响，如《黄帝内经》中多处提到了“怒伤肝”“悲伤脾”“恐伤肾”。现代医学心理学的研究也证明，许多疾病的发生、发展都和心理因素有关，如心血管病、高血压、肿瘤等。大量的临床实践也证明，消极的情绪（如悲伤、恐惧、焦虑、愤怒等）能引起各种器官系统功能失调，导致失眠、心动过速、血压升高、尿急、月经失调等症状。在我国进行的癌症普查中还发现，心理因素与食道癌、子宫颈癌的发病有着密切的关系。

（四）体育运动因素

由于劳动方式和生活方式的改变，缺乏运动成为威胁人类健康的一个重要因素。同时，科学运动的健康价值日益显现，体育在生活中的位置越来越受到人们关注，体育对人类健康的作用也是我们要说的重点。

体育是一种非常复杂的社会文化现象。从体育的含义可以看出，体育具有个体生物性和社会性两种属性。1978 年，联合国教科文组织颁布的《体育运动国际宪章》中明确指出：体育运动是一项人权，确认了体育是提高生活质量的手段，体育有助于培养人类的基本价值观念。这说明，体育对人类的生存和发展具有重要的影响。

在人类发展史上，体育作为一种积极的人类行为和特殊的社会文化现象，伴随着社会和文明的进步而发展，并对人类的进化和社会的发展起到了巨大的促进作用。健康的生活方式可以预防“文明病”的发生和发展，而体育运动作为健康生活方式的重要内容，对人类健康始终起着独特的支持作用，是维护人们身心健康最有效、最有益的办法。

三、亚健康

亚健康状态的广泛存在已经产生了不可忽视的严重后果。世界卫生组织的研究显示，人类的健康和长寿，40%来自遗传基因和客观条件，其中，15%为遗传，10%为社会因素，8%为医疗条件，7%为气候条件；而另外的 60%则取决于自己建立的生活方式和心理行为习惯。

（一）亚健康的定义

健康是躯体、心理、社会三方面均正常的“理想健康”，而疾病则是指机体在一定病因的作用下，一定部位、一定层次的结构、功能、代谢发生异常改变的生命活动过程，主要表现为躯体或心理上的异常。但疾病的产生并不是一蹴而就的，“健康→疾病→死亡”是一个动态的、连续的过程。疾病和健康的中间阶段即为亚健康状态，这时的机体既非“理想健康”，又非严格意义上的患病，机体既有可能向疾病转变，也有可能恢复健康。

世界卫生组织提出了一系列亚健康状态的临床症状，其特征有：体虚困乏、易疲劳、失眠、休息质量不高、注意力不易集中，甚至不能正常生活和工作、情绪不稳定、抵抗力差等，但在医院进行全面系统检查时往往又找不到确定的病因所在。

（二）亚健康产生的原因

导致亚健康状态的原因是多方面的，既有生物学因素，也有社会心理因素，更有不良生活方式的影响，还有环境因素。具体而言，主要有以下几个方面的原因。

1. 过度疲劳

生活、工作节奏加快，竞争日趋激烈，使人们用脑过度，身心长时期处于超负荷紧张状态，造成身心疲劳，主要表现为身体疲劳、精力不足、注意力不集中、记忆力衰退、睡眠质量不佳、肩背腰酸楚疼痛等。长此以往，必然因内脏功能过度损耗、机能下降而出现亚健康状态。据世界卫生组织的统计，全世界大约有 70%的人不同程度地生活在亚健康状态中，越是大城市和经济发达地区，处于亚健康状态的人就越多。

2. 自然衰老

人体成熟以后，大约从 30 岁就开始衰老。到了一定程度，人的机体器官开始老化，出现体力不支、精力不支、社会适应能力降低等现象。譬如，女性出现更年期综合征、生理功能紊乱、精神和情绪低落；男性虽然更年期综合征不明显，但也会出现生理机能减退、心情烦躁、精力下降等系列症状。

3. 生物周期

即使一个健康的人，在某一特定的时间也可能处于亚健康状态。人的体力、精力、情绪都有一定的生物节律，有高潮也有低潮，脑力和体力都有很大的反差，在低潮时期就会表现出亚健康状态。

4. 环境因素

自然环境的污染已成为影响人类健康的一大因素，要增进健康，就必须改善自然环境，这已成为人们的共识。向人们阐明环境与健康的关系，把有害健康的环境因素及防范规律传达给人们，使每个人都知道保护环境的重要作用，让人人都积极参与到环境保护的行动中，是健康教育的重要方面。

（三）对亚健康的调节

对亚健康的调节方法很多。利用心理学的理论和技巧、通过多种方法、应用语言和非语言的交流方式，可以影响人的心理状态，改变人们不正确的认知活动和情绪障碍，解决人心理上的矛盾，从而达到治疗心理亚健康的目的。

另外，生理调节也不容忽视。总的来说，我们可以从以下 8 个方面来加以注意：

（1）改变不良生活习惯，戒烟、戒酒，从而避免或减少来自外界的恶性刺激。

（2）保持体内生物钟的稳定，做到劳逸结合、作息规律，避免加重身心疲惫。

（3）适度增加体力活动的强度和体育锻炼的时间，给躯体增加“负荷”，不仅可以增强心肺功能，还能使人产生愉悦之感。

（4）加强营养，定时进餐，尤其要重视早餐，提高早餐的质量。

（5）通过旅游活动，如春踏青、夏赏花、秋登山、冬赏雪等，经受大自然的洗礼，增强体质，陶冶情操。

（6）通过自我心理调试，逐渐提高对外来刺激的承受能力，增强心理抗病能力，以心理健康带动躯体健康。

（7）广交朋友，尽量将自己置于“朋友快乐世界”中。调查表明，有些处于亚健康状态的人就是被朋友的友谊之手拉回到健康者行列中的。

（8）症状严重时，请医生帮忙，必要时可进行一些对症治疗。

四、体育运动与健康

“体育运动”作为人对自己身体和精神的有目的、有意识的培育或改造活动，毫无疑问是和健康密不可分的。健康是人一生最大的财富，其重要性人人皆知。

（一）体育运动对身体形态的作用

身体形态是人的身体的外部形状或体态，它包括人的身高、体重、胸围、四肢围、体脂以及四肢与躯干长的比例及身体姿态等，主要通过身高、体重、胸围的指标来反映身体形态的发展水平和整体指数与比例。

1. 促进身高的发展

人体的身高主要与骨骼的发育水平有关，而骨骼的发育除受遗传因素影响外，直接受制于人体内分泌激素的状态。

运动能提高人的兴奋度，促使内分泌激素增加，特别是垂体分泌生长素、甲状腺分泌甲状激素，以及维持维生素的含量。生长素使骨骼软骨细胞增生繁殖，长骨不断加长。如果甲状腺分泌能力低下，骨生长发育发生障碍，就会致使身材矮小。维生素有协调和平衡造骨细胞和破骨细胞的作用，若维生素缺乏，则造骨与骨改建活动失调，会导致畸形生长。同时，体育运动可以加强人体的新陈代谢水平，合理地刺激并促进人体的新陈代谢，在骨骼的生长发育过程中，使流向长骨两端的血量增多，促进细胞分裂、增殖，使骨骼长得更快。由于血液循环的改善，还会使骨密质增厚，骨变粗，骨面肌肉附着处突起明显，骨小梁的排列根据张力更加整齐有规律，从而使骨骼从形态结构上变得粗壮而坚固。

2. 增加肌肉的体积与肌力

人体肌肉的均衡丰满与人体的形态美密切相关，体育运动能改变肌肉的形态和结构。

肌肉的基本单位是肌纤维，肌纤维内决定肌肉收缩能力的是肌球蛋白。运动时由于肌肉不断地收缩使肌球蛋白不断增加；运动还可使肌肉储存水分的能力增强而有利于肌肉的氧化反应，可使肌纤维的供能中心线粒体数目增多，不易产生疲劳；运动还可使肌肉结缔组织增厚，使肌肉纤维（细胞）的数量增加和横截面增大，提高其牵张力，以维持骨骼的正常体位。实践证明，经过长期的运动锻炼，肌肉的重量可由占体重 40%（女性约 35%）左右改变为50%左右。这不仅明显地改善了身体的形态结构，而且对提高工作、学习、生活效率，以及防止过早疲劳、过早衰老都将起到积极的作用。

3. 促使身体姿态的协调与改善

人的身体姿态主要通过人体脊柱弯曲的程度及坐、立、走、跑的体态来体现。一个人良好的身体姿态，不仅反映其精神面貌，而且是一个民族精神文明的标志之一。

一个人坚持进行体育运动，特别是坚持各种协调性、柔韧性较强的运动，从生理学的角度来说，由于承受了一定的运动负荷，促进了其血液循环及新陈代谢，使附着在骨骼、脊柱上的肌肉、韧带的柔韧性加强，消除体内多余的脂肪，使整个人的形体和姿态显得挺拔、轻灵。从心理学来看，在有节奏、韵律的氛围下做各种带有美感的动作，可以陶冶情操，调节情感，丰富情趣，松弛紧张的神经，从而使人从内心感受到一种愉悦、自信而表现出健康健美、优雅大方的身体姿态。

（二）体育运动对身体机能的作用

身体机能是指人体在新陈代谢的作用下，各器官系统工作的能力。运动锻炼可以提高各器官系统的机能，尤其是神经系统、心血管系统和消化系统。

1. 能改善和提高中枢神经系统的工作能力

（1）使人头脑清醒、思维敏捷。人脑是人体的最高指挥部，人体一切活动的指令都是由大脑发出的。大脑只占人体重的 2%，但它需要的氧气却要由心脏总流血量的 20%来供应，比肌肉工作时所需血液量多 15%～20%。进行体育运动，特别是到大自然中去活动，可以改善大脑供血、供氧情况，促使大脑皮质兴奋性提高。此外，体育运动是以肌肉活动为核心的，要完成任何一种锻炼活动，相应的肌肉都得有规律而协调地收缩，这不仅要求肌肉有一定的力度，而且对动作的幅度、动作的速度和动作的节奏都有要求，这些实际上都是在神经系统的调节和控制下完成的。这样的过程对神经系统是一个很好的锻炼，使兴奋和抑制、传导和反应等都能得以改善，表现为大脑皮质神经过程的兴奋性、均衡性和灵活性提高，反应的潜伏期缩短，大脑及周围神经系统的机能改善，使人精力充沛、动作敏捷、思维灵活、精明果断。

（2）解除疲劳和精神紧张，改善睡眠。经常参加运动的人，脑垂体会产生一种称为内啡肽的物质。这种物质能增强对疼痛的耐受性，对抗紧张；它还能降低血压，给运动者以愉快的感觉和健康的状态。

（3）防止脑动脉硬化，维持大脑良好的血液供应。脑动脉的硬化是由血液内胆固醇含量过高所致。研究证明，体育活动可使血液总胆固醇含量降低，尤其是低密度脂蛋白胆固醇降低，提高高密度脂蛋白胆固醇含量，从而清除沉积在血管壁上的胆固醇，防止动脉硬化。

（4）提高体温调节中枢的机能，增强人体耐寒耐热的能力。一个训练有素的人，既不畏冰天雪地的寒冬，也不怕炎热的酷暑。这是因为运动中神经系统的调节能力得到改善，特别是体温调节中枢的机能加强。在寒冷的环境中进行锻炼，由于下丘脑产热中枢的兴奋，提高了机体的产热过程，同时皮肤血管收缩使散热减少；而在酷热的环境中进行锻炼，是因为下丘脑散热中枢的机能加强，使机体散发更多的热量，以便维持正常体温。当然，这一机能的提高是长期锻炼的结果。

2. 能改善心血管系统的形态结构和机能

（1）提高心肌利用氧的能力。经常参加体育运动，可以使心肌兴奋性增强，收缩力加强，冠状动脉扩张，血流改善，心肌利用氧的能力提高，从而使心脏的功能得以加强。运动时，由于肌肉的活动，心脏的工作量增加，心肌的血液供应和新陈代谢加强，心肌纤维增粗，心壁增厚，心肌中的毛细血管口径变大，数量增多，供血量相应加大，使心脏具有更强的收缩力。同时使心脏增大，一般人心脏重约 300 克，运动员可达 400～500 克。这种心脏增大称为功能性心脏增大或“运动员心脏”。

坚持良好的运动，不仅可使心脏收缩力加大，还可增大心腔容量，即增强有氧代谢能力。一般人心腔容量为 465～785 毫升，运动员可达 1015～1027 毫升。心脏在收缩前，由于心腔容量的增大，充血量多，心肌纤维伸展较长，心肌收缩有力，从而使心脏的每搏血液输出量和每分钟血液输出量增加，使循环系统机能得到增强。

（2）提高心力储备。坚持运动，可以提高人体的心力储备，增进健康。心力储备是指心输出量率（每搏输出量×心率）随人体代谢需要而增加的能力，它包括每搏输出量和心率可以发生的最大、最适宜的变化。心脏的良好心力储备表现为长期坚持运动者安静时脉搏频率低，为 40～60 次/分；在运动时脉搏频率升高少，运动后脉搏频率能较快地恢复到安静状态。一般人安静时为 60～80 次/分，紧张活动时脉搏频率升高很多，坚持运动还能影响血管壁的结构，改变毛细血管在器官内的分布和数量，有利于提高器官供血和机能。动物实验证明，体育运动能影响心脏的血管，使冠状动脉口径增粗和重量增加，使心肌的毛细血管数量增加，增强心肌供血、供氧能力，使其收缩更为有力、功能增强。

（3）降低血脂，减少心血管病的发生。美国学者对多名马拉松赛跑者、健身跑者和不运动者（年龄为 35～65 岁）进行血液化验，发现马拉松赛跑者每 100 毫升血液中的高密度脂蛋白胆固醇含量是 6.5 毫克，健身跑者为 5.8 毫克，不运动者为 4.3 毫克。说明跑步者血液中高密度脂蛋白含量高于不运动者，而这种物质有保护心脏、防止心肌梗死的作用。

3. 能促进物质代谢，改善消化系统的功能

经常参加体育运动，能量的消耗比平时多，新陈代谢较快。这些消耗的能源物质要通过饮食来补充，于是促进了消化机能的发展。这是因为一方面运动使消化腺分泌的消化液增多，消化管道的蠕动更强，胃肠的血液循环得到改善；而且由于某些消化酶和代谢中酶的活性提高了，使得食物的水分化和营养物质的吸收进行得更加充分和顺利。另一方面，由于运动时呼吸加深加快，与呼吸有关的呼吸肌（如膈肌和腹肌）的活动也大大加强。膈肌上下移动和腹壁肌肉前后活动，对胃肠起着一种很好的按摩作用。这不仅改善了消化系统的血液循环，而且帮助了胃肠的蠕动，这对提高消化机能，促进食物的消化、吸收是很有利的。这就是经常锻炼的人吃得多、消化得好的原因。

体育运动促进了人的消化机能，而消化机能的提高又给肌肉工作创造了更好的物质基础，人的体质就是在这样的良性循环中一天天强壮起来的。

（三）体育运动对身体素质的作用

身体素质是一个人体质水平的重要标志之一。它是指在神经系统的控制下，运动时肌肉活动所表现的能力，这种能力分为速度、灵敏、力量、耐力、协调、柔韧等。身体素质的发展取决于身体形态结构、各器官系统机能、能量物质的储备等。运动对锻炼身体形态结构、各器官系统的机能以及能量储备等有极大的改变、提高和调节的作用，这些作用综合起来又进一步促进身体素质的发展，它的重要性主要表现在运动使各器官系统、形态结构改善与和谐统一，促进身体素质快速、有效地提高。

身体素质是随年龄的增长而变化的，它的发展有明显的年龄特征。特别是在青春发育期，各种身体素质指标增长迅速，各年龄组的差异也十分明显。与此同时，不同性别的身体素质发展也有不同的发展敏感期。

（四）体育运动对心理健康的作用

1. 对心理功能的促进作用

体育运动对心理功能的促进可以从唤醒水平、应激反应等方面进行分析。

（1）提高唤醒水平

唤醒水平是指一个人情绪兴奋的水平。提高唤醒水平的愿望是与做某件事情要达到的目的以及环境和个性的不同相联系的。例如，一个外向性格的人在舒适的环境中从事一项令人厌倦的工作时，他最需要提高唤醒水平。运动能提高人的唤醒水平是由各种感觉信息的输入所造成的。当体育运动达到一定的运动量时就会导致唤醒水平的提高，使人精神振奋、乐观自信、充满活力。然而，在一个舒适愉快的情境中，慢跑这样的练习只能产生放松效果。因此，对于精神不振、情绪低落、意志薄弱的人，运动具有明显的治疗和调节作用。

（2）降低应激反应

应激反应是指一种不适宜的紧张表现。通过运动可以降低应激反应，这是因为运动可以降低肾上腺素受体的数目和敏感性，可以通过降低心率和血压而减轻特定的应激源对生理的影响。心理学实验表明，运动具有减轻应激反应以缓解紧张情绪的作用。因为运动可以锻炼人的意志，增强人的心理坚韧性。心理学家认为，与平时不运动者相比，经常从事运动的人更少产生生理上的应激反应。如果有应激反应，也能尽快从中恢复过来。现代社会的快节奏和激烈的竞争，使人们常常受到情绪波动和过度紧张的刺激。要适应这种环境并保持良好的

心理状态，有必要多参加各种形式的体育运动，以缓解内心的紧张情绪，使身心张弛有度，始终保持在一种比较稳定、积极的状态之中。

2. 对心理素质的培养作用

心理素质是指人的内心世界对事物认识后所做出的客观表现。心理素质在素质结构中起着核心、中介和桥梁的作用，它影响着生理潜能的发展和生理的健康，同时它又是社会文化素质形成的基础，决定着社会文化素质的发展水平。心理素质的形成和培养，除了先天所具有的某些生理特性外，更多的是在后天所参与的知、情、意等不同心理活动中，通过认识、调节、控制、平衡等手段与方式获取。体育运动是知、情、意等心理活动尤其鲜明的活动形式，对培养和形成良好心理素质起着积极的促进作用。

3. 对心理疾病的治疗作用

参加体育运动，可以使心理疾病患者注意力转移，把一些淤积的情绪宣泄出来，使紧张的精神得到放松，使某些消极的情绪暂时被遗忘并开始淡化；用不同的运动形式，用运动中强度、速度、方向的变化以及和谐韵律、鲜明的节奏、默契的配合，干扰、破坏患者暂时的心理导向，消耗患者因心理疾患所积聚的大量的负作用心理能量，从而疏导和转移患者的情绪，使其心情变得愉悦起来。另外，体育运动中产生的自我效能和控制感都十分有利于心理疾病的治疗。

第三节　科学锻炼与身体保健

现在医学在人类社会发展的进程中起着非常重要的作用，它不仅挽回了无数患者的生命，解除了无数患者的痛苦，而且极大地延长了人类的寿命。然而，现代医学虽致力于治愈疾病与延缓死亡，但迄今为止已经消灭的病种却寥寥无几。而目前威胁人类的主要疾病如心血管疾病、癌症、糖尿病、艾滋病等，想完全治愈尚有极大的困难。在这种形势下，通过科学的体育锻炼来增强体质、提高机能，增强自身对各种环境变化和疾病的抵抗力，已经成为人类社会发展的必然趋势。

一、科学锻炼的基础要求

（一）体育锻炼的原则

体育锻炼的原则是身体锻炼基本规律的反映，也是参加者安排锻炼计划、选择锻炼内容、运用锻炼方法所要遵循的原则。为了达到体育锻炼的目的，提高锻炼的效果，在锻炼中我们应遵循以下五条基本原则。

1. 意识性原则

意识性原则是指要有意识地从增强体质出发去进行锻炼，而不是盲目地或无目的地乱练。在科学锻炼身体的过程中，要把意识指向发展身体、增强体质的目标，而不能指向单纯提高运动竞赛成绩和夺标上。有些学生把参加体育锻炼的意识指向比赛和娱乐，而把增强体质看作是练习过程中自然可达到的结果，这就收不到发展身体、增强体质的效益。所以，在参加体育锻炼过程中，每一个人都要增强和树立起正确的意识。

2. 循序渐进原则

循序渐进原则是根据体质增强的规律对应用各种体育手段去锻炼身体的过程所确定的规矩。在科学锻炼身体过程中，最本质的是运动负荷的问题，渐进不是说天天或每次平均地增大负荷量，而是按照人体对运动的适应性变化，根据超量负荷的要求，有计划地增大运动负荷。一定的运动负荷量，对身体作用一定次数和时间之后，才能引起身体的适应性变化；而后再逐步增大运动负荷，使身体产生新水平的适应，最终达到增强体质的目标。

3. 因人制宜原则

因人制宜原则是指在锻炼过程中，要根据个人的特点去安排锻炼的方法、内容和运动负荷。这个原则就是要求按个人特点选择手段和运用方法的一条规矩。要贯彻这一原则，需要对自身有一定的了解，这就需要对身体的形态、机能、素质和运动能力等进行测量和评价，在取得一定数据的基础上，选择适合自己的锻炼方法。

4. 全面发展原则

全面发展原则是指体育锻炼应全面发展身体的各个部位和各个器官的机能，提高身体素质和基本活动能力，从而达到身心全面和谐地发展。

人的身体是一个整体，要想增强体质，就必须使构成人体的各局部都得到锻炼和发展。具体说就是要使身体各部分（如头颈部、躯干部、四肢）、各器官系统（如心血管、肺、神经、胃肠等）功能、身体各种素质以及人体各种基本活动能力都得到发展。

5. 反复性原则

反复性原则是指运用各种手段锻炼身体，具有一次又一次、多次重复的特性。经验告诉我们，在锻炼身体时，只练习几次对人的作用不大，只有多次练习到一定程度时，才能对身体产生良好的作用，而反复次数过多，也会给人体带来副作用。因此，反复是有规律、有限制的重复。

（二）体育锻炼的基本方法

在体育锻炼时我们不仅要遵循体育锻炼的基本原则，而且应掌握正确的锻炼方法以达到体育锻炼的目的。

1. 重复锻炼法

重复锻炼是从增强体质的目标出发，为追求必要的负荷而去一次又一次地反复做动作的过程。这个过程中主要关注负荷强度，而不在于改正动作错误。因此，运用重复锻炼方法的关键是掌握好负荷的有效价值范围，并据此调节重复次数。

在重复锻炼中，对负荷量如何控制和怎样去重复才能达到理想效果的负荷强度，要视实际情况而定。通常认为，普通大学生的负荷心率在 130～170 次/分钟的范围内是较适宜的。在这个范围内，心室血液充盈，每搏输出量以及氧气的运输量等均达到最佳状态，并可以持续地运动，心率低于 130 次/分钟则健身效果不大，应增加重复次数。心率超过 170 次/分钟则须减少重复次数或安排足够的间歇时间。运用重复锻炼法还要注意根据锻炼项目的不同特点和不同体质状况，随时加以调整，以免机械呆板和产生厌倦情绪。

2. 连续锻炼法

在运动锻炼的过程中，为了保持有价值的负荷，而不间断地连续进行运动的方法叫连续锻炼法。该方法要求负荷强度较低、负荷时间较长、无间断地连续进行运动。从增强体质出发，需要间歇就停一会儿，需要连续就接二连三地进行下去，所以不能仅讲究间歇，还要讲究连续，连续、间歇、重复都是在整个锻炼过程中实现的。连续、间歇、重复等因素各有其特有的作用，连续的作用在于持续负荷量不下降，维持在一定的水平上，使身体充分地受到运动的作用。

连续锻炼时间的长短，同样要根据负荷价值有效范围而确定，通常认为在 140 次/分钟左右心率下连续锻炼 20～30 分钟，可使机体的各个部位都长时间地获得充分的血液和氧的供应，因而能有效地发展有氧代谢能力，发展耐力素质。实践中，用于连续锻炼的内容主要是那些比较容易并已为锻炼者所熟悉的运动，如跑步、游泳，也可以是跳迪斯科舞等。

3. 变换锻炼法

通过不断变换运动负荷、练习内容、练习形成以及条件，以提高锻炼者的积极性、适应性及应变能力的方法称作变换锻炼法。此法可以有效地调节生理负荷，提高兴奋性，强化锻炼意识，克服疲劳和厌倦情绪，以达到提高锻炼效果的目的。

4. 负重锻炼法

负重锻炼法是使用杠铃、哑铃、沙袋等重物进行身体运动来锻炼身体、增强体质的方法。负重的方法既适用于普通人为增强体质而锻炼身体，又适用于各项运动员进行身体训练，还适用于身体疾患者的康复。

一般人为增强体质进行负重锻炼，应该采用最大摄氧量和最大心血输出量以下的负荷。因为过大的负荷可能给心血管和呼吸系统带来不良的影响。为了保证这种锻炼方法对身体起到良好作用，在运动负荷价值阈范围内可以多次重复或连续。

5. 间歇锻炼法

在运动锻炼的过程中，对多次锻炼时的间歇时间做出严格规定，使机体处于不完全恢复状态下，反复进行锻炼的方法叫作间歇锻炼法。该方法的关键是间歇时间严格控制，使机体处于不完全恢复状态，但每次练习的负荷时间较长，负荷强度适中。该方法可使锻炼者的心脏功能明显增强，通过调节负荷强度，可使机体各机能产生与锻炼项目相匹配的适应性变化；提高有氧代谢供能能力，增强体质。同重复锻炼法一样，间歇时间也要依据负荷的有效价值标准去调节。

6. 循环锻炼法

循环锻炼法由几个不同的练习点（或称作业站）组成，练习者按照既定顺序和路线，依次完成每练习点练习任务。一个练习点上的练习一经完成，练习者就迅速转移到下一个练习点，下一个练习者依次跟上。练习者完成了各个练习点上的练习，就算完成了一次循环。这种练习方法就叫循环锻炼法。其结构因素有：每练习点的运动负荷、每练习点的练习内容、练习点的安排顺序、练习点之间的间歇、每遍循环之间的间歇、练习的点数与循环练习的组数。

二、体育锻炼中的保健

（一）运动的主观感觉

主观感觉是指机体功能状况，尤其是中枢神经系统状况的反应。

1. 身体感觉

身心健康的人在运动时总是感觉精神饱满、精力充沛、积极性高，学习、工作效率也高。

但在运动过度或患病时，就会感到精神不振、身体乏力、行动迟缓、头晕、容易激动等。

2. 运动心情

运动心情是一个人精神状况的反映。如果一个人在运动中心情愉快，对运动表现出积极的态度，这就是身体健康、精神状况良好的表现。反之，如果出现对运动不感兴趣、缺乏热情、态度冷漠，甚至厌倦，则可能是过度疲劳和健康状况不佳的征兆。

3. 不良感觉

一般来说，在运动后，由于人体生理活动过程的有序性受到暂时性破坏，会出现肌肉酸痛、肌肉痉挛、四肢乏力等现象。这是正常的生理现象。只要经过适当的休息便会消失。运动水平越高，这些现象消失得也越快，有的甚至感觉不到肌肉酸胀。如果在保证休息或营养充足的情况下，上述现象长时间不消退，而且在运动中或运动后出现异常疲劳、头晕、头痛、恶心、呕吐、气喘、胸闷、心前区疼痛等不良感觉，说明机体对运动的内容、方法、运动量等的安排不适应，或身体功能状况和健康状况不良，这就需要休息调整，必要时可到医院检查，以防运动性伤病的发生。

4. 睡眠

睡眠对消除运动后的疲劳有重要意义。正常的睡眠状态应是入睡快、睡得深、少梦或无梦，晨起后感觉头脑清醒、精神状态好，但平时偶尔出现一天或数天睡眠不好并不是异常现象。经常参加体育运动的人，若出现长时间的入睡难、失眠、多梦、睡中易醒、日间无力或嗜睡等，大多是运动负荷不适应或过度疲劳的早期反应，应引起注意。填写自我医务监督记录表时，可填写“良好”“一般”“不佳”“失眠”“多梦”等睡眠状况。

5. 食欲

运动过程中，能量消耗较多，所以经常参加运动的人，食欲一般都较好。偶尔食欲不振也是正常的。但在正常进餐情况下，如出现不想进食、长期性的食欲不振、容易口渴等现象，则可能是与过度疲劳或产生慢性疾病有关。填写自我医务监督记录表时，可按食欲程度的不同，填写“良好”“一般”“减退”或“厌食”等。

6. 排汗量

人体运动时排汗量的多少与运动负荷或运动强度、训练水平、情绪、饮水量、气温、湿度、风速、衣着及汗腺的数目等因素有关。人体剧烈运动时，由于能量代谢水平增高，产生的热量增多，所以排汗量较平常增多，这是正常的生理现象。如果在适宜的外界条件和运动量情况下，出现大量排汗或重复排汗的情况，特别是出现夜间盗汗现象时，表明身体极度疲劳或有其他疾病。在自我医务监督记录表中，可填写排汗量“一般”“量多”“大量”“盗汗”等。

（二）运动中的客观检查

客观检查主要是测定脉搏、体重和运动成绩的变化情况，有条件的还可以测握力、肺活量、血压等指标。女子还要对月经情况做记录，以便为综合评定提供参考。

1. 脉搏

脉搏作为心血管系统的一个重要功能指标，在一定程度上能反映人体的健康状况。经常从事运动的人，由于迷走神经紧张性增高，安静时脉搏频率通常较缓慢，为“心动徐缓”现象，并且随着运动年限的增长和运动水平的提高，脉搏频率也会减少，这是进行锻炼后心脏功能的良好反应。在自我医务监督记录表中，常用早晨脉搏（晨脉），又称“基础脉搏”来评定身体功能状况。测量晨脉时，要在早晨起床前进行，一般记录 10 秒的脉搏数值，但要求其稳定值，即连续两次测量的数值要一样，否则应重测，直到达到要求为止。也可测量 30 秒的数值，然后计算出每分钟的数值，并记录下来。

2. 体重

进行耐力运动（中等运动强度）时，体重应该是平稳的。但在锻炼初期，由于水分和部分脂肪的流失，可使体重下降 2～3 千克；后因肌肉体积增加，体重会稍回升而保持平衡。如果体重持续下降，并伴有其他异常征象，则可能是早期过度疲劳或患慢性消耗性疾病的表现，应查明原因。在进行自我医务监督时，每周可测量体重 1～2 次，须在同一时间进行（最好在早晨）。此外，还可测运动前后的体重，以观察运动对体重的影响。

3. 运动成绩

坚持科学、合理地训练，运动成绩可逐步提高，并能稳定在一定的水平上，动作协调性好。如经过较长时间的训练，运动成绩没有提高，甚至出现下降，动作协调性和训练程度也比过去差，可能是身体功能状况不良或早期过度训练的表现。记录时，应根据实际情况填写运动成绩的变化情况、动作协调性等。

4. 其他记录

在客观检查中，除了上述指标外，还可根据实际情况和条件，选择一些其他指标，如肺活量、握力、拉力、呼吸频率等。

第二章 科学锻炼与运动处方

体育运动必须科学地进行，体育运动形式的不同，对人类免疫功能产生的影响也不同。适宜负荷强度和锻炼频度的体育运动能够有效地提高人体的免疫功能，但运动强度过大、频度过高、持续时间过长的体育运动，非但不能增强人体免疫功能，反而会导致人体出现明显运动性免疫抑制现象。因此，体育锻炼开始向科学、安全有效、个性化方向发展。

第一节 科学锻炼

体育运动的基础是个体身体条件和不同的体育需求。人体是由各器官系统组成的有机体，体育运动过程中生理、心理的变化以及良好锻炼效果的取得依据科学锻炼身体的原理。不同性别、不同年龄、不同体质特征、不同心理素质，其锻炼内容、方法、生理心理负荷、运动强度等均有不同的科学要求。

一、体育锻炼的科学要求

（一）锻炼前准备活动

体育锻炼前进行充分的准备活动，对于体育锻炼者来说是非常重要的。有些体育活动爱好者由于不重视锻炼前的准备活动而导致各种运动损伤，不仅影响锻炼效果，而且影响锻炼兴趣，对体育活动产生畏惧感。因此，每个体育活动爱好者在每次锻炼前都必须要做好充分的准备活动。

1．准备活动的作用

（1）提高肌肉温度，预防运动损伤

体育运动前，进行一定强度的准备活动，可使肌肉的代谢过程加快。肌肉温度的升高，一方面可使肌肉的黏滞性下降，提高肌肉的收缩和舒张速度，增强肌力；另一方面还可以增加肌肉、韧带的弹性和伸展性，减少由于肌肉剧烈收缩造成的运动损伤。

（2）提高内脏器官的机能水平

内脏器官的机能特点之一是生理惰性较大，即当活动开始，肌肉发挥最大功能水平时，内脏器官并不能立即进入“最佳”活动状态。在正式开始体育锻炼前进行适当的准备活动，可以在一定程度上预先动员内脏器官的机能，使内脏器官的活动在体育锻炼一开始就达到较高水平。另外，进行适当的准备活动，还可以减轻开始运动时由于内脏器官的不适应所造成的不舒服感。

（3）调节心理状态

体育运动不仅是身体活动，而且是心理活动。现在越来越多的研究认为，心理活动在体育锻炼中起着非常重要的作用。体育运动前的准备活动即可以起到这种心理调节作用，接通各运动中枢间的神经联系，使大脑皮质处于最佳的兴奋状态。

2. 如何进行准备活动

一般来说，准备活动时应主要考虑准备活动的内容、时间和量、时间间隔三个方面。

（1）内容

准备活动可分为一般准备活动和专项准备活动。一般准备活动主要是一些全身性身体练习，主要包括跑步、踢腿、弯腰等，其作用是提高整体的代谢水平和大脑皮质的兴奋状态，减少运动损伤的发生；专项准备活动是指与所要进行的体育项目相适应的运动练习。例如，打篮球前先投篮、运球；跑步前先慢跑等。日常体育锻炼时只需要进行一般性准备活动，即可进行正式的体育运动。

（2）时间和量

准备活动的时间和量随体育锻炼的内容和量而定。由于以健身为目的的体育锻炼量较小，所以准备活动的量也相对较小，时间不宜过长。否则，还未进行体育锻炼身体就疲劳了。半小时的体育锻炼，其准备活动的时间一般为 5 分钟左右。气温较低时，准备活动的时间可适当长一些，量可大一些；气温较高时，时间可短一些，量可小一些。

（3）时间间隔

一般人参加体育活动是为了增强体质，所以准备活动后接着进行体育锻炼即可。运动员准备活动后适当的休息是为了使身体机能有所恢复，以便在比赛中创造优异成绩。

（二）锻炼时间的选择

参加体育锻炼的时间主要根据个人的生活习惯、身体状况或工作性质而定，一般很难统一。但对于多数体育锻炼者来说，体育锻炼的时间多安排在清晨、下午和傍晚。不同的锻炼时间有不同的特点，练习者可根据自己的实际情况选择。

1. 清晨锻炼

许多人喜欢在清晨进行体育锻炼，这首先是由于清晨的空气新鲜，晨练能加快体内的二氧化碳排出，使机体吸入较多的氧气，加快体内的新陈代谢，使锻炼达到最佳效果；其次，清晨起床后大脑皮质处于抑制状态，通过一定时间的体育锻炼，可适度提高大脑皮质的兴奋性，从而有利于一天的学习与工作。最后，晨练时，凉爽的空气刺激呼吸道黏膜，可增强机体的抵抗力，以适应外界环境的变化，不易发生感冒等病症。

所以有人说，早晨动一动，少闹一场病。由于清晨锻炼多在空腹情况下进行，所以运动量不要太大，时间不宜太长。否则，长时间的运动会降低血糖，不仅影响锻炼效果，而且会使身体产生不适应感。另外，对工作学习紧张、习惯于晚起床的人来说，没有必要每天强迫自己进行晨练。

2. 下午锻炼

下午锻炼主要适合有一定空余时间的人，特别适合大、中、小学的师生。经过一天紧张的工作或学习后，下午进行一定强度的体育锻炼，不仅可以增强体质，而且可以使身心得到调整。下午进行体育锻炼时，运动强度可以大一些，青年学生可打球、做游戏；老年人可打门球、跑步。对于心血管病人来说，下午运动最安全。医学研究表明，心血管的发病率和心肌梗死的发生率在上午6～12时最高。所以，为了避免这一“危险”时间，运动医学工作者认为，心血管病人最适宜的锻炼时间应在下午。

3. 傍晚锻炼

晚饭后也是体育锻炼的大好时光，特别是对那些清晨和白天工作、学习特别忙的人来说尤为如此。傍晚进行适当的体育锻炼，既可以健身强体，又可以帮助机体消化吸收。傍晚运动的主要形式为散步，进行体育活动的时间可长可短，但一般不要超过1小时，运动强度也不可太大，心率应控制在120次/分钟以内，强度过大的运动会影响胃肠道的消化吸收。同时，傍晚锻炼结束与睡觉的间隔时间要在1小时以上，否则会影响夜间的休息。

（三）运动量的控制

体育锻炼时，如何合理控制运动量是影响运动效果的重要因素之一。活动量太小，达不到锻炼身体的目的；运动量过大，又会引起过度疲劳，影响身体健康。所以，每位体育爱好者在开始体育锻炼前应学会监测运动量的方法。体育锻炼中常见的监测运动量的方法有以下几种。

1. 运动时测脉搏

在体育锻炼时或体育锻炼后，立即测10秒钟的脉搏。对于一般体育锻炼者来说，运动后即刻的心率最好不要超过25次/10秒。脉搏次数过快，主要是发展机体的无氧代谢能力，这对一些专项运动员来说是十分重要的，但对提高身体的健康水平意义不大，而且运动量过大会增加心脏负担，可能会出现一些意外事故。即使是特殊需要，体育锻炼者运动时的心率也不要超过30次/10秒。

2. 根据年龄控制运动量

年龄与体育锻炼中的运动量有着密切的关系，随着年龄的增加，人体的运动能力逐渐下降，体育活动量也应随着减小。现在，体育活动中经常用“180-年龄”的值作为体育锻炼者的最高心率数，即30岁的人在进行体育锻炼时其心率数不要超过150次/分钟，而70岁的人参加体育锻炼时的最高心率不要超过110次/分钟，这一公式已广泛应用到以健身为目的的体育锻炼之中。

3. 根据第二天“晨脉”调节运动量

“晨脉”是指每天清晨清醒后（不起床）的脉搏数，一般无特殊情况，每个人的晨脉是相对稳定的。如果体育锻炼后，第二天晨脉不变，说明身体状况良好或运动量合适；如果体育锻炼后，第二天的晨脉较以前增加5次/分钟以上，说明前一天的活动量偏大，应适当调整运动量；如果长期晨脉增加，则表示近期运动量过大，应该减少运动量，或暂时停止体育锻炼，待晨脉恢复正常时，再进行体育锻炼。

4. 主观感觉

体育锻炼与运动员的运动训练不同，其基本原则为：锻炼时要轻松自如，并有一种满足感，这也是锻炼者进行运动量监测的一项主观指标。如果锻炼后有一种适宜的“疲劳感”，而且对运动有浓厚的兴趣，则说明运动量适合机体的机能状况；如果运动时气喘吁吁、呼吸困难，运动后极度疲劳，甚至厌恶运动，则说明运动量过大，应及时调整运动量。

体育锻炼对身体机能而言是综合刺激，身体机能的反应也是多方面的，锻炼者可根据自身条件对身体机能进行综合评价，必要时，则应在医务工作者的监督下进行。

（四）锻炼时呼吸方法

体育锻炼时掌握了合理的呼吸方法，可以有效地增强锻炼效果。对于体育爱好者来说，掌握合理的呼吸方法应注意以下几个方面的问题。

1. 采用口鼻呼吸法，减小呼吸道阻力

人体在进行体育锻炼时，氧气的需要量明显增加，所以仅靠鼻实现通气已不能满足机体的需要。因此，人们常常采用口鼻同用的呼吸方法，即用鼻吸气，用口呼气。活动量较大时，可同时用口鼻吸气，口鼻呼气，这样一方面可以减小肺通气阻力，增加通气量；另一方面，可通过口腔加强体内散热程度。有研究证实，采用口鼻呼吸方式时，人体的肺通气量较单纯用鼻呼吸增加一倍以上。在严冬进行体育锻炼时，开口不要过大，以免冷空气直接刺激口腔黏膜和呼吸道而产生各种疾病。

2. 加大呼吸深度，提高换气效率

人体在刚开始进行体育活动时往往有这种体会，即运动中虽然呼吸频率很快，但仍有呼不出、吸不足、胸闷、呼吸困难的感觉。这主要是由于呼吸频率过快，造成呼吸深度明显下降，使得肺实际进行气体交换的量减少，肺换气效率下降。所以，体育锻炼时要有意识地控制呼吸频率，呼吸频率最好不要超过25～30次/分钟，加大呼吸深度，使进入肺内进行有效气体交换的量增加。过快的呼吸频率，还会由于呼吸肌的疲劳造成全身性的疲劳反应，影响锻炼效果。

3. 呼吸方式与特殊运动形式相结合

不同的体育锻炼方式对人体的呼吸形式有不同的要求，人体的呼吸形式可分为胸式呼吸、腹式呼吸和混合呼吸三种。在运动中呼吸的速率、深度以及节奏等，必须随运动技术动作进行自如的调整，这不仅能保证动作质量，同时还能推迟疲劳的出现。在体育锻炼时，切勿忽视呼吸的作用，掌握合理的呼吸方法，可以有效地提高锻炼效果。

二、体育运动后注意事项

（一）体育锻炼后不要暴饮、暴食

人体在体育活动时，支配内脏器官的交感神经高度兴奋，副交感神经的活动受到抑制。这可使心脏活动加强，骨骼肌血流量增加，以保证体育锻炼时肌肉工作的需要，而胃肠道的血管收缩，血流量减少，消化能力下降，这要在运动结束后逐渐恢复。如果在运动后立即进食，由于胃肠的血流量减少、蠕动减弱，消化液分泌较少，进入胃内的食物无法及时消化吸收，而且储留在胃中，会牵拉胃黏膜造成胃痉挛。长期不良的饮食习惯还可诱发消化道疾病。因此，在运动后应注意合理的饮食卫生。

1. 体育锻炼后的进食

体育锻炼后，不要急于进食，要使心肺功能稳定下来，胃肠道机能逐渐恢复后再用餐。这段时间一般为半小时，如果是下午进行较剧烈的体育锻炼，间隔的时间要相应增长。

2. 体育锻炼后的补水

体育锻炼后的补水是可行的，只要口渴，在运动后即可，甚至在运动中即可补水。以往人们担心运动中补水会加重心脏负担，根据现在的研究看来这种担心是多余的。在天气较热的情况下，大量排汗引起体内缺水，不及时补水，可能会造成机体脱水、休克等。所以，运动中丢失的水必须及时补充。最近的研究发现，中等强度的体育锻炼后，胃的排空能力有所加强，因此，运动后或运动中的补水是可行的。马拉松比赛途中会设置饮水站，这也说明运动中补水是非常必要的。

3. 补水要注意科学性，不可暴饮

体育锻炼后的补水原则是少量多饮，可以在运动后每 20～30 分钟补水一次，每次饮水量 250 毫升左右，夏季时水温在 10 摄氏度左右，其他季节最好补充温水。饮用不同成分的饮料对人体会产生不同的影响，运动中排汗的同时也伴随着无机盐的流失，因此，运动后最好能补充含糖量 0.2%～0.3%的矿泉水，也可选用橙汁、桃汁等原汁稀释饮料，不要饮用含糖量过高（大于 6%）的饮料，尽可能不饮用汽水。

（二）激烈运动后切勿立即坐下休息

人体在进行体育活动时，心血管机能活动加强，骨骼肌等外周毛细血管开放，骨骼肌血流量增加，以适应身体机能的需要，而运动使骨骼的节律性收缩，又可以对血管产生挤压作用，促进静脉血回流。当人体在停止运动后，如果停下来不动，或是坐下来休息，静脉血管失去了骨骼肌的节律性收缩作用，血液会由于受重力作用滞留在下肢静脉血管中，导致回心血量减少，心输出量下降，造成一时性的脑缺血，出现头晕、眼前发黑等一系列症状，严重者会造成休克。因此，对于体育锻炼者来说，体育锻炼后应做一些整理活动，这样，可以避免头晕等症状的发生，还可以改善血液循环，尽快消除疲劳，增强锻炼效果。在进行整理活动时应注意以下几方面的问题：

首先，在任何形式运动后都可以做一些放松跑、放松走等形式的下肢运动，促进下肢静脉血的回流，防止体育锻炼后心输出量的过度下降。

其次，通过“转移性活动”，加速疲劳的消除。所谓转移性活动是指在下肢活动后，进行上肢整理活动，右臂活动后做左臂的整理活动，通过这种积极性休息使身体机能尽快恢复。大量研究已经证实转移性活动确实可起到加速疲劳消除的作用。

再次，整理活动的量不要过大，否则，整理活动又会引起新的疲劳。在进行整理活动时，应当有一种心情舒畅、精神愉快的感觉。如果体育锻炼本身的运动量不大，如散步等，就没有必要进行整理活动。

最后，大强度体育锻炼后，如长距离跑、球类比赛后，应当进行全身性整理活动，必要时，锻炼者之间可进行相互的整理活动和放松活动。

（三）体育锻炼后注意营养的补充

人体在体育锻炼后，除采用休息和积极性体育手段加速身体机能的恢复外，还可以根据不同形式的体育锻炼特点，补充不同的营养物质，以加速疲劳的消除。以营养补充作为身体机能的恢复手段时，应根据不同的运动形式补充不同的营养物质。

1. 力量性练习后的营养补充

在进行力量性练习时，如举重、健美、俯卧撑等，运动中消耗的主要是蛋白质，而肌纤维的增粗、肌肉力量的增加也需要体内蛋白质的合成。所以，为了尽快消除疲劳，增强力量锻炼的效果，在进行力量练习后，应多补充蛋白质类物质。除要补充猪肉、牛肉、鱼、牛奶等动物性蛋白外，还要补充豆类等植物性蛋白，以保证机体丰富而又多品种的蛋白质供给。

2. 耐力性练习后的营养补充

在耐力性练习过程中，如长跑、游泳、滑雪等，机体主要进行的是糖类物质的有氧代谢，消耗的主要是淀粉类物质。因此，在运动后可适当补充些米、面等淀粉类物质。

3. 剧烈体育锻炼后的营养补充

在进行较剧烈体育锻炼时，如球类比赛、快速跑、健美操等，机体主要靠糖的无氧代谢提供能量。糖在体内进行无氧代谢时，会产生一种叫作乳酸的酸性物质，这种物质在体内的积累，会造成机体的疲劳，并使恢复时间加长。所以，进行较剧烈的运动，应多补充一些碱性食物，如蔬菜、水果等；而动物性蛋白等肉类物质则偏“酸”，在运动后的当天可适当减少。

4. 运动后维生素类物质的补充

无论机体进行什么形式的运动，运动后都要补充维生素类物质。因为运动时体内的代谢过程加强，各种维生素都不同程度地参与体内的代谢过程，运动时体内的维生素消耗会增加，需要在运动后补充。体育锻炼后应多吃些含丰富维生素的食物，如绿叶蔬菜、水果、豆类及粗粮等。对于体育活动者来说，运动后一般只需要补充天然维生素，没有必要补充维生素制剂。

三、女性体育锻炼的注意事项

（一）女性运动的生理特点

女性骨骼较细小，脊柱软骨较厚，骨皮层较薄，抗弯曲、抗挤压能力差；但关节韧带弹性大，关节灵活性和柔韧性较好。与男性相比，肌肉含水分较多，力量比男性小 20%～25%。女性的心脏重量比男子轻，容积也比男性小，每搏输出量比男性少 10%。女性胸廓较小，呼吸差、肺活量均低于同龄男性约 30%。女性骨盆出口较大，当腹内压增加，主要靠骨盆底肌肉、韧带及皮肤支持。若骨盆底肌肉不够紧张、有力，锻炼时腹压过大，会造成女性内生殖器，如子宫位置的改变，严重时会影响生育。此外，女性肩窄、骨盆宽、下肢稍短，使重心较低。女性上述这些特点，适合进行对身体平衡性柔韧性要求较高的项目。而在力量、持久力等方面要求较高的项目，女性要明显逊于男性。这些特点提示女大学生在选择锻炼项目、考虑运动负荷时要予以重视。

（二）月经期的卫生

月经周期是发育成熟女性正常的生理现象，在行经期前后可能腰酸、下腹胀、易激动等。大量资料表明，女性在月经期的神经调节功能、灵活性、准确性有所下降；身体的反应能力、适应能力有所降低。剧烈的体育运动可导致周期不稳定、痛经等。特别是青少年，在月经初潮后 2～3 年，剧烈运动的影响更大。一般学者均认为，大学生在健身、锻炼方面的要求有：月经期间不适合做剧烈的活动，不宜游泳，不洗冷水浴等。然而在经期，轻度的体育锻炼活动并不受限制。适度的运动，可以减少盆腔的充血，减低酸胀、疼痛的不适。对于有一定训练基础的女大学生来说，经期可以参加适量的体育锻炼；而对于平时参加体育锻炼较少的女大学生来说，可以从轻运动量试起，并可逐步进行轻负荷的体育锻炼，提高自己的适应能力。

第二节　运动处方

运动处方正是针对锻炼者的具体情况和运动爱好，选择合适的运动项目，规定合理的运动强度、运动时间、运动频度来指导锻炼进行科学健身。按照运动处方进行锻炼，既可以确保锻炼者的安全，同时又具有科学性和针对性，从而取得最佳的健身效果。

一、运动处方的概念

（一）运动处方的理论

运动处方的概念最早是美国生理学家卡波维奇在 20 世纪 50 年代提出的。60 年代以来，随着康复医学的发展以及对冠心病等疾病的康复训练的开展，运动处方开始受到重视。1969 年，世界卫生组织开始使用运动处方术语，从而使运动处方在国际上得到认可。

运动处方的完整概念：康复医师或体疗师，对从事体育运动者或病人，根据医学检查资料（包括运动试验和体力测验），按其健康、体力及心血管功能状况，用处方的形式规定运动种类、运动强度、运动时间及运动频率，提出运动中的注意事项。运动处方是针对个人的身体状况而制订的一种科学的、定量化的周期性锻炼计划，即根据对锻炼者所测试的实验数据，按其健康状况、体力情况及运动目的，用处方的形式制订适当的运动类型、强度、时间及频度，使锻炼者进行有计划的周期性运动的指导性方案。

运动处方的优点体现在以下几个方面：

（1）运动处方适用于广泛的人群。不同性别、不同年龄及不同体质的人，均可以根据自己的体质状况采用适合自己的运动处方来锻炼。

（2）采用运动处方进行锻炼，科学性强。按照本人靶心率进行锻炼，安全可靠，锻炼效果又好。

（3）采用运动处方进行锻炼，安全可靠。可以科学地监控运动量和评价运动效果，并能有效地防止伤害事故的发生。

（4）采用运动处方进行锻炼，计划性强、目的明确。锻炼得法，能做到心中有数，提高锻炼者的运动兴趣，易于坚持。

（二）运动处方的发展

从 1954 年起，德国 Hollmann 研究所对运动处方的理论和实践进行了大量研究工作，成绩卓著，制订出健康人的、老年人的、运动员的以及高血压、心肌梗死、糖尿病、肥胖病人的各类运动处方，并对市民进行运动处方的指导和咨询工作。美国库珀（Kenneth H. Cooper）用了 4 年时间进行健身与健康关系的研究，于 1968 年发表了《有氧代谢运动》《12 分钟跑体能测验》及《有氧运动得分制》等专著。其中影响最大的是《有氧代谢运动——通向全面身心健康之路》，已被译成 25 种文字，发行 1200 万余册，为世界许多国家所采用。

日本体育科学中心，对运动处方的研究成果也贡献巨大。该中心于 1970 年成立后，第二年就在猪饲道夫教授的倡导下成立了“运动处方研究委员会”，以 9 名教授为核心跨越全国各地组成 20 多个研究小组，其目的是增强体弱的中老年人的心肺功能和全身耐力水平。

到 1975 年，日本体育科学中心制订出适用于各年龄组的运动处方方案，并出版了《日本健身运动处方》，以指导广大群众和学生们进行科学锻炼。此外，借日本文部省修改保健体育指导要领的机会，从 1982 年开始，日本体育科学中心在高等学校讲授“运动处方”知识，这样扩大了对运动处方的普及面，对增进学生们的健康有着重要意义。

近几十年来，中国翻译出版了日本及美国等国的运动处方专著，应用运动处方治疗冠心病、肥胖病、糖尿病的情况已有不少报道。在医学院和体育院校的运动医学与康复医学的教学中，运动处方已被列为基本内容。在向广大群众宣传普及运动处方知识，指导群众进行科学锻炼，教练员和科研人员根据运动员特点制订竞技训练运动处方等方面，也做了大量的工作。实践证明，按照运动处方进行科学锻炼，可使人们获得多快好省的效益，并且既安全可靠又有计划性，可以达到健身和治疗疾病的双重目的。现在运动处方已发展成为指导群众进行体育锻炼和对运动员进行科学训练的有效方法。

（三）运动处方的分类

1. 按应用的对象和目的分类

（1）康复治疗性运动处方

康复治疗性运动处方的对象是，经过临床治疗达到基本痊愈，但遗留有不同程度的身体机能下降或功能障碍的患者，如冠心病、脑卒中患者、术后患者，以及已经得到一定控制的慢性病患者，如高血压、高血脂、糖尿病、肥胖症患者等。这类运动处方的目的是通过运动疗法帮助患者提高身体技能，缓解症状，恢复肢体功能，尽量提高患者的生活自理能力和工作能力。

（2）健身性运动处方

健身性运动处方的对象是全民健身运动的参与者，包括身体基本健康的中老年人；长期从事脑力活动，缺乏体育锻炼，处于亚健康状态的人群；中青年人和在校学生等。运动处方的主要目的是指导人们采取适当的体育活动，科学地进行锻炼，以便更有效、更科学地提高健康水平，增强体质。

（3）竞技训练运动处方

竞技训练运动处方的对象是体育运动比赛的运动员。这类运动处方的目的是运动员根据运动处方进行科学训练，以提高身体素质和运动技术水平。计划性强、目的明确，便于取得优良的成绩。

2. 按锻炼作用分类

（1）耐力运动处方

耐力运动处方以提高心肺功能为主要目标。在健身运动中，耐力运动处方被用于科学地指导健身，以提高锻炼者的耐力素质，维持合理的身体成分，消除亚健康状态，预防冠心病、高血压等疾病的发生。

（2）力量运动处方

力量运动处方的主要目的是提高肌肉的力量和耐力。在健身运动中，力量运动处方用于指导健身者进行增强肌力的训练，以达到减缓中年后肌肉萎缩的速度、预防骨质疏松等作用。

（3）柔韧运动处方

柔韧运动处方的目的是提高身体的柔韧性素质。在健身活动中，柔韧性运动处方用于指导健身者采用科学的手段和方法，提高身体的柔韧程度，预防随着年龄的增长而导致关节活动幅度的下降。

二、运动处方的内容

运动处方的定义，各家学者表述不一。通俗而言，运动处方是指针对个人的年龄、性别、健康、锻炼经历、心肺和运动器官的机能水平等状况，而采用的规定了适当的锻炼内容、锻炼方法和运动量的科学体育锻炼方法。它是一种个体化的锻炼方案，因人而异，针对性强，收效快，避免不合理的运动损害身体，更好地达到健身和防治疾病的目的。运动处方的分类，如表 2-1 所示。

表 2-1　运动处方的分类

按目的分类	治疗性运动处方：以治疗疾病，提高康复效果为主
	竞技性运动处方：以提高专业运动成绩为主
	健身性运动处方：以提高身体素质、增强运动能力为主
按锻炼的器官系统分类	分为神经系统运动处方、呼吸系统运动处方、消化系统运动处方等
按锻炼者的年龄分类	分为幼儿运动处方、青少年运动处方、中年人运动处方、老年人运动处方等

运动处方的内容一般包括 5 个方面：运动目的（强身健体、防治疾病、健美减肥、消遣娱乐等）、运动项目、运动强度、运动时间、运动频率。其中后 4 项被称为运动处方的四要素。

（一）运动项目

运动项目（item），即根据体育运动者的目的，有针对性地选择锻炼项目。例如，大学生为了预防和缓解神经衰弱，可以选择太极拳、瑜伽等放松舒缓的运动项目；为了完善形体，可以选择健美操、交谊舞等塑形健身的运动项目；为了增强耐力，可以选择球类、跑步等有氧运动项目。

（二）运动强度

运动强度，即在单位时间内完成的运动量，也就是运动的激烈程度。它是制订和实施运动处方的关键因素之一，对于获得最优化的健身效果具有积极作用。恰当的运动强度应是安全而有效的。

如果运动强度过大，会导致出汗较多、食欲不佳、睡眠不良，并伴有头晕、恶心、胸闷等不良反应，运动后的第二天疲倦感仍然比较明显。如果运动强度过小，则不能实现锻炼目标，具体表现为脉率变化很小，运动后 1～2 分钟脉率即恢复到安静时的水平、不出汗等。

运动强度常以心率作为量化的指标。心率与锻炼效果的关系如表 2-2 所示，心率过低，锻炼效果不明显；心率过高，锻炼则会适得其反，造成肌体损伤。据研究，心率在 120～150 次/分钟时为锻炼效果的最佳区间，上限为安全界限，下限为显效界限。在实施过程中，应根据年龄、性别、体质状况及身心特点的不同分别对待，自监自控，负荷适宜，循序渐进，对此区间的心率做适当的调整，以获得最佳的锻炼效果。

表 2-2　心率与锻炼效果评价表

心率范围（X）	锻 炼 效 果
$X \leqslant 120$ 次/分钟	血压、血液、尿蛋白、心电图等均无明显变化，健身价值小
120 次/分钟$< X \leqslant 140$ 次/分钟	每搏输出量接近并达到最佳状态，健身效果明显
$X \approx 150$ 次/分钟	心脏每搏输出量最大，健身效果最好
160 次/分钟$\leqslant X \leqslant 170$ 次/分钟	无不良的异常反应，也未出现更好的健身迹象
$X \geqslant 180$ 次/分钟	体内免疫球蛋白减少，易产生疲劳，感染疾病，导致运动损伤等

常用的确定运动心率的方法有 5 种（见表 2-3）：年龄减算法、心率百分比法、库珀（美国军医）提出的最佳心率测定法、卡沃南法、卡尔森提出的运动强度心率测定法。

表 2-3　常用的确定运动心率的方法

年龄减算法	运动时适宜的心率=180（或 170）−年龄
心率百分比法（T）	每分钟最高心率数（一般人为 220−年龄）×70%$\leqslant T \leqslant$每分钟最高心率数×85%，以此确定有氧锻炼的适宜负荷量
库珀提出的最佳心率测定	锻炼时最佳心率=（最大心率−安静时心率）×70%+安静时心率
卡沃南法	运动时心率=（按年龄预计的最大心率−静息时心率）×60%+静息时心率
卡尔森提出的运动强度心率测定法	持续耐力训练适宜心率=（最高心率−运动前安静心率）÷2+运动前安静心率

（三）运动时间

运动时间即达到处方要求强度的持续时间。运动时间与运动强度成反比，运动强度大时，欲达到相同的训练效果，运动时间就可以缩短；运动强度小时，则运动时间应该延长。一般而言，要使身体各系统受到有效的运动刺激、达到有效心率后的运动时间不能少于 5 分钟。

（四）运动频率

运动频率（frequency）即每周的运动次数。每周运动的次数要综合考虑疲劳的消除、运动效果的积累与持续的时间。一般而言，耐力锻炼，每次 20～60 分钟，每周 3～5 次即可；肌肉力量锻炼，隔日为好；柔韧性锻炼，至少应两天一次，且每次训练皆伸展 1～3 个回合。运动能力强、体力好的大学生运动次数可以适当增加，反之亦然。

此外，运动处方有 4 个注意事项。首先，遵守循序渐进、个别对待的原则；其次，加强医务监督和自我监控的原则；再次，坚持准备活动和整理活动的原则；最后，注意运动安全。

三、运动处方的实施

运动处方的制订和实施要遵循一定的步骤，如图 2-1 所示。

个人基本信息指姓名、性别、年龄、既往病史、训练经历、测试者的健身目的、所处环境等。例如，不曾训练过的人，进步幅度会较大；曾经长久训练过的人，进步则相对缓慢。

健康检查的目的是获取运动者在身体发育、机能水平以及疾病状况等方面的基本信息，以便有针对性地确定运动项目、运动强度、运动频率等。检查的项目主要包括心率、血压、心电图、摄氧量、验血、验尿等生理生化指标。

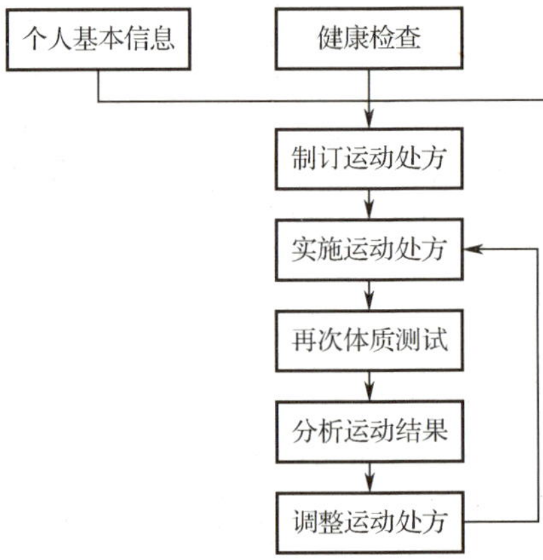

图 2-1 运动处方制定实施的流程

体质测试应在专业人员的指导和监督下进行，一般包括身体形态、心肺机能和身体素质 3 个方面。具体测试项目有身高、体重、肺活量、速度、力量、耐力、柔韧性等。

制订运动处方时，要重视运动目标的设置，短期、中期和长期相结合。一方面要防止因运动负荷水平过高而造成对机体的损害；另一方面也要避免因运动量过小而达不到锻炼目的，应明确锻炼者心肺功能对运动负荷的反应。此外，运动项目的选择和确定应从个人实际出发，以明确、具体、便于量化者为佳。大学生的体力、精力是人生全过程中最充沛的阶段，最好选择球类、健美、武术、游泳以及其他《国家体育锻炼标准》规定的项目等。

运动处方的实施是一个动态的过程，应根据锻炼效果对原定处方进行调整，使之更加切合实际，使运动处方内容与机体状态保持最佳配合，以切实达到发展身体、增强体质、增进健康、终身受益之目的。

坚持运动一段时间后，如果机体承受运动负荷的水平有所提高，机体对原有的运动刺激已经适应，应加大运动量或改变运动方式，以不断提升锻炼效果；如果锻炼者竭尽努力也难以完成处方中所规定的运动量，经常出现疲劳，甚至表现出了运动性疾病的症状，则应重新评价运动者的机能水平和运动能力，修改运动处方的内容。表 2-4 所示为大学生运动处方。

表 2-4 大学生运动处方

	项目	等级	锻炼频率	运动强度	靶心率（次/分）	持续时间（分）	组/次	组间隔（分）
大学男生	体重	肥胖	2 次/天或 1 次/天	55%～70%	110～140	>20 或>45		
		超重	1 次/天	55%～70%	110～140	>45		
		较轻	3～4 次/周	65%～80%	130～160	>30		
		营养不良	3～4 次/周	65%～80%	130～160	20～30		
	心肺功能	良好	3～4 次/周	65%～80%	130～160	>20		
		及格	3～4 次/周	65%～80%	130～160	>20		
		不及格	3 次/周	65%～80%	130～160	>15		
	速度	良好	3 次/周					2
		及格	3 次/周					2
		不及格	3 次/周					2

续表

	项目	等级	锻炼频率	运动强度	靶心率（次/分）	持续时间（分）	组/次	组间隔（分）
大学男生	力量	良好	3 次/周				4～6	1～2
		及格	3 次/周				4～6	1～2
		不及格	3 次/周				4～6	1～2
	柔韧性	良好	1 次/天			30～60		
		及格	1～2 次/天			30～60		
		不及格	2 次/天			30		
大学女生	体重	肥胖	2 次/天或 1 次/天	55%～70%-5%	105～135	>20 或>45		
		超重	1 次/天	55%～70%-5%	105～135	>45		
		较轻	3～4 次/周	65%～80%-5%	125～155	>30		
		营养不良	3～4 次/周	65%～80%-5%	125～155	20～30		
	心肺功能	良好	3～4 次/周	65%～80%-5%	125～155	>20		
		及格	3～4 次/周	65%～80%-5%	130～160	>20		
		不及格	3 次/周	65%～80%-5%	125～155	>15		
	速度	良好	3 次/周					2～3
		及格	3 次/周					2～3
		不及格	3 次/周					2～3
	力量	良好	3 次/周				4～6	1～2
		及格	3 次/周				4～6	1～2
		不及格	3 次/周				4～6	1～2
	柔韧性	良好	1 次/天					0.5～1
		及格	1～2 次/天					0.5～1
		不及格	2 次/天					1

第三节　运动生理反应与疾病的处理

由于运动，人体生理活动过程的有序性会受到暂时性破坏，因而常常出现某种生理反应，如不注意或不及时处理好，将会对身体产生不利的影响。

一、腹痛

腹痛是运动过程中较为常见的一种症状，在中长跑、马拉松、竞走、自行车、篮球等运动项目中发病率较高，其中有相当一部分人的发病原因属非病理性，而是与运动有关。

（一）原因

引起运动中腹痛的原因大致可分为腹腔内疾患、腹腔外疾患和与运动有关的运动性腹痛三大类。

发病原因与缺乏锻炼有关，特别是初次参加体育锻炼的人，由于心脏功能较差，心脏搏动无力，影响静脉血回流从而引起肝、脾瘀血肿胀，增加肝、脾被膜的张力而发生腹痛。饭后过早参加运动、运动前吃得过饱、喝水过多或空腹运动都可引起胃部胀痛。运动前不做准备活动或准备活动不充分即进行剧烈的运动，由于运动负荷增加过快，心、肺功能跟不上肌肉工作的需要，致使呼吸肌缺氧，会加剧腹痛。如果内脏有器质性病变（如胆囊炎、溃疡病、慢性阑尾炎和肝脾疾病等），运动时可使病位受到刺激而产生腹痛。

（二）处理

运动中出现腹痛应减慢运动速度和降低运动强度，深呼吸，调整呼吸和运动节奏，用手按压疼痛部位，或弯着腰跑一段距离，疼痛一般即可减轻或消失；若无效或疼痛反而加重，就应停止运动，口服解痉药物（如颠茄片、阿托品等），针刺或掐点足三里、内关、三阴交等穴位，或者进行腹部散热，如仍无效，则需请医生诊治。

（三）预防

进行体育运动一定要遵循其科学原理和规律，要注意循序渐进，加强全面身体训练，逐步提高身体机能水平。膳食安排要合理，饭后要过 1.5 小时左右再进行剧烈运动，运动前不宜过饥或过饱，也不要饮水过多；运动前要充分做好准备活动，运动中要注意呼吸节律，中长跑时要合理分配速度；对于各种疾患引起的腹痛，应彻底治疗，疾病未愈之前，不宜参加剧烈运动。

二、晕厥

晕厥是指脑部一时血液供应不足而引发的暂时丧失知觉的现象。昏倒前全身虚弱、头昏、耳鸣、眼前发黑、恶心、出虚汗、面色苍白等，然后突然昏倒，此时患者知觉丧失、面色苍白、手足发凉，脉搏慢而弱，呼吸缓慢。一般在昏倒片刻之后，随着脑贫血症状的消除会清醒过来。但醒后精神不佳，仍有头晕、四肢疲弱乏力之感。

（一）原因

（1）剧烈运动后立即停止。如疾跑后站立不动，此时突然中止肌肉运动，下肢毛细血管和静脉失去了肌肉收缩和挤压作用，再加上血液本身的重力关系，大量血液积聚在下肢舒张的血管中，回心血量明显减少，心输出量也随之减少，使脑部突然缺血引起晕厥。这种晕厥称为重力性休克。

（2）精神和心理状态不良、过分紧张或激动、受惊吓等。神经反射会使血管紧张性降低，引起急性广泛的周围小血管扩张，回心血量突然减少，心输出量也随之减少，血压下降，从而导致脑部供血不足，引起晕厥。

（3）直立位供应压过低。长时间站立不动、久蹲后突然起立、长期卧床后突然坐立或站立时，由于植物性神经功能失调，体内血液重新分布的反应能力下降，引起直立位血压显著降低，使脑部供血不足。

（4）胸内压和肺内压增加。运动时憋气可使胸内压和肺内压大大增加，妨碍下腔静脉回流，导致心输出量减少，引起脑部供血不足。

（二）处理

使患者平卧，将头部稍微放低，使其安静，注意保暖，松解衣领、腰带。用热毛巾擦脸，自小腿向大腿做推摩和全手揉捏。针刺或掐点人中、百会、合谷、涌泉等穴位或嗅闻氨水。如有呕吐，宜将患者头部偏向一侧；如呼吸停止，应做人工呼吸。知觉未恢复或有呕吐者，均不宜喝任何饮料，醒后可让其饮用热饮料，注意休息。

（三）预防

平时要坚持体育锻炼，提高生理机能水平。久蹲后不可骤然起立，急跑后不要马上站立不动，应继续慢跑，调整呼吸，逐渐停止。当有晕厥前征象时，应立即俯身低头或躺下。举重训练时要注意呼吸和运动的配合，避免过度憋气。

三、低血糖症

正常人的血糖在神经体液的调节下维持在一定的水平，当血糖低于 2.8mmol/L 时，可出现一系列症状，称为低血糖症。当发生低血糖时，首先受影响的是脑部交感神经。低血糖症患者会感到明显饥饿，极度疲乏、头晕、面色苍白、出冷汗，较重者可能会出现意识模糊、语言不清、神经错乱（如赛跑运动员返身跑）、躁动不安、惊厥，甚至昏迷。检查时，脉搏快而弱、呼吸短促、瞳孔扩大。

（一）原因

在剧烈的长距离运动后，因体内血糖大量消耗，胰岛素分泌增加，可加剧低血糖症，情绪紧张和身体疾病都是本病的诱因。本病多见于长跑、超长跑、长距离滑冰、滑雪和自行车等项目运动中或运动后。

（二）处理

使患者平卧，保暖。意识清醒的可饮浓糖水及吃少量食物，一般情况下短时间症状即可消失。当出现严重低血糖现象（低血糖性休克）时，可针刺或掐点急救穴，并静脉注射 5% 葡萄糖 50～100mL，提高血糖浓度，可使病情迅速好转。

（三）预防

平时没有锻炼基础或有先天疾病的人，或者正常人在空腹饥饿时，均不宜参加长时间的剧烈运动。长距离锻炼或比赛前，应服用足够的含糖食品或比赛前 10～15 分钟口服 100～150g 葡萄糖；在比赛过程中，可通过饮用含糖饮料及时补充糖分。

四、过度疲劳

锻炼者由于负荷量过大，持久不能得到恢复，机体未获得适应性，就会发生一系列过度疲劳症状，称为过度疲劳。早期无特异性症状和体征，逐渐表现为神经、心血管、消化、肌肉骨骼系统症状。症状的轻重与体育锻炼的强度密切相关。

（一）原因

（1）连续大运动量、高强度的锻炼，缺乏必要的休息。
（2）运动量和强度增加过快。
（3）病愈后体育锻炼开始过早或运动量过大。
（4）缺乏全面锻炼基础，进行专项锻炼。
（5）睡眠不够，休息不好。
另外，引起过度疲劳的诱因还有全身或局部感染、热量摄入不足等。

（二）处理

消除疲劳有生理学、物理学、药物、心理等方面的措施。对过度疲劳的处理主要围绕四个方面进行：
（1）消除病因。
（2）调整训练内容或改变训练方法。
（3）加强各种恢复措施。
（4）对症治疗，多数患过度疲劳者经治疗后是可以完全恢复的。

（三）预防

（1）增加锻炼者的休息时间，让体力得到恢复。
（2）锻炼期间补充营养，合理安排膳食。

五、游泳性中耳炎

中耳的普通炎症性疾病统称为中耳炎。中耳炎是最常见的耳部疾患，以慢性居多。游泳性中耳炎是游泳时水进入中耳引起的。

（一）原因

游泳时水进入外耳道，外耳道积水时间较长，鼓膜被泡软，此时如用棉花棒或手指在耳道内乱掏，极易损伤鼓膜，水中的病菌便会侵入鼓膜，从而引起中耳炎。如果在鼓膜破裂、穿孔的情况下继续下水游泳，细菌就会从外耳道直接侵入中耳，引起炎症。

（二）处理

患中耳炎后要及时请医生治疗。一般可卧床休息，适当多喝开水，口服止痛片，同时注射抗生素。如鼓膜已破，可用3%的双氧水洗净脓液，用外用消毒剂（如碳酸甘）或抗生素溶液滴耳，然后用消毒棉条塞住外耳道。

（三）预防

不要在不清洁的江、河、湖中游泳。游泳时必须注意要正确地呼吸，不能在水中嬉戏，避免呛水。游泳之前应用涂有凡士林的棉花球或橡皮耳塞将外耳塞好，以防污水进入。游泳后若耳内灌水，可将头偏向进水耳朵一侧，进行原地跳，水即流出，再小心地用棉花擦干外耳道，或在耳内滴入几滴硼酸酒精，切忌挖耳。凡患感冒、上呼吸道感染时均不能游泳。

六、肌肉酸痛

在一次活动量较大的锻炼以后，或是隔了较长时间未锻炼，刚开始锻炼之后，常常会出现运动后肌肉酸痛，这种酸痛不会立即发生在运动中，而是发生在运动结束后 1～2 天，因此也称为肌肉延迟性疼痛。

（一）原因

造成运动后肌肉酸痛的原因有以下两点：一是肌肉对负重负荷及收缩放松活动未完全适应，引起局部肌纤维及结缔组织的细微损伤以及部分肌纤维产生痉挛所致。二是代谢产物积聚过多（如乳酸），以致肌纤维的化学成分发生变化，神经末梢受刺激引起酸痛感。酸痛后，经过肌肉内局部细微结构的修复或聚积代谢产物的排除，肌肉组织会较之前强壮，以后再经历同样负荷的运动就不易再发生酸痛。

（二）处理

（1）热敷。可对酸痛的局部肌肉进行热敷，促进血液循环及物质代谢，有助于损伤组织的修复及痉挛的缓解。

（2）伸展练习。可对酸痛局部进行静力牵拉练习，保持伸展状态 2 分钟，然后休息 1 分钟，重复进行。每天做几次这种练习，有助于缓解痉挛，但练习时注意不可用力过猛，以免牵拉时再使肌纤维受损。

（3）按摩。按摩有使肌肉放松、促进肌肉血液循环的作用，有助于损伤的修复及疼痛的缓解。

（4）口服维生素 C。口服维生素 C 有促进结缔组织中胶原合成的作用，有助于加速受损伤结缔组织的恢复，从而减轻和缓解疼痛。

（5）针灸、电疗等手段对缓解酸痛也有一定作用。

（三）预防

（1）根据不同体质和不同健康状况科学地安排运动负荷。

（2）锻炼时，尽量避免长时间集中练习身体某一部位，以免局部肌肉负担过重。

（3）准备活动中，注意要使即将练习的负荷重的局部肌肉活动得更充分，这对损伤有预防作用。

（4）预备活动除进行一般性放松练习外，还应重视进行肌肉的伸展性练习，这种伸展性练习有助于预防局部肌纤维痉挛，从而避免酸痛的发生。

第四节　运动损伤的处理

体育运动过程中发生的损伤，称为运动性损伤。它的发生与运动训练安排、运动项目的技术动作、运动训练水平、运动环境和条件等因素有关。运动损伤的种类很多，不同的运动项目各有其发生损伤的症状特点。运动损伤分为以下几类：

（1）按损伤组织的种类分类，可分为肌肉肌腱损伤、滑囊损伤、关节损伤和韧带损伤、骨折、关节脱位、内脏器官损伤、神经损伤等。

（2）按损伤组织伤口截面分类，分为开放性损伤和闭合性损伤。开放性损伤是指损伤组织有裂口与外界空气发生接触，如擦伤、刺伤、切伤、开放性骨折等。闭合性损伤是指损伤的组织无裂口，与外界空气不会发生接触，如挫伤、肌肉韧带损伤、闭合性骨折等。

（3）按运动能力丧失的程度分类，分为轻伤、中等伤和重伤。伤后仍然能够进行体育锻炼的为轻伤；伤后不能进行体育锻炼，需要减少或停止患部活动的为中等伤；伤后完全不能运动的为重伤。

（4）按损伤病程分类，分为急性损伤和慢性损伤。急性损伤是指人体在某一瞬间遭受直接暴力或间接暴力的损伤。慢性损伤又分为劳损和陈旧性损伤，劳损是因局部负荷过度或多次微细损伤积累而成，陈旧性损伤常因急性损伤处理不当转变而成。

一、常见的运动损伤

（一）软组织损伤

这类损伤可分为开放性损伤和闭合性损伤两类。前者有擦伤、刺伤、撕裂伤等，后者有挫伤、肌肉拉伤、肌腱腱鞘炎等。

1. 擦伤

（1）原因与症状

因运动时皮肤受挫致伤，如跑步时摔倒，体操运动时身体擦磨器械受伤等。擦伤后，皮肤会出血或有组织液渗出。

（2）处置

小面积擦伤，用红药水涂抹伤口即可；大面积擦伤，先用生理盐水洗净，后涂抹红药水，再用消毒布覆盖，最后用纱布包扎。

2. 撕裂伤

（1）原因与症状

在剧烈、紧张运动时，或受到突然强烈撞击，造成肌肉撕裂，常见的有眉际撕裂、跟腱撕裂等。撕裂伤包括开放伤和闭合伤两种。开放伤会表现出顿时出血，周围肿胀；闭合伤的伤口被触及时有凹陷感和剧烈疼痛。

（2）处置

轻度开放伤，用红药水涂抹伤口即可；裂口大时，则需止血和缝合伤口，必要时注射破伤风抗毒血清，以防引起破伤风症；如肌腱断裂，则需手术缝合。

3. 挫伤

（1）原因与症状

因撞击器械或练习者之间相互碰撞而造成的伤害。单纯挫伤在损伤处出现红肿，皮下出血，并有疼痛；内脏器官损伤时，则出现头晕、脸色苍白、心慌气短、出虚汗、四肢发凉、烦躁不安，甚至休克。

（2）处置

在 24 小时内冷敷或加压包扎，抬高患肢或外敷中药。24 小时后，可按摩或理疗。进入恢复期，可进行一些功能性锻炼。如果怀疑内脏损伤，则做临时性处理后，送医院检查和治疗。

4. 肌肉拉伤

（1）原因与症状

通常在外力的直接或间接作用下，使肌肉过度主动收缩或被拉长时引起肌肉拉伤。特别是准备活动不充分，动作不协调以及肌肉弹性、伸展性、肌力差者更易拉伤。损伤后伤处肿胀、压痛、肌肉痉挛，触诊时可摸到硬块。严重的肌肉拉伤是肌肉撕裂。

（2）处置

轻者可即刻冷敷，局部加压包扎，抬高患肢。24 小时后可施行按摩或理疗。如果肌肉已大部分或完全断裂者，在加压包扎急救后，立即送医院手术治疗。

（二）关节、韧带扭伤

1. 肩关节扭伤

（1）原因与症状

一般因肩关节用力过猛以及反复劳损所致，也有因技术错误，违反解剖学原理而造成的损伤，如投掷、排球扣球和大力发球时常出现这类损伤。其症状有压痛、疼痛，急性期有肿胀，慢性期三角肌可能出现萎缩，肩关节活动受限。

（2）处置

单纯韧带扭伤，可冷敷、加压包扎。24 小时后可采用理疗、按摩和针灸治疗。出现韧带断裂时，应立即送医院缝合和固定处理。当肩关节肿胀和疼痛减轻后，可适当施行功能性锻炼，但不宜早活动，以防转入慢性。

2. 髌骨劳损

（1）原因与症状

髌骨具有保护股骨关节面、维护关节外形和传递股四头肌力量的作用，是维护膝关节正常功能的主要结构。髌骨劳损是膝关节长期负担过重或反复损伤累积而成的。也可因一次直接外力撞击致伤，如篮球滑步急停，跳高和跳远时踏跳不合理或摔倒受击，都可导致这种损伤。

（2）处置

采用中药外敷、针灸、按摩等。平时加强膝关节肌群力量练习，如采用高位静力半蹲，每次保持 3～5 分钟即可。伤情好转时，可逐渐增加时间，每日进行 1～2 次。

3. 踝关节扭伤

（1）原因与症状

运动中跳起落地时失去平衡，使踝关节过度内翻或外翻致伤。在准备活动不充分、场地不平坦的情况下，更易造成这类损伤。其主要症状为伤处疼痛、肿胀，韧带损伤处有明显的压痛，皮下淤血。

（2）处置

受伤后，应立即冷敷，用绷带固定包扎，并抬高伤肢。24 小时后，根据伤情采取综合治疗，如外敷伤药、理疗、按摩等，必要时做封闭治疗。待伤情好转后，施行功能性练习。对伤势严重者，可用石膏固定。

4. 急性腰扭伤

（1）原因与症状

运动时，身体重心不稳定或肌肉收缩不协调，引起腰部扭伤。多数因腰部受力过度，或脊柱运动时超过了正常生理范围。例如，挺身式跳远中，展体过大；举重上挺时，过分挺胸塌腰；跳水时，下肢后摆过大。

（2）处置

腰部急性扭伤后，让患者平卧，一般不应立即扶动。如果剧烈疼痛，则用担架抬送医院诊治。处理后，应卧硬板床或腰垫一枕头，使肌肉韧带处于放松状态。可采用针灸、外敷伤药或按摩来处置。

（三）关节脱位

1. 原因与症状

因受外力作用，使关节面失去正常的连接关系，叫作关节脱位（或称脱臼）。严重的关节脱位，伴有关节囊撕裂。关节脱位后，常出现畸形，与健肢对比不对称；因软组织损伤而出现炎症反应，局部疼痛，压痛和关节肿胀，并失去正常活动功能，甚至发生肌肉痉挛等现象。

2. 处置

用长度和宽度相称的夹板固定伤肢。如果没有夹板，可将伤肢固定在自己的躯干或健肢上，防止震动，随后及时送医院治疗。必须指出，如果没有把握做整复处置时，切不可随意做整复处置，以免造成二次受伤。

（四）骨折

1. 原因与症状

运动中，身体某部位受到直接或间接的暴力撞击时，易造成骨折。例如，在踢足球时，小腿被踢，造成胫骨骨折；摔倒时，手臂直接撑地引起尺骨或桡骨骨折等。骨折是比较严重的损伤，但发病率很低，骨折分不完全性骨折和完全性骨折两种。常见的骨折有肱骨骨折、前臂骨骨折、手骨骨折、大腿骨骨折等。骨折发生后，患处会立即出现肿胀，皮下淤血，有剧烈疼痛（活动时加剧），肢体失去正常功能，肌肉产生痉挛；有时骨折部位会发生变形，移动时可听到骨摩擦声。严重骨折时，伴有出血和神经损伤、发热、口渴，直至休克等全身性症状。

2. 处置

若出现休克时，应先进行处理，即点按人中穴，并进行口对口人工呼吸或心脏胸外按摩；若伴有伤口出血，应同时实施止血和包扎。骨折后暂勿移动患肢，应用夹板或其他代用品固定伤肢，及时护送医院检查和治疗。

（五）脑震荡

1. 原因与症状

脑震荡是指头部受外力打击后，使大脑管理平衡的膜半规管、椭圆囊、球囊等感受器机能失调，直至引起意识和机能的一时性障碍。在体育锻炼时，两人头部相撞，或撞击硬物，或从高处跌下时头部撞地，都可能造成脑震荡。致伤时，神志昏迷，脉搏徐缓，肌肉松弛，瞳孔稍大但能对称，神经反射减弱或消失；清醒后，患者常有头痛、头晕、恶心呕吐感；平时情绪烦躁，注意力不易集中，伴有耳鸣、心悸、多汗、失眠、记忆力减退等症状。

2. 处置

立即让患者平卧，头部冷敷。若有昏迷，立即指压人中、内关、合谷穴；若呼吸发生障碍，立即进行人工呼吸。上述处理后，仍出现反复昏迷或耳、鼻、口出血，两瞳孔放大，又不对称时，表明病情严重，应立即护送医院治疗。在运送途中，要让患者平卧，头部固定，避免颠簸。脑震荡一般都可自愈，无须住院治疗，但要注意休息和必要的药物治疗，保持情绪安定，减少脑力劳动。在恢复过程中，可定期做脑震荡平衡试验，以检查病况进展。其方法是闭目、单腿站立、两臂平举，如果能保持平衡，表明脑震荡已基本治愈。这时，可适当参加体育锻炼，但要避免滚翻或旋转性动作。

二、运动损伤的主要原因

造成运动损伤的原因很多，有直接的和间接的，有主观的和客观的，主要有以下几个方面。

（一）缺乏有效的准备活动

（1）未做准备活动，或准备活动不充分，或准备活动距正式运动的时间过长，神经系统和内脏器官没有充分调动起来，肌肉的力量、弹性和伸展性不够。

（2）只有一般准备活动，缺乏专项准备活动，负担较重的肌肉没有充分预热，也容易造成损伤。

（3）准备活动的量过大，还未正式运动身体已经疲劳，不是以最佳的机能状态投入运动，就容易造成损伤。

（4）做准备活动时未遵循循序渐进的原则，一开始就用力过猛。不少人在做准备活动时就已经受伤。

（二）未贯彻科学锻炼的原则

科学锻炼总的原则，就是在体育运动和比赛中严格遵循其客观规律，不违背运动时人体负荷量和强度与机体应激程度的适应性规律。首先，运动过程中如果忽视了锻炼身体的全面性原则，就容易导致身体局部负荷量过大而造成运动损伤。其次，没有遵守循序渐进、个别对待原则，未考虑到人的年龄、性别、体质、运动技能水平等个体差异选择和安排运动内容，通常也是造成损伤的原因之一。再者，对运动量的安排不是从弱到强，学习和运用动作技术的过程不是从易到难、从简到繁地逐步进行的，也容易造成运动损伤。此外，有些运动项目（如体操）在训练和比赛中因缺乏必要的保护或保护不当，同样是造成运动损伤的一个原因。

（三）身体机能和心理状态不良

学生在经过繁重的文化学习之后，参加紧张剧烈的运动，在疲劳还未消除，有伤病或伤病初愈，特别是在过度疲劳或过度训练的情况下，身体机能会明显下降。主要表现为力量不足，动作的准确性、协调性差，注意力不集中、反应迟钝、力不从心等，此时进行运动特别容易受伤。

心理状态不良也是导致受伤的原因之一。疲劳、考试失利未达到预期目标，人际关系不融洽，就业、升学、家庭等问题都会导致学生产生不良的心理状态，引起诸如情绪低落、注意力不集中、记忆力减退、动作准确性差，或盲目冒失、急于求成，或缺乏勇气、胆怯犹豫等，此时参加运动也容易发生运动损伤。

（四）未采取有效的恢复手段

高强度锻炼后，全身或局部会产生一定的疲劳，并伴随着机体机能的暂时下降，如果不采取有效的恢复措施，使疲劳及时得以消除，就会产生疲劳积累而形成过度疲劳，表现为局部肌肉僵硬，关节活动度降低，肌肉、肌腱和韧带弹性减弱，甚而局部酸痛等，这些现象如果未能及时消除，就会使局部生理负担能力下降，容易形成细微损伤的积累而造成慢性劳损，也可造成急性损伤。

（五）场地、设备、服装不符合运动要求

场地不平、过硬、过滑，沙坑过硬或坑的边缘过高，器械表面粗糙，有裂缝或器械安装不牢，安放不当，以及服装、鞋袜大小不合适，也都会成为造成运动损伤的客观因素。

此外，现场组织紊乱、环境条件欠佳、气候因素不良等也会使人产生不适应感，这些也是运动损伤的诱因。另外，在某些对抗性的运动项目中，由于运动量大、对抗激烈，若是动作粗野，则更容易造成运动损伤。

三、运动损伤的预防原则

运动损伤不可能绝对避免，但是可以预防，可以尽量地减少。在运动中应注意以下几点。

（一）提高对预防运动损伤意义的认识

认真贯彻“预防为主、安全第一”的方针，提高对预防运动损伤意义的认识，杜绝一切不安全因素，把造成运动损伤的隐患消灭在事故发生之前。

（二）科学合理地安排训练和比赛

在制订锻炼计划时，既要符合体育锻炼的客观规律，也要符合人体对运动负荷的适应性规律。即人体在所能承受的生理范围内，运动负荷是一个不断加大和不断适应的过程，加强全面的身体锻炼，采取各种有效的身体锻炼方法，促进各器官系统的生长发育，使身体素质得到全面的发展。同时应加强基本技术练习，牢固掌握基本技术和技能。要在全面的身体锻炼的基础上进行单项锻炼，遵循全面锻炼和单项锻炼相结合的原则。

（三）准备活动要充分，要有针对性

除做一般性准备活动外，还应做与训练和比赛内容有关的专项准备活动。如对比赛前表现过度兴奋的学生，应选择节奏缓慢的活动内容，且宜时间稍长，以消除精神过分紧张；而对过于抑制的学生，则应采取节奏快、强度大且快速有力的活动内容，以提高其神经兴奋性。对训练和比赛中负荷较大和容易受伤的部位，应重点做好准备活动。同时应根据不同的锻炼内容、不同的季节、不同的气温来选择准备活动的内容和时间的长短，一般冬季宜稍长，夏季宜稍短，以使身体充分活动开，以适宜的身体机能状态和良好的心理状态进入运动状态。

（四）加强易伤部位的训练

人体本身存在着相对薄弱的部位，这些部位往往在高强度负荷下容易损伤。例如，从解

剖结构上看外踝较内踝薄弱，因此外踝受伤的机会较内踝多。再如，腰部容易损伤，从某种意义上讲与其对抗肌（腹肌）较薄弱有关。腹肌力量不足，就会使脊柱的稳定性受到影响，从而加重腰肌的负担而造成损伤。因此，加强薄弱部分和易伤部位的训练，提高它们的机能，并在发展肌肉力量的同时，发展肌肉的弹性和伸展性，是预防运动损伤的一种积极手段。

四、运动损伤后的恢复锻炼

对患者来说，除严重的损伤需要绝对卧床休息治疗外，一般的损伤在不加重损伤的前提下，不必绝对停止锻炼。患者进行适当的锻炼，不影响损伤的愈合，而有目的的、有针对性的、适当的功能锻炼，对于加速损伤的愈合和促进功能的恢复反而有着积极作用。

（一）伤后锻炼的目的

尽快缩短恢复的时间，一旦损伤康复，便能立即投入正常锻炼，保持在长期锻炼中已经获得的良好体能状态。通过适当的锻炼，可以加强关节的稳定性，改善伤部组织的代谢与营养，加速损伤的康复，促进功能的恢复和机能与形态结构的统一。

（二）伤后锻炼的原则

无论进行何种功能锻炼，都应以不加重损伤、不影响损伤的康复和正常的治疗为前提。应尽量不停止全身的和局部的活动。而且，对损伤部位肌肉的锻炼越早开始越好。

（1）个别对待的原则。在制订伤后锻炼计划时，要根据患者的年龄、损伤的部位和特点、机能及运动技术水平来选择伤后锻炼的手段和内容，恰当地安排局部和全身的锻炼时间和运动量。

（2）循序渐进的原则。伤后锻炼的运动量安排，必须遵守循序渐进的原则。特别是在进行损伤康复过程中的局部锻炼时，其动作的幅度、频率、持续时间、负荷量、强度等都应逐渐增加。否则，会加重损伤或影响损伤的康复，甚至会使损伤久治不愈而形成陈旧性损伤。

（3）全面锻炼的原则。伤后康复锻炼必须注意局部专门运动与全面身体运动相结合，交替进行。在损伤初期，因局部肿胀充血、疼痛、功能障碍等，需以全面身体运动为主，在不加重局部肿胀和疼痛的前提下，进行适当的局部运动。随着时间的推移，损伤逐渐好转或趋向愈合，局部运动的量和时间可逐渐适当增加。

（三）伤后锻炼的内容和方法

1. 主动运动

主动运动是伤后锻炼的主要内容之一，它是由患者自己主动完成的一种运动，包括静力练习、动力练习和等动练习。

（1）静力练习。肌肉的收缩方式属于等长收缩，练习时只是使肌肉保持在一个固定的长度上，关节不活动。

（2）动力练习。关节产生活动，收缩时肌肉缩短，其产生的活动属于等张运动。

（3）等动练习。这是利用特殊的器械“等动练习器”进行的一种肌肉练习法，练习时肌肉以最大的力量，做全幅度的收缩运动。此练习依靠器械的作用，把运动的速度限制在适宜的水平上，使肌肉在运动过程中保持高度的张力，从而得到更好的锻炼效果。

2. 被动运动

被动运动适用于伤后所致的机体机能的各类功能障碍。通过各种被动活动，使痉挛的肌肉得到放松，收缩的肌肉、韧带和关节囊得到牵伸，增大关节的活动度，恢复关节功能。

3. 渐进抗阻运动

此练习可以增强肌力和耐久力，抗阻练习可以增加关节的活动范围及柔韧性，对伤愈后从事正规训练时防止损伤有益。

4. 助力运动

在损伤愈合的过程中，肢体力量较差，可以由医务人员或使用器械帮助肢体活动，使动作得以完成。

第三章 田径运动

“田径运动”一词来源于英国。大约在 19 世纪初，英国人把在运动场跑道上进行的赛跑和在运动场中间进行的跳跃、投掷比赛称为 track and field。track 原意是“小路”（径），field 原意是“田地”。19 世纪末，欧美体育传入中国时，我们把 track and field 译为“田径赛”，以后称为“田径运动”。

虽然当时英国人把在运动场跑道上进行的赛跑和在运动场中间进行的跳跃、投掷比赛称为 track and field，但是对于非竞赛（即锻炼身体的）走、跑、跳跃、投掷等身体练习并没有另定名称，也统称为 track and field。因此，田径运动具有两重性，即竞技和锻炼身体手段的属性。

第一节 田径运动基础知识

一、田赛简介

（一）田赛概述

田径运动中把各种不同方式、不同器械、不同场地的跳跃、投掷等用距离（高度或远度）来衡量成绩的项目均称为“田赛”。田赛分为跳和掷，其中跳的项目有跳高、跳远、三级跳远、撑竿跳高；掷的项目有铅球、铁饼、标枪、链球等。田赛以高度或距离来计算成绩，决定名次。

（二）田赛锻炼价值

1. 跳跃项目的锻炼价值

经常进行跳跃项目的练习能够全面锻炼股四头肌、股二头肌、臀部和小腿力量，有助于增强训练者的运动爆发力；高效地利用股四头肌、臀部肌肉，深蹲后配合拉伸动作，能促进肌肉增长。这些对身体的灵敏性、身体姿态、平衡能力、协调性和柔韧性都有促进作用。

成年人经常进行一些跳跃练习，能有效地促进下肢血液循环，增加骨骼的营养，减轻骨质脱钙，防止老年性运动器官损伤；少年儿童经常进行一些跳跃练习，有益于神经系统和运动器官的发育，尤其能使下肢肌肉、骨骼、关节、韧带匀称、协调地发展，从而使他们行动敏捷、灵活、反应迅速，并且对身高增长也有明显的促进作用。

2. 投掷项目的锻炼价值

经常进行投掷练习，可以使人的体格变得健壮，体形变得更健美。通过投掷锻炼，人体的肌肉会发生明显的变化，原有的肌纤维变得更加粗壮、结实，肌肉块增大，肌肉力量得到增强，从而使人的体格变得更加健壮，身体的各部位肌肉协调配合能力得到提高，髋关节骨密质增厚。另外，投掷练习可以增大关节囊周围肌腱、韧带和肌肉的伸展性，从而使关节活动幅度增加，还可以明显地使神经系统的调节机能得到改善，肌肉中的毛细血管网增多，肌纤维数量增加，肌肉中蛋白质含量增加，从而增强肌肉的力量，特别能增强肩膀和腰背肌的力量。

二、径赛简介

（一）径赛概述

现在人们把各种不同距离、不同形式的竞走、赛跑等凡是用时间计算成绩的项目均叫作“径赛”，主要包括短距离跑、中长距离跑、跨栏跑、接力跑、竞走等。径赛是以争取优胜为直接目的，以运动项目（或某些身体活动）为内容，根据规则进行个人或集体的体力、技艺、心理的互相比赛。随着人类文化的发展，径赛运动得到了更加广泛的开展。

（二）径赛锻炼价值

1. 短跑的锻炼价值

短跑能磨炼人的意志和毅力，增强韧性和耐心，提高灵敏度，增强人体对环境的适应能力。长期坚持运动的人，在完成定量工作时有三大特点：一是行动快；二是潜力大，能发挥最大的机能潜力去完成任务；三是恢复快，疲劳消除快亦彻底，能迅速恢复到平静水平。处在生长发育期的青少年坚持跑步，能改善血液循环，增加骨细胞营养物质的供应，提高骨细胞的生长能力，从而促进骨骼的正常发育。

2. 中长跑的锻炼价值

长期中长跑可增强肺部呼吸肌、心脏肌肉、颈部肌肉、胸腔肌肉、手臂肌及腰部、臀部、大腿、小腿、足部等处的肌肉；使人情绪饱满、乐观，有助于增进食欲，加强消化功能，促进营养吸收；使肺功能变强，增大肺活量；还能提高心脏及心血管系统功能，加速血液循环，使冠状动脉有足够的血液供给心肌，从而预防各种心脏病，预防静脉内血栓形成。

3. 接力跑的锻炼价值

接力跑不仅能够有效地发展学生的速度、力量、耐力等身体素质，而且能够培养竞争、合作意识和坚强的意志品质，培养团结协作的集体主义精神。

第二节 田　赛

一、跳高

跳高是人体通过快速助跑和有力起跳，采用合理的过杆姿势，使身体腾越尽可能高的垂直障碍的运动项目。1864 年，跳高被英国首次作为一项竞技项目列入田径比赛。在跳高技术发展的100多年里，曾出现过跨越式、剪式、滚式、俯卧式、背越式五种姿势的跳跃动作。目前，在跳高竞技场上，背越式是最为流行的姿势。在学校跳高教学中，跨越式和背越式经常被列为主要教学内容。

（一）基本技术

跳高项目就其运动形式而言，是一项克服垂直障碍的运动项目。作为一种锻炼身体的手段，除了以上述及的五种跳高姿势以外，还可就其动作形式引申出许多克服垂直障碍的动作。但为了使学生能掌握一些基本的跳高动作，这里主要介绍跨越式和背越式两种姿势。

1. 跨越式跳高的动作

跨越式跳高的动作是通过由慢到快的有节奏的助跑后紧接着起跳。起跳时，起跳腿积极蹬地，摆动腿积极上摆；人体腾空后，上体开始前倾，摆动腿伸直继续上摆，摆动腿过杆时，两臂下垂；摆动腿过杆后，要积极内旋下压。当人体腾空到最高点时，起跳腿积极上提，形成在杆上的骑跨姿势；摆动腿继续内旋下压，躯干向起跳腿方向扭转，起跳腿迅速向上高抬摆过横杆。过杆后，上体抬起侧对横杆，两臂上举，用摆动腿先落地，并及时屈膝缓冲，如图3-1所示。

图3-1

2. 背越式跳高的动作

背越式跳高助跑采用前段直线后段弧线的方式。通过后半段的弧线助跑形式和起跳前身体内倾的姿势，最后一步起跳以髋带动大腿积极前迈，两臂同时摆至身体后下方，起跳腿放脚起跳时由脚跟过渡到全脚掌着地，接着两臂与摆动腿膝关节积极上摆，两臂配合两腿蹬摆结合完成起跳。起跳后上体后倒展体，身体在杆上呈反弓形，然后肩部继续下沉，髋部上挺，使两膝上升。上体过杆后，及时低头含胸，小腿上踢，使整个身体依次过杆，过杆后肩背部先落于海绵垫上，如图3-2所示。

图3-2

（二）练习方法

1. 跨越式跳高的练习方法

（1）左右变向跳跃橡皮筋练习，如图3-3所示。

（2）垂直助跑起跳过杆空中转体90°、180°练习。

（3）原地和助跑起跳摸高练习，如图3-4所示。

（4）上一步起跳跨越横杆练习。

（5）助跑3～5步起跳跨越杆练习。

（6）全程助跑跨越式跳高练习。

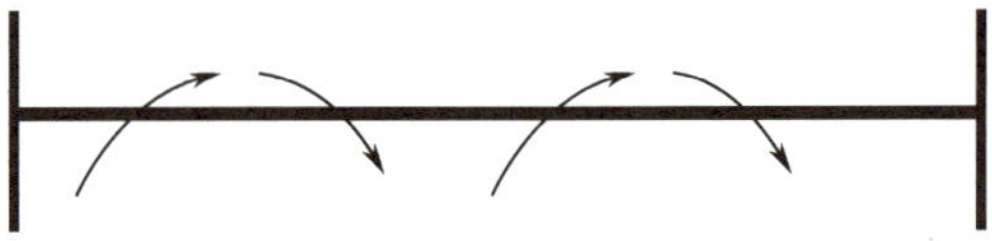

图 3-3

2. 背越式跳高的练习方法

（1）弧线助跑练习。

（2）原地摆腿转体练习，如图 3-5 所示。

（3）上一步起跳内旋摆腿转体练习。

（4）垫上挺髋背弓练习，如图 3-6 所示。

图 3-4

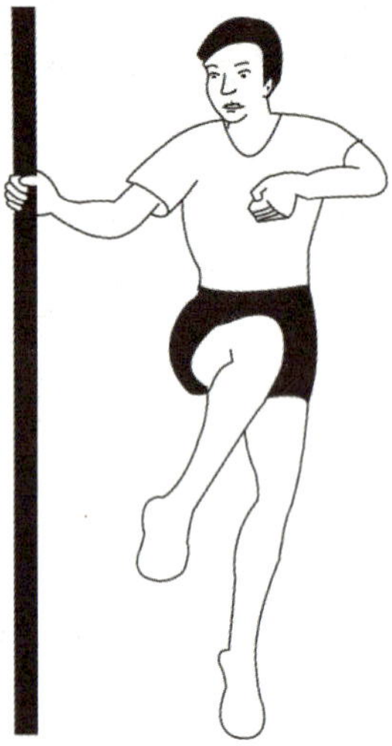

图 3-5

图 3-6

（5）原地后倒挺髋练习。

（6）原地跳起后倒上体练习，如图 3-7 所示。

（7）上一步起跳后倒挺髋练习，如图 3-8 所示。

图 3-7

图 3-8

（8）助跑 3～5 步起跳过杆练习。

（9）全程助跑完整练习。

（三）注意事项

（1）在进行跳高锻炼时，要事先做好充分的准备活动，并检查场地、器材是否存在安全隐患，防止伤害事故的发生。一般来说，没有海绵包不能进行背越式跳高练习。

（2）在进行以锻炼身体为主要目标的跳高练习时，要注重练习的次数和密度的合理安排，以保证一定的运动负荷。

（3）学生练习跳高时，应以完整动作练习为主，发现动作不当，再进行动作细节的纠正，这样有利于完整动作的掌握。

（4）在练习跳高时，最好要在有同伴或老师在场的情况下练习，尽量不要单独行动。

二、跳远

跳远又称急行跳远，是人体通过快速的助跑和有力的起跳，采用合理的空中姿势和动作，使身体腾越水平距离的运动项目。据文献记载，在古希腊奥运会上，跳远就是五项运动比赛项目之一。在跳远技术的发展过程中，曾出现过蹲踞式、挺身式和走步式三种不同的空中姿势。三步半的走步是当今跳远竞技场上最为流行的姿势。但是，由于其动作难度较高，要求人体腾空后有较长的滞空时间，因此，在学校教学中走步式姿势的教学很难普及。本节主要介绍蹲踞式跳远、挺身式跳远和立定跳远三种跳远方法。

（一）基本技术

1. 蹲踞式跳远

通过快速的助跑和起跳后，形成空中“腾空步”，姿势如图 3-9 所示；在“腾空步”的基础上，摆动大腿继续高抬，两臂向前摆动；在跳跃距离 1/3～1/2 时，起跳腿向前上方提举与摆动腿靠拢形成空中蹲踞姿势，然后两腿屈膝进一步向胸部靠近，准备下落着地；落地前两臂由体前经体侧摆到体后，接着两腿伸直膝关节，小腿尽量前伸落地，如图 3-10 所示。

图 3-9

图 3-10

2. 挺身式跳远

通过助跑起跳以后，在完成“腾空步”的基础上，起跳腿继续蹬伸留在体后，然后摆动腿展髋下放，与摆动腿靠拢，两臂外展，并挺胸送髋使躯干呈反弓形，形成展体并拉开身体前部肌群，然后两腿同时前收举腿，两臂开始时一前一后；当摆动腿继续向后运动，继而收腹举腿，两臂上举，准备做落地动作；落地时注意举大腿、伸小腿，如图 3-11 所示。

3. 立定跳远

立定跳远是《国家学生体质健康标准》的主要测试项目之一，进行立定跳远项目锻炼不受场地、器材条件的影响，容易在学生中开展和普及。立定跳远的动作要领为：两腿自然分开与肩同宽或稍比肩宽站立，两膝弯曲呈半蹲姿势，上体稍前倾，两臂前后预摆 1～2 次以后，形成起跳前两臂伸直留在身后，两腿半蹲；起跳时，两腿向前上方有力蹬出，同时两臂用力地向前上方摆出与蹬地方向形成同方向的合力，使身体向前上方腾起；腾空时，身体充分伸展，两臂、躯干和腿成一直线，充分蹬伸以后紧接着准备落地，落地时收腹、抬腿、小腿前伸。

图 3-11

（二）练习方法

（1）原地和跑动中起跳摆臂，如图 3-12 所示。

（2）助跑起跳成腾空步，用头部触及前上方的悬挂物，如图 3-13 所示。

图 3-12

图 3-13

（3）原地高跳收腹抬腿落地。

（4）助跑起跳后腾空步越过橡皮筋练习，如图 3-14 所示。

（5）起跳板上起跳，空中蹲踞落地。

（6）原地做挺身式模仿练习，如图 3-15 所示。

图 3-14

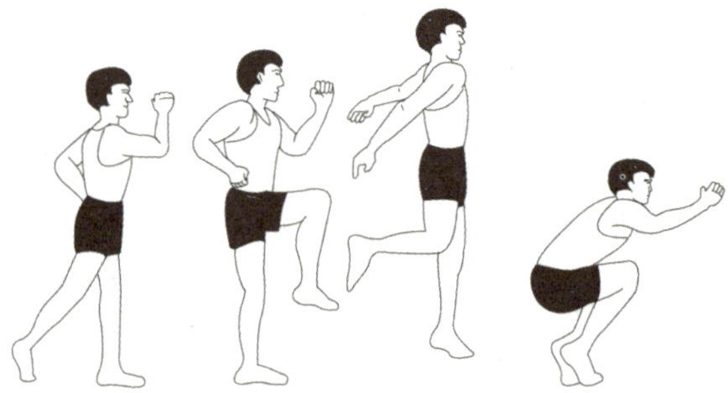

图 3-15

（7）中程 8～10 步助跑，做“腾空步”起跳练习。

（8）中程助跑做蹲踞式跳远练习。

（9）连续进行蛙跳练习。

（10）连续做三级、五级、七级和十级跨步跳练习。

（11）连续做多级单脚跳练习。

（12）连续做单脚跳接跨步跳练习。

除以上介绍的几种练习手段外，我们还可以对健身锻炼用的一些手段作延伸，如原地跳、助跑跳、一次跳、连续跳、徒手跳、负重跳、有障碍跳和无障碍跳等。

（三）注意事项

（1）由于跳远的起跳是在快速助跑下进行的，起跳腿承受较大的负荷，因此锻炼前要做好充分的准备活动，避免受伤。

（2）跳远场地上的起跳板是为跳远比赛而准备的，在上体育课时或自己锻炼时可以放宽起跳板的区域，以降低练习时对踏板准确的要求。

（3）在一开始进行跳远锻炼时，助跑的速度不宜过快，否则不利于掌握跳远的动作要领。

（4）立定跳远锻炼时，应穿鞋底防滑的运动鞋，以免滑倒影响成绩。

（5）跳远锻炼时，要将助跑与起跳相结合的技术作为练习重点，把起跳技术作为学好跳远的基础，打好起跳方法的基础。

三、原地抛实心球

（一）基本技术

基本动作要求：双手持球于头后，两脚开立，原地用力将实心球从脑后向前抛出。

1. 握球与持球

握球和持球是抛实心球完整技术的组成部分，对抛实心球的方向、力量和速度都有影响。练习中要充分发挥手指力量对实心球的作用，保证球的稳定性，尽量控制球的方向。

（1）握球。五指自然分开，手形成半球状，将实心球完全放在手掌中，两手大拇指相对，小指护于实心球底部。这样可以防止球滑动，有利于手指用力。

（2）持球。将球握好，持于体前下方，双臂伸直放松，预摆后将球持于脑后，肩关节后伸，肘关节弯曲放松。

2. 技术要领

（1）站位。站位的正确与否将直接影响技术的发挥。因此，站位要准确。站位分为两种。

① 两脚前后相距半步站位，重心落在两腿上。这种站法有利于全身协调用力。

② 两脚左右站位，两脚与肩同宽，重量落于两腿。这种站法有利于腰腹用力。

（2）支撑。支撑要求牢固，便于腿部发力，双脚不能离开地面。蹬地时，两腿稍弯曲，前后站位，后腿要发力蹬地，蹬地方向应和发力方向一致。

（3）发力。发力包括“送”“挺”和“挥打”三个动作。

①“送”，包括发力时送髋、上体向前送、手臂在发力前应向脑后远端送球以加大做功半径。

②“挺”，发力后胸部充分前挺，使人上体与球超越器械。

③“挥打”，要求两臂特别是小臂快速挥动将实心球从脑的后方“打”出，要求以胸带臂快速有力。

3. 避免出线犯规

（1）站位时前脚与投掷线之间留有一定距离。

（2）球出手后，以前脚用力制动和支撑。

（二）练习方法

（1）徒手练习。

（2）专门练习。

① 在肋木上做“满弓”动作练习。

② 在适宜的单杠上做蹬地送髋练习。

（3）持球练习。

① 持轻实心球进行模仿练习。

② 持标准球练习。

四、推铅球

（一）基本技术

推铅球是一个速度力量型项目。投掷原理表明，铅球出手的初速度、出手角度及出手的高度决定铅球飞行的远度。

推铅球的方法目前主要有两种，背向滑步推铅球和旋转推铅球。由于旋转推铅球对运动员的技术、身体素质要求高，故大多采用背向滑步推铅球的方法。

完整的背向滑步推铅球技术可分为握球、持球、滑步、转换、最后用力五个部分，这五部分都要求维持身体平衡。

1. 握、持球技术

图 3-16

握球的手五指自然分开，将球放在食指、中指、无名指的指根处，拇指和小指贴在球的两侧，以保持球的稳定。握好球后，将球放到锁骨内端上方，紧贴颈部，掌心向上，右上臂与躯干呈 90°，躯干与头部保持正直，如图 3-16 所示。

2. 滑步技术

完整的滑步技术包括预备姿势、团身、滑步三个部分。

（1）预备姿势（以右手为例）。运动员持好球后，背对投掷方向，身体重心落在右脚掌上，左脚置于右脚跟后方 20～30 厘米处，以脚尖着地，帮助维持平衡。上体与头部保持正直，两眼平视，两肩与地面平行。这种预备姿势（常称高姿势）较为自然，有助于集中精神开始滑步。

（2）团身动作。运动员站稳后，从容地向前屈体，待上体屈至接近与地面平行时，屈膝下蹲，同时头部和左腿向右腿靠拢，完成团身动作。

（3）滑步动作。滑步由身体重心后移，左腿向投掷方向伸摆，经过蹬伸右腿、回收右脚来完成这一过程。技术要点：两腿动作顺序为前摆左腿在先，蹬伸右腿在后，最后回收右小腿。左腿与躯干的关系是左膝伸开后应保持与躯干呈一直线，直至最后开始用力。要处理好铅球的位置，当右膝伸开后，铅球约处在右大腿上方的 1/2 处；当右腿回收后，铅球约处在右膝上方外侧。

3. 转换（过渡步）技术

回收右小腿结束，以脚尖着地，紧接着将左脚插向抵趾板，以脚掌内侧着地。右脚着地时，体重大部分落在右腿上，左脚着地时，身体重心移向两腿之间。在这一过程中，运动员上体和头部姿势没有明显的变化，如图 3-17 所示。

图 3-17

4. 最后用力

最后用力分为准备和加速两个部分。

（1）最后用力准备部分。从左脚落地到身体形成侧弓。在这一过程中，投掷臂尚未给铅球加速，仅是依靠右膝的内压、右腿的蹬转推动骨盆侧移。由于上体不主动抬起，头颈不主动扭转，而使身体左侧有关肌群形成最大拉紧状态，为最后的加速用力创造有利条件。

（2）最后用力加速部分。躯干形成侧弓后，在左腿有力支撑下，利用躯干的反振作用，顺势转肩伸臂完成整个投掷动作。在最后用力过程中，左腿的支撑作用十分重要，它不仅可以提高铅球的出手点，更重要的是可以提高手臂的鞭打速度。左臂通过上、左、下方位的摆动，可以控制胸大肌横向发展，还可以协助身体左侧支撑，加长推球手臂鞭打的距离。

5. 维持身体平衡

铅球出手后，为了防止犯规，通常采用换步和降低重心来减缓冲力，维持身体平衡。

（二）练习方法

（1）学习握、持球方法。

（2）原地向下、向上推铅球。

（3）原地侧向推铅球。
（4）原地背向推铅球。
（5）原地背向出左脚推铅球。

五、掷标枪

掷标枪是田径比赛项目之一，通过练习可以发展人体的力量、柔韧性和协调性。

（一）基本技术

掷标枪是一项多轴性旋转的投掷项目。掷标枪技术比较复杂，主要分为握枪、持枪、助跑、最后用力和出手后的身体平衡等技术环节。

1. 握枪与持枪（以右手为例）

握枪的方法可分现代式和普通式两种，目前通常采用现代式握法。动作要领是，将标枪斜放在掌心上，大拇指和中指握在枪杆缠绳把手末端上沿，食指自然弯曲握在枪杆上，无名指和小指自然地握在把手上，如图 3-18 所示。现代式握枪法的优点是，充分利用中指的长度，在标枪出手瞬间拔枪，通过增强标枪出手速度和出手后的自转速度，从而增强标枪飞行的稳定性。持枪方法一般采用肩上持枪法，如图 3-19 所示，使枪保持在肩的前上方，枪尖向下，便于直接向后引枪，也有采用枪尖向上的持枪法。

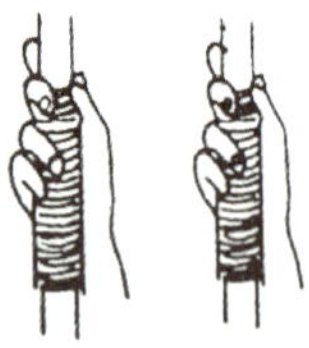

①　②

图 3-18

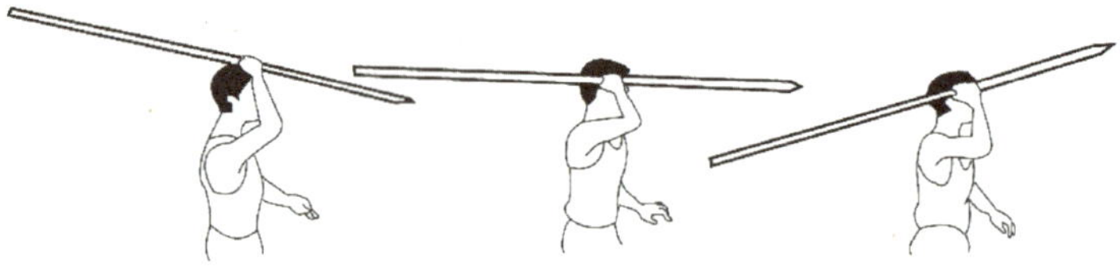

①　②　③

图 3-19

2. 助跑

助跑是为了在最后用力前获得预先速度，为最后用力创造良好的条件。助跑距离因人而异，一般为男子 20～30 米、女子 15～20 米。助跑分预跑阶段和投掷步阶段两部分。

（1）预跑阶段

从第一标志线到第二标志线是预跑阶段，约 15 米（跑 8～12 步）。预跑阶段主要是加速跑，脚前掌着地，动作轻快富有弹性，持枪臂与下肢动作协调一致，在逐渐加速中进入投掷阶段。

（2）投掷步阶段

其任务是加快两腿的动作速度，保持预跑速度和继续向助跑方向加速，正确完成引枪、交叉步和超越器械动作，并为最后用力创造最佳条件。

投掷步阶段通常为 4 步，如图 3-20 所示，第 1 步、第 2 步完成引枪，第 3 步是交叉步，第 4 步是最后用力的衔接步。

第 1 步，当左脚踏上第 2 标志线时，右脚积极向前迈出第 1 步，同时右肩后撤，右手引枪，左臂在体前自然摆至胸前，两眼平视前方。

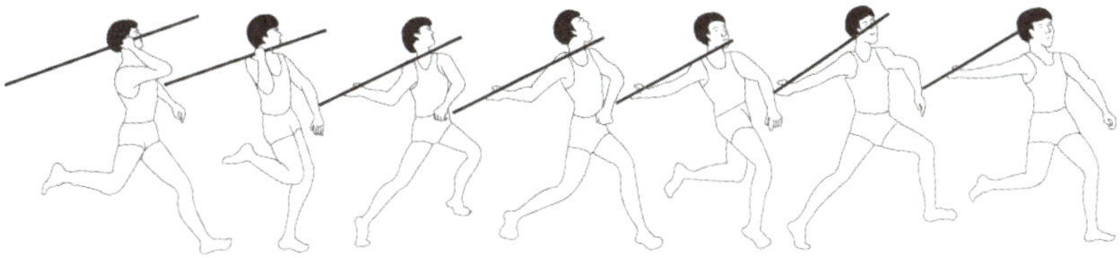

图 3-20

第 2 步，当右脚落地，左脚向前迈进，开始第 2 步，在左脚前迈时，髋轴向右转动，形成侧对投掷方向的姿势；持枪臂继续后引，左肩继续向标枪靠近并稍含胸，使右臂位于肩轴的延长线上，枪尖靠近右眉，眼睛直视投掷方向，左脚落地时稍内扣，左臂摆至身体左侧。

第 3 步，又称交叉步。它是加速下肢运动完成超越器械和把标枪控制在有利于进入最后用力的关键一步。左脚着地时，右腿大腿带动小腿积极向前迈出，在两腿有力的蹬摆配合下，积极推动髋部前移，下肢迅速向前超越上体和髋部，投掷臂充分伸直，形成良好的超越器械姿势。右脚跟外侧先着地，过渡到全脚掌，并与投掷方向约成 45°角。右腿落地瞬间，躯干和右腿约成一条直线，身体倾斜，与地面构成 65°左右的夹角。

第 4 步，这是助跑过渡到最后用力的衔接步，也是助跑与最后用力的重要一步。当第 3 步右脚未落地时，左脚积极前摆，身体重心超过支撑点的一刹那，右腿及时蹬地，同时左脚积极向前下方插撑，以脚掌内侧着地，做有力的制动支撑，从而形成稳固的左侧支撑。

3. 最后用力

最后用力是投掷标枪的关键技术。在身体重心前移超过支撑点的瞬间，右脚积极蹬地，转送右髋，使髋轴超过肩轴，在肩轴向投掷方向转的同时，左臂前引向身体左侧下方制动。当上体转动正对投掷方向时，投掷臂已持枪在肩上，胸髋前挺，形成满弓，并使投掷臂尽量留在身后与躯干几乎呈直角状，继续向前，肩轴迅速超越髋轴，以胸带臂迅速前移，左腿用力蹬地，接前臂、手腕、手指加速向前并完成“鞭打”动作，使标枪沿纵轴方向且成 36°左右的角从肩上掷出，如图 3-21 所示。

图 3-21

4. 出手后的身体平衡

标枪出手后由于惯性作用，为了防止脚出弧线犯规，右腿应继续向前跨出一大步，身体向左转并降低重心，以维持身体平衡。

（二）练习方法

1. 正面原地插枪

面对投掷方向，双脚前后站立，以正确的用力顺序将标枪向前下方掷出，体会投掷臂“鞭打”动作和枪沿纵轴用力技术。

2. 正面上一步插枪

正面两脚前后站立（右脚在前），随着左脚前迈上步，右腿蹬伸用力向前下方掷枪，体会两腿协调配合动作，改进“鞭打”动作和沿纵轴用力技术。

3. 侧向上两步掷标枪

侧对投掷方向，右腿向前做交叉步，左腿前迈着地，用力投掷标枪。体会两腿协调配合进行交叉步投掷标枪。

4. 学会全程投掷步技术

持枪跑 8～10 步做投标枪的练习。左脚踏上标志线，开始投掷步阶段的动作并结合最后用力进行练习。

（三）注意事项

（1）应握在标枪把手处，从肩部或投掷臂上方投出，不得抛甩，不得采用非传统姿势动作。

（2）运动员试投后，身体任何部位触及投掷弧、助跑道边界线和助跑道以外地面，或在试掷时，标枪出手不符合规定，均为试掷失败。

（3）运动员试掷时，在标枪出手前，身体不得完全转向背对投掷弧。

（4）丈量应从标枪枪尖最先落地点至投掷弧所对圆心的连线量至投掷弧内沿。

（5）只有标枪的金属枪尖先于枪的其他部位触地，投掷方为有效。

六、掷铁饼

掷铁饼能够发展身体上下肢的力量、爆发力和身体各部分的协调性。掷铁饼是在直径 2.5 米的圆圈内，采用原地或旋转方法，将铁饼掷在 40° 的扇形落地区内。

（一）基本技术

现代掷铁饼技术已发展到背向旋转式掷铁饼，其主要技术包括握法、预备姿势和预摆、旋转、最后用力和出手平衡五个部分。为便于学生学习和掌握，本节着重介绍原地侧向掷铁饼技术。

1. 握法（以右手为例）

五指自然分开，拇指和手掌贴靠铁饼，其余四指末关节扣住铁饼边缘，铁饼的重心在食指和中指中间，手腕微屈使铁饼上缘靠于前臂，持饼臂自然放松于体侧，如图 3-22 所示。

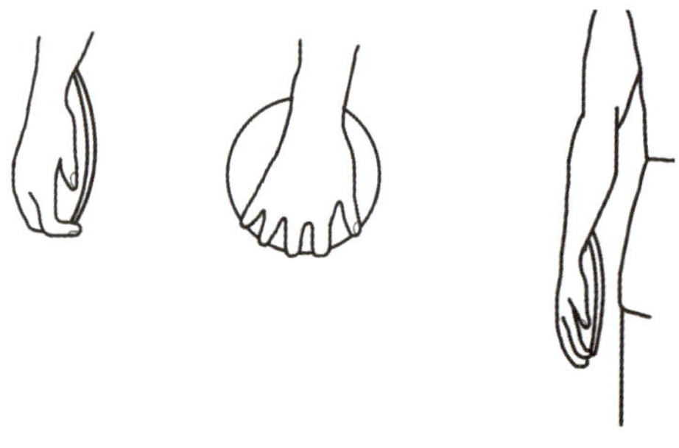

图 3-22

2. 预备姿势和预摆

原地侧向站立，左侧面对投掷方向，右脚稍前，右脚的脚跟和左脚的脚尖与投掷方向基本在一条直线上，持饼臂自然下垂在体侧前后预摆几次。当铁饼摆至右后侧同肩高时身体重心移至右腿上，上体稍前倾，预摆后使饼最大限度滞留于体后。预摆动作有两种：第 1 种是左上右下摆饼法，如图 3-23 所示；第 2 种是体前左右摆饼法，如图 3-24 所示。

图 3-23

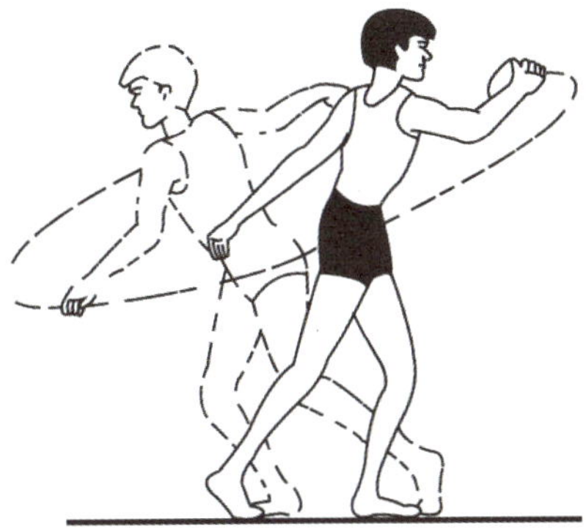

图 3-24

3. 最后用力和出手平衡

最后用力是决定投掷远度的关键环节。当重心移至右腿时，右腿用力蹬转，投掷臂沿弧线向投掷方向快速挥摆。当铁饼摆至左髋侧时，右腿转蹬，挺胸抬头，身体右侧加速前转，当身体转向投掷方向时，这时的铁饼已运行至身体右侧与右肩同高处，此时左腿用力蹬伸，全身力量通过挥臂和手作用到铁饼上。出手角度为 35° 左右，铁饼出手后，为防止和避免犯规，缓冲向前的冲力，此时应迅速交换两腿，改变力的方向，维持好身体平衡，如图 3-25 所示。

图 3-25

（二）练习方法

1. 滚饼

右手握饼经体侧前摆拨饼，饼离手后沿直线平稳地滚动，体会由小指、无名指、中指和食指依次用力拨饼的感觉。

2. 预摆练习

按照技术要求，在身体右侧前后预摆和左上后预摆，体会预摆技术要求。

3. 原地正面掷铁饼

面对投掷方向，持饼摆动至身体右后侧方时，随铁饼回摆时蹬伸两腿，转动右髋，挺胸挥臂将铁饼掷出。

（三）注意事项

运动员进入圈内并开始试掷后，如果身体的任何部位触及圈外地面或铁圈上缘，或试图以不符合规定的方式将铁饼掷出，均为一次试掷失败，不计成绩。

第三节 径　赛

一、短跑

短跑是田径运动中距离短、速度快、人体运动器官在大量缺氧情况下完成的极限强度的周期性运动项目。在国内外大型的运动会上，短跑的比赛项目有 100 米、200 米、400 米三项，少年和室内田径比赛还有 60 米跑，在《大学生体质健康标准》测试项目中有 50 米跑。

（一）基本技术

田径运动中的短距离跑分为起跑、起跑后的加速跑、途中跑和终点跑四个紧密相连的部分，下面就上述四个动作过程做逐一讲解。

1. 起跑

短跑起跑采用蹲踞式，正式比赛必须使用起跑器。听到口令后，两手撑地，两脚依次蹬在前、后起跑器的抵足板上，后膝跪地，两臂伸直，两手间隔比肩稍宽，四指并拢与拇指成“八”字形，颈部自然放松。听到“预备”口令后，平稳地抬起臀部，重心适当前移，身体重量主要落在前腿和两臂上。听到发令枪声后或其他出发信号后，两手迅速推离地面，两臂屈肘有力地做前后摆动，两腿迅速蹬离起跑器，使身体向前上方运动，如图 3-26 所示。

图 3-26

2. 起跑后的加速跑

起跑后的加速跑是指从前脚蹬离起跑器到进入途中跑之间的这一段距离。其动作要领如下：蹬离起跑器后，步长逐渐加大，上体逐渐抬起，两脚落点逐渐靠近一条直线，两臂有力摆动，当上体逐渐抬起至正常跑的姿势并发挥较高速度时，即转入途中跑，如图 3-27 所示。

图 3-27

3. 途中跑

途中跑是短跑加速到最快速度与冲刺跑之间的距离，它是全程跑中距离最长、速度最快的一段，其任务是继续发挥并保持高速度跑。跑的动作按其动作结构分为后蹬与前摆阶段、腾空阶段和着地缓冲三个阶段，如图 3-28 所示。

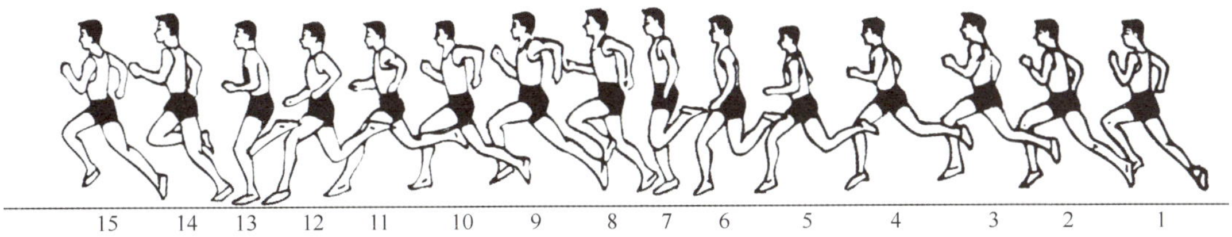

图 3-28

4. 终点跑

终点跑是全程的最后一段距离，它的任务是尽力保持途中跑的高速度跑过终点，包括终点跑技术和撞线技术。进入终点跑时要求在距离终点线 15～20 米处，保持上体前倾的姿势，加强摆臂和后蹬，尽量减少跑速的下降。终点撞线技术要求练习者在跑到离终点约一步距离时，上体急速前倾，双臂后摆，以躯干任何部分撞终点线，如图 3-29 所示。

图 3-29

（二）练习方法

（1）各种姿势状态下听信号出发练习。

（2）沿圆弧跑进。

（3）负重跨步走。

（4）橡皮带牵引起跑。

（5）斜支撑高抬腿跑。

（6）小步跑、高抬腿跑、后蹬跑接加速跑。

（7）蹬离起跑器练习。

（8）站立式和蹲踞式起跑后跑进 20～30 米练习。

（9）变节奏跑（30 米快跑+30 米慢跑）。

（10）两人一组追逐跑。

（11）迎面接力跑——采用立棒式传接棒方法，如图 3-30 所示。

（12）4×50 米或 4×100 米接力跑——采用上挑式（图 3-31）和下压式（图 3-32）传接棒方法。

图 3-30

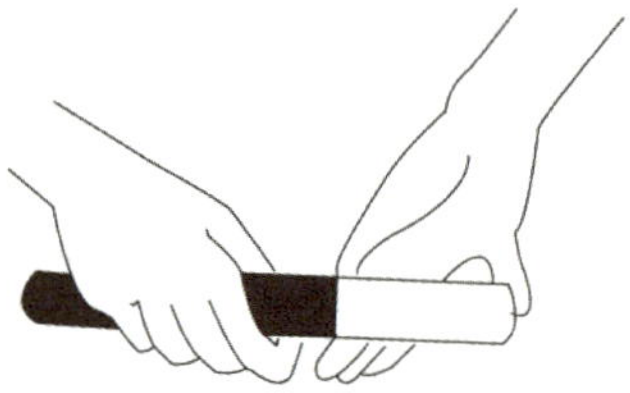

图 3-31

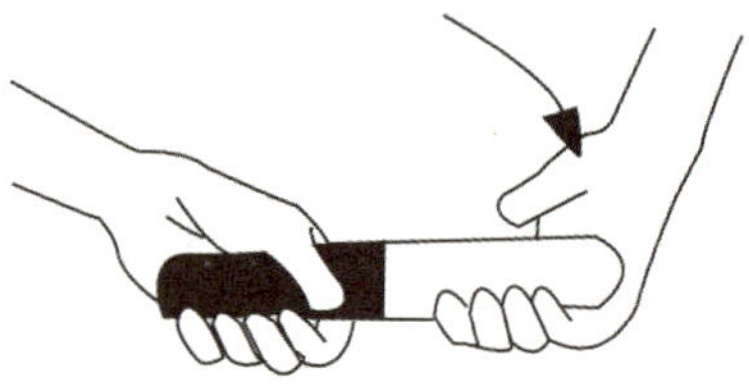

图 3-32

（13）练习圆周接力跑（图 3-33）和往返接力跑（图 3-34）。

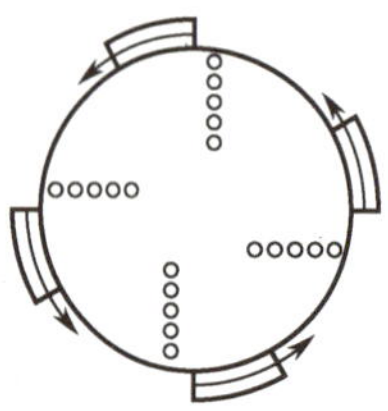

图 3-33

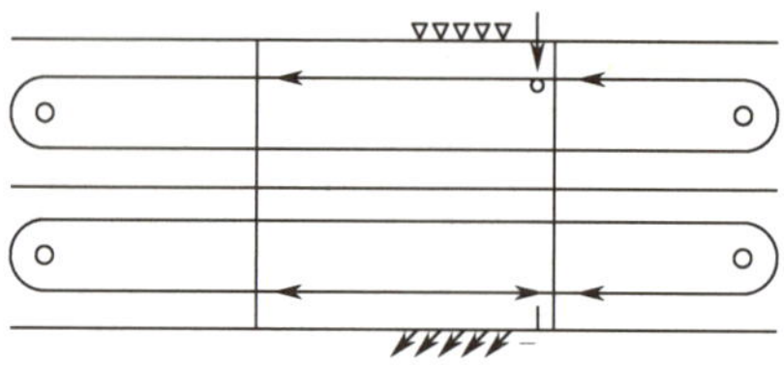

图 3-34

二、中长跑

中长跑的距离为 800 米至 10000 米之间，它是发展耐久力的项目，是以有氧代谢为主的耐力性和周期性运动项目。中长跑能力是衡量练习者心肺功能的重要指标，其比赛项目有 800 米、1500 米、3000 米、5000 米和 10000 米。要使中长跑锻炼科学、有效，必须掌握合理的技术和方法。

（一）基本技术

中长跑起跑时通常采用站立式，如图 3-35 所示。起跑前先站在起跑线后 3 米集合线处；当听到口令后，走向起跑线；当听到出发信号（如枪声）后，迅速出发进入加速跑。起跑后，上体前倾较大，两腿交替跑进速度较快，摆臂、摆腿和后蹬都应迅速而有力，途中跑时上体接近垂直或稍向前倾，头部正直，胸部正对前方并微向前挺，躯干自然而不僵硬；摆臂时，肩部放松，两臂弯曲，肘关节呈 90°，两手握拳，前后自然摆动，如图 3-36 所示。中长跑时，为了保证机体对氧气的需求，呼吸要有一定的频率和深度，并与步伐配合起来，一般是 2～3 步一呼气，2～3 步一吸气。中长跑时要求动作轻松自然，身体重心移动平稳，节奏性强，肌肉用力和放松相互交替，既有奏效性，又节省能耗。

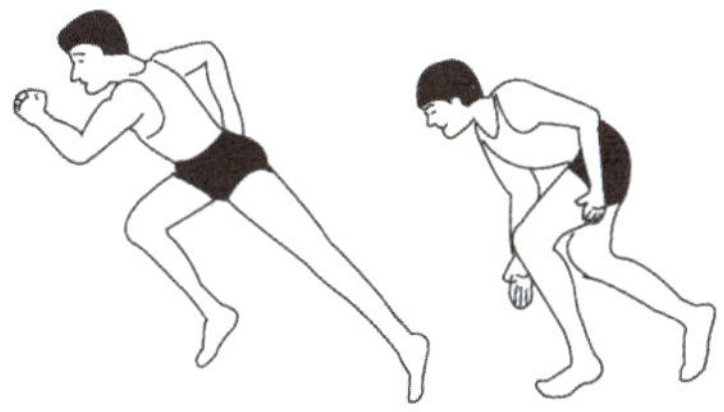

图 3-35

图 3-36

（二）练习方法

（1）音乐伴奏原地跑（在雨天或冬天）——跑的时间根据个人情况而定。
（2）走跑交替（100 米中速跑+100 米走，反复交替）。
（3）定时定距离（5～8 分钟定时跑或 800～1500 米定距离跑）。
（4）变速跑（100 米中速跑+100 米慢跑，反复交替）。
（5）间歇跑（根据自身体能和体质情况确定距离和速度、练习次数和间歇时间）。
（6）“8 字形”跑，如图 3-37 所示。

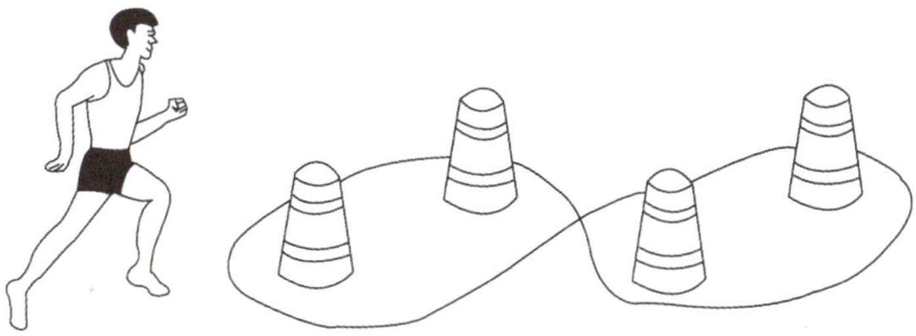

图 3-37

（7）“蛇”形跑——设定多个标志点穿越，如图 3-38 所示。

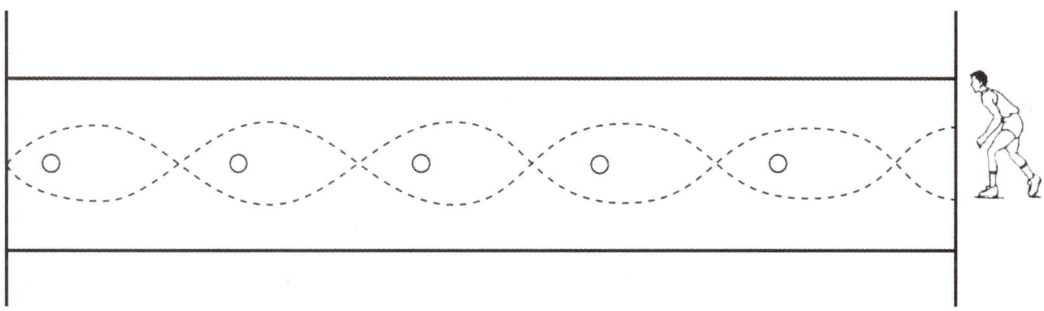

图 3-38

（8）健身跑（在规定的距离和时间内在跑道上或在马路上匀速跑）。

（9）定向越野跑（在校园或野外设定多个目标，尽快找到目标）。

（四）中长跑锻炼注意事项

（1）由于中长跑项目比较枯燥、乏味，练习者在锻炼时要有较强的意志品质，切不可因为感到疲劳而轻易放弃。

（2）在进行中长跑锻炼时，应通过控制心率来控制跑的强度，一般情况下平均心率在130～150 次/分之间为最佳区间。

三、跨栏跑与障碍跑

跨栏跑是在快速奔跑中连续跨过固定距离、固定数量和固定高度栏架的运动项目。它是田径运动中技术比较复杂、对人的素质要求较高的运动项目。跨栏跑的正式比赛项目有男子110 米栏、400 米栏和女子 100 米栏、400 米栏等。跨栏跑的成绩取决于练习者的平跑速度、跨越栏架的速度和跑、跨两者结合的能力。不论哪种距离的跨栏跑都有时间短、难度大的特点，适合于在田径运动基础较好的人群中开展。

障碍跑是指在快速奔跑中越过数个不同形式障碍物的跑，它的运动形式有些类似跨栏跑，但障碍物的设置比较灵活。由于障碍跑有较高的锻炼价值，可以作为学校体育教学的重要内容。

（一）基本技术

1. 跨栏跑

跨栏跑的动作分为起跑至第一栏技术、跨栏步技术、栏间跑技术和终点跑技术四部分。蹲踞式起跑后，两腿积极后蹬，有力摆臂并积极加速，准确踏上起跨点后迅速过栏，完成起跨和过栏动作。当摆动腿过栏着地进入跨栏步后期时，摆动腿应积极下压，用前脚掌着地并迅速过渡到栏间距，通过 3～5 步的栏间步后做好下一个跨栏步的准备。其中，跨栏步时要求摆动腿在身体后充分折叠，大腿、小腿、足跟靠近臀部，以膝领先，屈膝向前摆动，小腿自然下垂，上体随之前倾形成小、中、大的比例关系。最后一个栏摆动腿下地后，上体前倾，两腿积极跑动，进入冲刺跑。在全程跨栏跑中，首先要跨好第一栏，这对积极发挥速度、建立良好节奏有着十分重要的意义。

2. 障碍跑

障碍跑根据障碍物的形式而定，不同的障碍物形式有其特殊的要求。一般而言，有以下几种越过障碍的方法。

（1）“踏上式”越过障碍方法

① 场地器材设施。在跑道上设置高 30～50 厘米的障碍物，如跳箱盖、体操凳或其他器械。

② 越过方法。起跨腿用力蹬地起跨，上体稍向前倾，摆动腿屈膝前摆高抬，用前脚掌踏上障碍物。当重心移过支撑点上方时，支撑腿迅速伸直蹬离障碍物，另一腿迅速前迈用脚掌着地，然后继续向前跑进，如图 3-39 所示。

（2）“跨步式”越过障碍法

① 场地器材设施。在跑道上设置高 30～50 厘米的障碍物，如跳箱盖、体操凳、木栅栏

或两条相距 1.5 米左右的石灰线作为“壕沟”。

② 越过方法。助跑 10～15 米，当跑到障碍物前 1～1.5 米处时，起跨腿用力蹬地起跨，摆动腿屈膝高抬向前跨步，上体稍前倾，起跨腿同侧臂前摆，异侧臂后摆，然后起跨腿屈膝向前提拉越过障碍物，摆动腿伸直准备落地，当摆动腿前脚掌落地后，继续向前跑进，如图 3-40 所示。

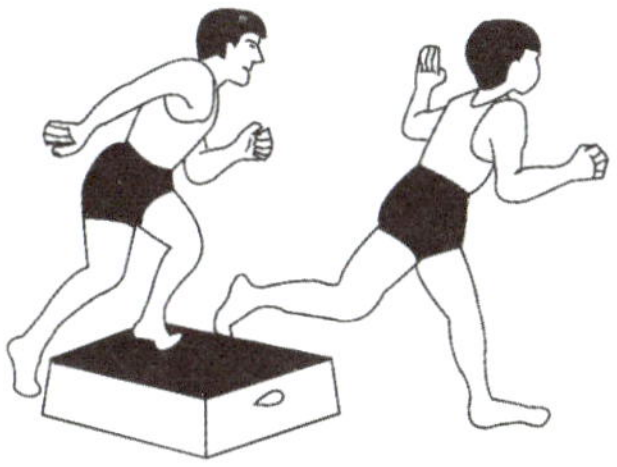

图 3-39

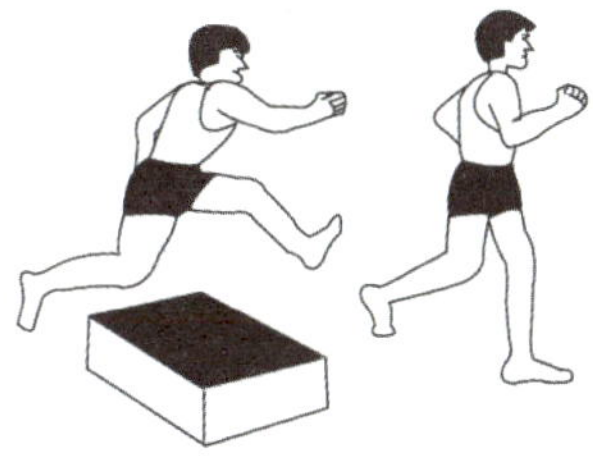

图 3-40

（3）“钻过式”越过障碍法

① 场地器材设施。在跑道放置一个或数个相连的普通栏架。

② 钻过方法。起跑 10～15 米，当跑到障碍物前 1～1.5 米时，采用屈膝团身的方法迅速钻过障碍物，然后起身继续前跑，如图 3-41 所示。

（4）手脚支撑越过障碍法

① 场地器材设施。在跑道上横放跳箱或在跑道上设置高 1 米左右的横木。

② 越过方法。助跑 10～15 米，当跑到障碍物前约 60 厘米处时，用右手扶在障碍物右侧，右腿起跳，左脚踏上障碍物的左侧，右臂伸直，将身体支撑在障碍物上，然后右腿屈膝越过，如图 3-42 所示。

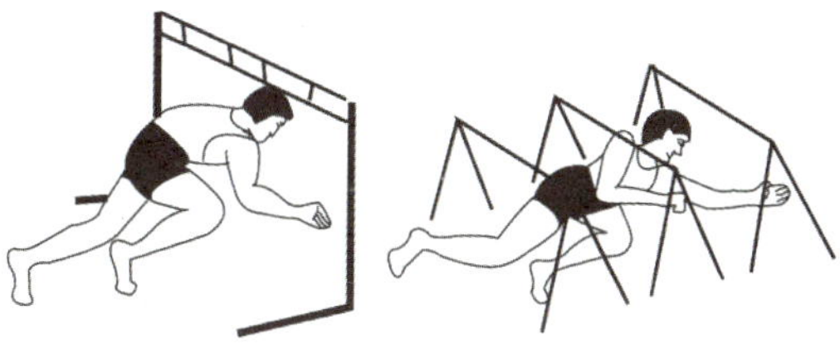

图 3-41

图 3-42

除了以上几种越过障碍的方法外，还有“绕过式”、走“独木桥”、“攀越板墙法”等方法。另外，练习者还可以通过自己的想象或在老师的指导下进行各种方式的锻炼。

（二）练习方法

（1）跨越竖起的折叠小垫子，如图 3-43 所示。

（2）跨越搁起的小竹竿，如图 3-44 所示。

图 3-43

图 3-44

（3）快跑中摆动腿攻栏和起跨腿提拉练习，如图 3-45 所示。

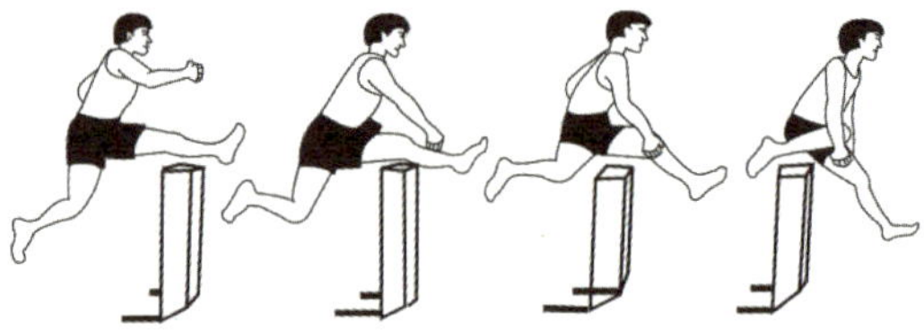

图 3-45

（4）快跑中摆动腿侧过栏练习。

（5）双腿纵向跳起连续越过栏架。

（6）慢走中连续跨越栏架。

（7）快跑中跨越“壕沟”练习，如图 3-46 所示。

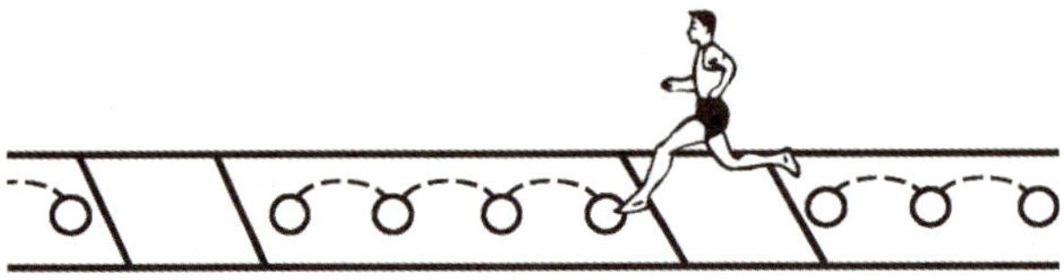

图 3-46

（8）起跑上第一栏练习，如图 3-47 所示。

（9）“跨栏坐”练习，如图 3-48 所示。

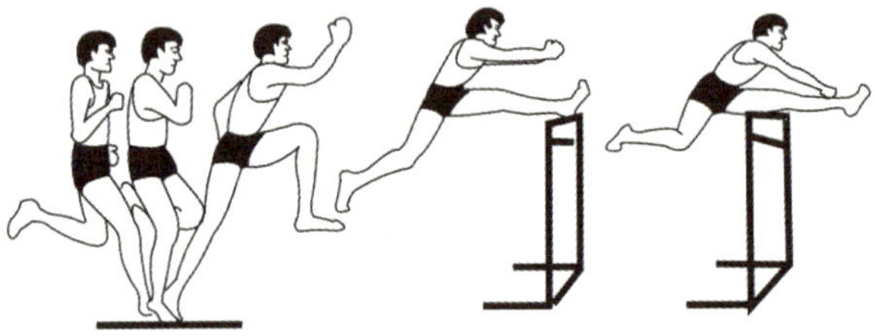

图 3-47

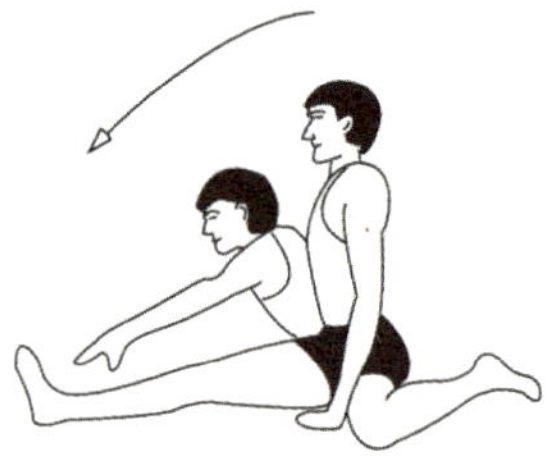

图 3-48

（10）站立式起跑连续过 3～5 个栏练习。

（三）注意事项

（1）竞技运动中的跨栏跑对栏高、栏距和栏设置的数量都有明确的规定，但用来锻炼身体的跨栏跑并非按照统一标准，可以根据自身的需要摆放，并注意循序渐进地增加数量、高度和间距。

（2）跨栏跑不仅对人的技术、身体素质有较高的要求，对人的心理素质也是一种挑战。因此，在锻炼之前或锻炼过程中要不断调整心态，敢于迎难而上。

（3）障碍跑时，障碍的设置和摆放要合理、坚固，要经得起踩、踏、撑、爬、拉等，以保证在锻炼过程中不会发生伤害事故。

（4）障碍跑锻炼与跨栏跑相比，练习的密度和强度可以适当增加，心率一般控制在 160

次/分左右为宜，此为中等以上强度。

第四节　田径运动竞赛规则

一、田径比赛通则

（1）参加比赛的运动员必须佩戴号码，否则不得参加比赛。

（2）径赛项目运动员须沿跑道逆时针方向跑进。

（3）径赛运动员挤撞或阻挡他人走或跑进时，取消其该项比赛资格。

（4）如果一名运动员参加一个径赛项目，又参加一个田赛项目，或者参加一个以上的田赛项目，而这些项目又同时举行比赛时，有关主裁判可以允许运动员只在某一轮次（高度项目以一个高度为一个轮次，一个高度有三次试跳机会；远度项目在所有运动员按顺序试跳或试掷完一次为一个轮次）的比赛中以不同于赛前抽签确定的顺序先进行试跳（试掷）一次，已错过的试跳（试掷）顺序一律不补。

（5）判定名次方法。径赛项目中，判定运动员到达终点的名次顺序，是以运动员躯干的任何部分到达终点线内沿的垂直面的先后为准。以决赛的成绩作为个人的最高成绩，而不以预、次、复赛的成绩判定最后名次。

田赛项目中，远度项目以比赛的六次试跳或试掷中最好的一次成绩作为个人的最好成绩，包括第一名成绩相等决定名次赛时的成绩，然后以各运动员的最高成绩排列名次。高度项目以每名运动员最好一次试跳成绩，包括第一名成绩相等决定名次赛时的成绩，作为最后成绩。

全能运动项目，以各运动员全部项目得分的总和排定名次。

田赛高度项目比赛成绩相等时，在出现成绩相等的高度中，以试跳次数较少者名次列前。如成绩仍相等，在包括最后跳过的高度在内的全赛中，试跳失败次数较少者名次列前。若成绩继续是相等的，则如下处理：如涉及第一名时，则令成绩相等的运动员在其造成成绩相等的失败高度中的最低的高度上，每人再试跳一次。如仍不能判定，则横杆应提升或降低；提升和降低的高度，跳高为 2 厘米，撑杆跳高为 5 厘米。运动员应在每个高度上试跳一次，直到决出名次为止。决定名次的试跳，有关运动员必须参加。如涉及其他名次时，成绩相等的运动员名次并列。

田赛远度项目的比赛如有成绩相等时，应以其次优成绩判定名次。如次优成绩相等，则以第三优成绩判定，其余类推。如仍相等，并涉及第一名者，则令相等的运动员，按原比赛顺序，进行新一轮试跳，直到决出名次为止。

全能运动比赛如总分相等时，应以单项得分多的项目较多名次列前。如仍不能判定时，则以任何一个项目单项得分最多者名次列前。

团体总分相等时，应以破纪录项目、次数多者名次列前。再相等，则以第一名多者列前。如仍相等，则以第二名多者名次列前，其余类推。

二、田赛主要规则

（1）跳高比赛时，应抽签排定运动员的试跳顺序。运动员必须用单脚起跳。比赛开始前，主裁判应向运动员宣布起跳高度和每轮结束后横杆的提升高度，直至比赛中只剩下 1 名运动员。一旦比赛开始，运动员不得使用助跑道或起跳区进行练习。

如有下列情况之一者，则判为试跳失败：①试跳后，由于运动员的试跳动作，致使横杆未能留在横杆托上；②在越过横杆之前，运动员身体的任何部位触及立柱以外的地面或落地区。

如果运动员在试跳中一只脚触及落地区，而裁判员认为其并未从中获得利益，则不应判为试跳失败。运动员可以在主裁判事先宣布的横杆升高计划中的任何一个高度开始试跳，也可在以后任何一个高度根据自己的愿望决定是否试跳。但在任何高度上，只要运动员连续 3 次试跳失败，即失去继续比赛的资格，但因第 1 名成绩相等而进行的决定名次赛的试跳除外。允许运动员在某一高度上第 1 次或第 2 次试跳失败后，在其第 2 次或第 3 次试跳时请求免跳，并在后继的高度上继续试跳。运动员在某一高度上请求试跳后，不准在该高度上恢复试跳，除非出现第 1 名成绩相等的情况。

（2）所有远度项目的田赛，参加比赛的运动员如超过 8 人，成绩较好的前 8 名运动员进入决赛；如第 8 名的成绩相等，成绩相等的运动员均可再试跳或掷 3 次。如不足 8 人，则均为 6 次。一旦比赛开始，运动员不得使用比赛助跑道进行练习。

如有下列情况之一，则判为试跳失败：①在未做起跳的助跑中或在跳跃中，运动员以身体任何部位触及起跳线以外地面；②从起跳板两端之外的起跳线的延长线前面或后面起跳；③在落地过程中触及落地区以外地面，而落地区外触地点较区内最近触地点更靠近起跳线；④完成试跳后，向后走出落地区；⑤采用任何空翻姿势。

测量成绩时，应从运动员身体任何部位触地的最近点量至起跳线或起跳线的延长线，测量线应与起跳线或其延长线垂直。应以每名运动员最好的 1 次试跳成绩，包括因第 1 名成绩相等而进行的决名次赛的试跳成绩，作为其最后的成绩。为有助于助跑和起跳，运动员可在助跑道旁放置 1～2 个标志物（由组委会批准或提供）。如果不提供此类标志物，运动员可以使用胶布，但禁用粉笔或其他任何擦不掉痕迹的类似物品。起跳板是起跳的标志，应埋入地下，上沿与助跑道及落地区表面齐平。起跳板靠近落地区的边沿称为起跳线。紧靠起跳线前应放置一块橡皮泥显示板，以便于裁判员进行判断。

（3）推铅球比赛应抽签决定运动员试掷顺序。运动员超过 8 人，应允许每人试掷 3 次，有效成绩最好的前 8 名运动员可再试掷 3 次，试掷顺序与前 3 次试掷后的排名相反。当比赛人数只有 8 人或少于 8 人时，每人均可试掷 6 次。

比赛开始前，运动员可在比赛场地练习试掷，练习组应按抽签排定的顺序进行，并始终处于裁判员的监督之下。一旦比赛开始，运动员不得持器械练习。无论持器械与否，均不得使用投掷或落地区以内地面练习投掷。运动员必须从静止姿势开始试掷。允许运动员触及铁圈和抵趾板的内侧。应用单手从肩部将铅球推出。

当运动员进入圈内开始试掷时，铅球应抵住或靠近颈部或下颌，在推球过程中持球手不得降到此部位以下。不得将铅球置于肩轴线后方。如果运动员身体的任何部位触及圈外地面，或触及铁圈和抵趾板上面，或以不符合规定的方式将铅球推出，均判为一次投掷失败。如果在投掷中未违反上述规定，运动员可中止已开始的投掷，可将器械放在圈内或圈外，可以离开投掷圈，然后返回圈内从静止姿势重新开始投掷。

铅球必须完全落在落地区角度线内沿以内，试掷方为有效。每次有效试掷后，应立即测量成绩。从铅球落地痕迹的最近点取直线量至投掷圈内沿，测量线应通过投掷圈圆心。运动员在器械落地后方可离开投掷圈。离开投掷圈时首先触及的铁圈上沿或圈外地面必须完全在圈外白线的后面，白线后沿的延长线应能通过投掷圈圆心。

应以每名运动员最好的一次投掷成绩，包括因第一名成绩相等而进行的决名次赛的试掷成绩，作为其最后的决定成绩。

其他投掷项目比赛，除场地、器械和投掷方法与铅球有差异外，比赛规则与铅球基本相同。

三、径赛主要规则

（1）400 米及 400 米以下，包括 4×100 米接力的项目，运动员应采用蹲踞式起跑。

（2）在分道跑项目中，运动员跑出自己的分道，如没有获得利益，也未阻挡他人，一般不应取消比赛资格，否则应取消比赛资格。

（3）在中长跑时，运动员擅自离开跑道后，不得继续比赛。

（4）跨栏跑时，运动员手脚低于栏顶面、跨越他人栏架、有意用手或脚碰倒栏架，均属犯规。

（5）接力跑时，在接力区外完成接棒、捡棒时阻挡他人或空手跑过终点，均属犯规。

（6）如用三只秒表计成绩，应以两只表所示成绩为准；如各不相同，则以中间成绩为准。用两只表计成绩，应以成绩较差者为准。

第四章 三大球运动

第一节 足球运动

足球运动是以脚支配球为主，但也可以使用头、胸部等部位触球，两个队在同一场地内进行攻守的体育运动项目。足球运动是一项竞争激烈的对抗性项目，通过参加足球运动不仅有利于大学生良好心理素质和品德的形成，作为一名竞技体育运动者，积极落实党的二十大精神，以体育精神建设为强身健体的着力点，立足项目实际特点，制订科学的训练比赛计划，为学院体育建设贡献力量。培养学生勇敢顽强、机智果断、团结协作、积极进取的精神，同时也使参与者拥有强健的体魄。足球运动是身体全面锻炼的良好手段，可以提高力量、速度、柔韧、耐力等身体素质，也可促进人体的新陈代谢，改善呼吸系统和心肺功能，从而为学习和将来的工作提供强有力的保障，也为终身运动提供一个有效途径。

一、足球运动概述

（一）足球运动的起源

足球运动（Football）是两个人数相同的球队在同一场地上依靠运动员以脚支配球为主的一种以进球为目的攻防对抗比赛形式。现存的资料记载，足球最早起源于中国，是一项古老的体育运动，中国古代足球称为“蹴鞠”。“蹴鞠”一词，最早载于《史记·扁鹊仓公列传》，蹴鞠又名“蹋鞠”“蹴球”“蹴圆”“筑球”“踢圆”等，“蹴”即用脚踢，“鞠”系皮制的球，“蹴鞠”就是用脚踢球。

现代足球诞生于 1863 年 10 月 26 日——英格兰足球协会成立。国际足球协会联合会（简称“国际足联”，英文缩写为“FIFA”）于 1904 年 5 月 21 日在法国巴黎成立，总部于 1932 年由法国巴黎移至瑞士苏黎世，发展至今已拥有 200 多个会员协会。国际足联负责世界杯足球赛、世界青年锦标赛、奥运会足球赛三个主要赛事。其中影响最大的足球比赛是世界杯男子足球赛，第一届世界杯于 1930 年 7 月在乌拉圭举行，以后每四年举行一次。

（二）足球运动的特点

（1）整体性。足球比赛中每队上场参赛的人数为 11 人，运动员在场上的位置不同，分工也不相同，但在比赛中要求运动员思想要统一，行动要一致，每个运动员都要有大局观和整体意识，只有形成整体的攻守，才能获得比赛的主动权及良好的比赛结果。

（2）对抗性。足球运动是以进球数多少计算胜负的比赛项目。在比赛中双方以进对方球与不让对方进球为目的而争夺控制权，比赛过程中贯穿着进攻与防守、限制与反限制的激烈对抗。因此足球运动是一项竞争激烈的对抗性项目。

（3）多样性。足球运动的技术、战术在比赛中直接受到对手的干扰、限制和抵抗，因此在比赛中要根据比赛的实际情况机动灵活地运用与发挥，这就造成了技术多种多样、战术灵活多变的情况。

（4）易行性。足球比赛的规则简单易于理解，对场地和设备要求也不高。一般性的足球比赛可以不受场地、时间、人数、器材的限制，因而是高校体育教学中一项十分易于开展的群众性体育运动项目。

二、足球运动基本技术

（一）颠球

颠球是运动员用身体的各个有效部位连续地触击球，并加以控制尽量使球不落地的技术动作。颠球是运动员熟悉球性的一种练习手段，以增强对球的弹性、重量、旋转及触球部位、击球时用力大小的感觉。

1. 技术动作要领

脚背颠球。脚向前上方摆动，用脚背击球，击球时踝关节固定，击球的下部。两脚可交替击球，也可一只脚支撑、另一只脚连续击球。击球时用力均匀，使球始终控制在身体周围。

2. 练习方法

（1）一人一球颠球

体会触球的时间、触球的部位、触球的力量和整个动作的协调。

（2）两人一球颠球

用脚背、大腿、头部以及身体各部位颠球，掌握好触球的力量，尽量不让球落地。每人可触球一次颠给对方，也可触球多次互颠。

（3）四、五人围圈用两球颠球

可规定每人触球的次数与部位，也可自由掌握触球的次数与部位。颠传时要注意观察，防止两个球同时颠传给同一伙伴。

（二）踢球

踢球是运动员有目的地用脚把球击向预定目标的技术。踢球是足球技术中最重要的技术，主要用于传球和射门。

1. 技术动作要领

踢球的方法很多，但主要有脚内侧踢球、脚背正面踢球、脚背内侧踢球、脚背外侧踢球。

（1）脚内侧踢球（又称脚弓踢球）

它是脚内侧部位踢球的一种方法。其特点是脚与球接触面积大，出球准确平稳且易于掌握。但由于踢球时要求大腿前摆到一定程度时需要外展且屈膝，故大腿与小腿的摆动都受到限制，因此出球的力量相对较小。这里重点介绍脚内侧踢定位球：直线助跑，支撑脚的最后一步稍大些，支撑脚在球的侧面约 15 厘米处，脚尖正对出球方向，支撑腿膝关节微屈。在支撑脚着地时，踢球腿大腿带动小腿由后向前摆动，在前摆过程中大腿外展，当膝关节的摆动接近球的正上方时小腿做爆发式摆动，在触球前将脚跟送出使得脚内侧部位所形成的平面，如图 4-1 所示，与出球方向垂直，踢球脚的脚底与地面平行，脚尖微微翘起，踝关节功能性紧张使脚型固定，触球后身体跟随移动，髋关节向前送，如图 4-2 所示。

图 4-1

图 4-2

（2）脚背正面踢球

由于其解剖特点，脚背正面踢球摆幅相对较大，加之用脚背正面踢球接触面相对较大，因而踢球力量也较大，准确性也较强。但受以上因素影响，出球的方向及性质相对变化也较小。在比赛中经常使用脚背正面踢定位球、地滚球、空中球、反弹球及倒勾球。球的性质多为不旋转的直线球，但也可用来抽击前旋球。这里重点介绍脚背正面踢定位球：直线助跑，最后一步稍大些，支撑脚积极着地支撑，在球的侧面 10～15 厘米处，脚尖正对出球方向，膝关节微屈，踢球腿随跑动。以髋关节为轴，大腿带动小腿由后向前摆动。当膝关节摆至接近球的正上方时，小腿做爆发式的摆动，脚趾屈，以脚背正面部位，击球后中部如图 4-3 所示，击球后身体及踢球腿随球前移，如图 4-4 所示。

图 4-3

图 4-4

（3）脚背内侧踢球

这是一种用第一跖骨及趾关节部位，触击球的踢球方法如图 4-5 所示。其技术结构与前两类踢球方法相同，但技术细节则有所区别。这里重点介绍脚背内侧踢定位球：斜线助跑，助跑方向与出球方向约成 45°角，最后一步稍大，以支撑脚积极着地，脚尖指向出球方向，距球侧后方约 20～25 厘米，膝关节微屈。在支撑脚着地的同时，踢球腿已完成后摆，并开始以髋关节为轴大腿带动小腿由后向前摆动，当大腿摆至与支撑腿近似同一平面时，小腿做爆发式摆动，此时脚尖外转、脚背绷直，以脚背内侧部位触击球。击球后踢球腿及身体继续随球向前，如图 4-6 所示。

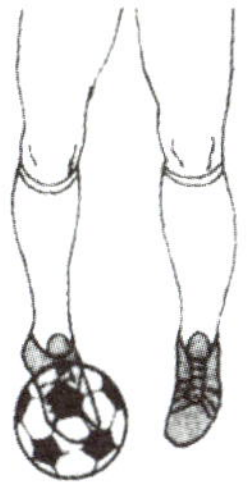

图 4-5

图 4-6

（4）脚背外侧踢球

脚背外侧踢球是用第三、四、五跖骨部位，接触球的一种踢球方法如图 4-7 所示。由于踢这种球的脚踝灵活性较大，摆腿方向变化较多，且助跑时又是正常的跑动姿势，故其出球隐蔽性较强，适用于足球比赛中各种距离的弧线球及非弧线球。这里重点介绍脚背外侧踢定位球：助跑、支撑脚站位及踢球腿摆动均与脚背正面踢球技术的三个环节相同，脚触球部位是脚背外侧。此时要求膝关节和脚尖内转，脚背绷紧，脚趾紧屈并提膝，触球后身体随踢球腿的摆动前移。

图 4-7

2. 练习方法

（1）各种踢球技术动作的模仿练习

在地面设想有一目标，跨步上前做踢球动作，然后发展到几步慢速助跑踢球的模仿动作练习，最后可做快速助跑踢球的模仿练习。

（2）一人用脚底挡球，另一人踢球练习

此方法应注意踢球摆动与触球部位的正确与否，同时还要检查其支撑阶段的状况。

（3）距足球墙 5 米左右进行踢球技术练习

此种方法主要强调小腿的摆动，注意大腿带动小腿进行摆、脚与球接触面、支撑环节是否正确。练习一段时间后，可将距离加到 25 米左右。

（4）利用足球墙和标杆做踢旋转球的练习

可将标杆插在踢球者与墙之间，标杆与人及墙的距离视需要而定，开始可大些，当技术掌握后再逐步缩小。

（5）各种脚法的两人练习

不论是传球还是射门练习，都可以两人进行，若两人练习踢定位球，则辅以停球练习；若进行踢活动球练习，则可相隔一定的距离进行不停顿的连续传球练习。

（三）停球

停球是指运动员有目的地用身体的合理部位把运行中的球停下来，控制在所需要的范围内，以便更好地衔接下一个技术动作。停球是为下一个动作服务的，停球质量的好坏直接影响下一个动作的顺利完成。比赛中来球的性质、状态不同，所以停球应根据不同情况采用不同的动作方法。

1. 技术动作要领

停球的方法有多种，常用的有脚内侧、脚背正面、脚背外侧、脚底、大腿、腹部、胸部、头部等部位。这里重点介绍以下几种。

（1）脚内侧停球

这是用脚内侧部位停球的一种技术。由于动作简单，较易掌握，比赛中经常使用这种技术停各种地滚球、平球、反弹球、空中球。

1）脚内侧停地滚球。支撑脚的脚尖正对来球，膝关节微屈，同侧肩正对来球；接球腿提膝大腿外展，脚尖微翘，脚底基本与地面平行，脚内侧正对来球并前迎，当脚内侧与球接触的一刹那迅速后撤，把球停在脚下，如图 4-8 所示。

图 4-8

2）脚内侧停反弹球。根据来球的落点及时移动到位，支撑脚的位置在球落地点的侧前方，支撑腿膝关节微屈，身体向停球后运行的方向偏移；停球腿提起小腿且放松，脚尖微翘，脚内侧对着停球后球运行的方向，并与地面成锐角；当球落地反弹刚离地面时，大腿向停球运行的方向摆动，用脚内侧部位轻推球的中上部，如图 4-9 所示。

图 4-9

3）脚内侧停空中球。根据来球的速度与运行轨迹及时移动到位。若为抛物线较小的平高球则应根据临场的实际情况选择适当高度的停球点，将停球腿抬起，使脚内侧部位对准来球的方向并前迎，脚在接触球的一瞬间后撤，并将球停在所需的位置上，如图 4-10 所示。

图 4-10

（2）脚底停球

由于脚底停球技术便于掌握，易于将球停到所需位置，故常被用来停各种地滚球和反弹球。

1）脚底停地滚球。身体正对来球方向，移动前迎，支撑脚站立在球的侧面，脚尖正对来球方向，膝关节微屈，同时停球腿提起，膝关节微屈，脚略背屈，使脚底与地面成小于 45° 角，一般以前脚掌接触球的上部为宜；在触球瞬间停球脚可轻微屈将球停住，也可以根据需要在停球同时将球推向前方或拉向身后。

2）脚底停反弹球。根据来球落点及时前移迎球，支撑脚站在落点侧后方，脚尖正对来球方向，球落地瞬间，用前脚掌去触球的中上部，微伸膝，用脚掌将球停在体前，如图 4-11 所示。

（3）胸部停球

由于胸部停球部位较高，加之胸部面积大、肌肉较丰满等特点，易于掌握，故是停高球的一种好方法。胸部停球包括挺胸式、收胸式两种方法。这里主要介绍挺胸式停球：面对来球站立，两膝微屈，重心置于支撑面内，上体后仰，下颌微收，两臂自然张开，维持身体平衡，触球瞬间，两脚蹬地，膝关节伸直用于胸部轻托球的下部使球微微弹起于胸前上方，如图 4-12 所示。

图 4-11

图 4-12

2. 练习方法

（1）个人停球技术练习

1）利用足球墙进行练习。采用足球墙练习各种方法停地滚球。由开始原地停逐渐过渡到迎上去停，提高反弹球速，增加停球难度。另外，也可以练习停反弹球与空中球，但利用足球墙进行停旋转球的练习效果不佳。

2）个人将球踢高，然后进行停反弹球的各种练习。

（2）多人停球技术练习

1）正面停地滚球。两人对面站立，相距 10 米左右，一人踢地滚球，另一人迎上去停球。

2）两人在跑动中进行传接球练习。两人一组使用一球，在一定范围内进行跑动练习。要求停球时尽量使用多种方法，传球时可传出各种性质的球，距离近时以地滚球为主，距离远时以空中球为主，以提高停球能力。

3）两人一组对面站立，相距 5 米左右，一人用手抛球，一人进行停各种空中球的练习，可逐渐加大距离、加大力量以适应各种变化的来球。

4）三人一组进行停球转身的练习。每人相距 10 米站成一条直线，甲传球给中间的乙，乙迎上来停球转身，传给另一端的丙，丙迎上来停球然后再回传给乙，乙停球转身传给甲，如此循环往复。中间位置的人可轮流交换。也可采用这种方法练习停反弹球与空中球，并要适当加大距离。这种形式也可以用来交叉练习停地滚球、反弹球与空中球，若甲传给距离 20 米外的丙，丙就可以练习停反弹球与空中球，再传地滚球给乙，乙练习停地滚球转身后再传给甲，甲停地滚球后再传给乙。乙的位置可轮流交换，甲、乙位置和传出的球也可变换。

（四）运球

运球技术从狭义上讲，仅是指运球的方法，即指用身体的某一部分触球，使球能随运球者一起运动；从广义上看，则不仅让球随人运动，还必须越过对方的防守，也就是说如何使用这些运球方法达到越过对方防守的目的。这里就包含了运球方法的运用问题。

1. 技术动作要领

常用的运球技术有脚内侧、脚背正面、脚背外侧、脚背内侧运球等。

（1）脚内侧运球

要求在运球前进时支撑脚始终领先于球，位于球的侧前方，肩部指向运球方向，支撑腿膝关节微屈，重心放在支撑腿上，另一条腿提起、屈膝，用脚内侧推球前进，然后运球脚着地，如图 4-13 所示。由于肩部指向运球方向，身体侧转，虽然移动速度较慢，但身体前倾有利于将对方与球隔开，因而这种技术多用在运球寻找配合传球时，或有对方阻拦需用身体做掩护时。

（2）脚背正面运球

运球时身体保持正常跑动姿势，上体稍前倾，步幅不宜过大，运球腿提起，膝关节稍屈，髋关节前送，提踵，脚尖下指，在着地前用脚背正面部位触球后中部将球推送前进。由于脚背正面运球时身体持正常跑动姿势，故可以发挥出较快的速度，因而这种技术多用在运球前方一定距离内无对手阻拦时。

（3）脚背外侧运球

运球时身体持正常跑动姿势，上体稍前倾，步幅不宜过大，运球腿提起，膝关节稍屈，髋关节前送，提踵，脚尖绕矢状轴向内旋转，使脚背外侧正对运球方向，在运球脚落地前用脚背外侧推拨球的后中部，如图 4-14 所示。脚背外侧运球时，身体姿势与正常跑动时相同，因而可以发挥出较快的速度，故与脚背正面运球有相同的用途。另外，利用脚腕的动作可以很快地改变脚背外侧面所正对的方向，故在运球脚一侧改变方向时也多采用这种运球方法。这种方法能用身体将对手与球隔开，故掩护时也常使用。

图 4-13

图 4-14

（4）脚背内侧运球

身体稍侧转并自然协调放松，小步幅，上体前倾，运球腿提起外展。膝微屈外展，提踵，脚尖外转，使脚背内侧正对运球方向，在运球脚落地前用脚背内侧推拨球，使球随身体前进。脚背内侧运球由于身体稍侧转，不能采用正常跑动姿势，因而不适用于高速运球。但由于接触部位和支撑位置的特点易于完成向支撑脚一侧的转动，故多用于向支撑脚一侧的转动变向运球。

（5）拨球

利用脚踝关节侧向的转动，以达到用脚背内侧或脚背外侧触球，将球拨向身体的侧前方、侧方、侧后方，如图 4-15 所示。

（6）拉球

将前脚掌放在球的上部或侧上部，另一脚在球的侧后方支持，然后触球脚向后下方用力将球回拉。回拉球一般都是躲开或引诱对方出脚抢球的瞬间将球拉回造成对方抢球落空，使其重心随抢球脚前移，趁对手难以返回的瞬间将球迅速推送出去越过防守者，如图 4-16 所示。

图 4-15

图 4-16

（7）扣球

这种方法与拨球相同，不同的是它的用力是突然的并伴随着突然的转身或急停使对手在来不及调整重心的瞬间，突然从反方向推送球越过对手的防守，如图 4-17 所示。

图 4-17

2. 运球过人方法

前面所述仅是运球的基本方法。掌握了这些基本方法后，在无对手阻拦时可以将球控制在自己的周围。但若遇对手阻挡时要想越过对手，必须恰当地综合运用这些方法，抓住对手瞬间出现的漏洞，达到越过对手的目的。

（1）利用速度强行过人

持球者以突然快速推拨球并与快速奔跑相结合越过对手的阻拦。使用这种方法必须具备以下几个条件：对手身后的较大纵深内无其他的防守者，或其他防守者难以补位，或持球者高速运球；对手跑上来准备抢球，或持球者与防守者僵持时持球者突然推拨球起动。这种方法主要是利用自己的起动速度，抓住对手突停或突然起动时所耽误的时间。

（2）利用身体的掩护强行过人

当持球者接近对手时双方速度减慢，持球者侧身用身体靠住对手以另一侧脚将球拨出，同时转身将对手倚在身后并随球越过对手。这种方法的特点是：一是要求持球队员有能力倚住对手而不被对方挤开；二是将球控制在远离对手一侧，对手伸脚时不能触及球；三是在抵住对手时不可将重心偏离支撑面，否则一旦对手闪开时自己也失去了平衡。

（3）利用变速运球过人

对手在持球者侧面，运球者用另一侧脚运球，利用运球速度的变化达到甩掉对手或越过对手的目的。这种方法主要针对防守者是被动的，容易被运球者甩掉达到过人的目的。有时则采用突停或突起甩掉对手，运球者必须能很好地控制球与自己的身体，做到球随人来、人随球走，才能达到过人的目的。

（4）人球分路过人

这种方法主要是利用防守者注意力集中在球上，并认为可以触到球的心理，达到过人的目的。因此当防守者出脚抢球时，运球者抢先将球推出至前方，而防守者的抢球脚未触到球着地时，身体重心也移过来了，这时运球者迅速从防守的另一侧越过去控制球，防守者再转身起动则很难再追上。若在推球时使用“蹭”的方法，蹭出弧线球来，就更有利于运球者越过防守者后控制球。

3. 练习方法

（1）在慢跑中分别用单脚内侧运球，脚背正面运球，脚背外侧运球，运球方向沿直线进行。

（2）在慢跑中沿弧线运球，用脚内侧、脚背内侧、脚背外侧沿中圈线做顺时针、逆时针运球。

（3）慢跑中一只脚交替用脚背内侧和脚背外侧运球沿折线运行。

（4）在慢跑中双脚交替用脚背内侧运球沿折线运行。

（5）拨球练习。在一定范围内自由运球，按手势用一只脚做支撑，另一只脚用脚背内侧或外侧拨球绕支撑脚做圆周运球，两脚轮流练习。

（6）拉球练习。在一定范围内自由运球，听哨音后用一只脚做支撑脚，另一只脚用脚前掌触球顶部，拉球绕支撑脚做圆圈运动，一步一步拉球。

（7）拉球转身 180°运球练习。在一定范围内自由运球，听哨音后用一只脚支撑，另一只脚拉球至身后，沿拉球脚一方转体 180°继续运球。

（8）扣球转身变向运球练习。在一定范围内自由运球，听哨音后用一只脚支撑，一脚步用脚背内侧做扣球动作，使球改变方向应在 90°以上，身体随其转动沿改变后的方向继续运球。

（9）运球绕杆练习。队员成一路纵队，第一人依次过杆后传球给后人，后人重复第一人的动作，依次进行。若每人一球，则可在前一个运球后，下一人即开始，依次运球绕杆。

（五）抢截球

抢截球是运动员在规则允许的范围内，使用身体的合理部位将对手的控球权夺过来或破坏掉的一种技术。

1. 技术动作要领

（1）正面跨步堵抢

抢球者两脚前后开立，迎着运球者而站，两膝微屈，身体重心下降并置于两脚间，当运球者与抢球者间的距离缩小到一定的范围，运球者脚触球后即将落地或刚刚落地时，抢球者后脚用力蹬并跨步向前，以脚内侧去堵截球，当已堵住球时，另一只脚应迅速上步。若抢球脚堵住球，同时对手也堵住球时，则抢球者应将另一只脚迅速前移做支撑脚，抢球脚在不脱离的情况下迅速向上提拉，使球从对手脚面滚过，身体重心也迅速跟上并将球控制好，如图 4-18 所示。

图 4-18

（2）正面铲球

移动接近控球者，膝关节微屈，重心下降，当控球者触球后尚未落地时，抢球者双脚沿地面向球滑铲，随即用手扶地向一侧翻滚，并尽快起身。

2. 练习方法

（1）两人一球练习。将球放在队员甲的脚前，队员乙与其相距 2～3 米，队员乙上步做正面脚内侧堵抢练习，当队员乙触球瞬间队员甲也用脚内侧触球。让抢球队员乙体会上步动作及触球部位，两人可轮换做抢球练习。

（2）两人一球练习。甲、乙两队员相对站立，队员甲运球跑向乙，队员乙选择好时机实施正面脚内侧堵抢技术。

（3）两人同方向慢跑，在跑的过程中两人可做适当的合理冲撞，体会冲撞的时机和冲撞的部位以及冲撞时如何用力等。

（4）在两队员前 5 米处放一球，听哨音后两人同时向球跑去。要求两人同时跑动选择适当的位置和时机合理冲撞将球控制。经过一段练习后，可将静止球变为活动球，即教练员持球站立，两队员站立在其两侧，当球沿地面抛出后，两队员同时起动追赶球，利用合理冲撞将球控制住。

（5）一人直线运球前进，另一队员由后赶上成并肩时伺机实施合理冲撞控制球。练习时要求运球者能给予抢球者配合，让抢球者得到练习，速度可以由慢到快循序进行。

（6）铲球练习。一人一球将球放在前面某一位置，练习者选择适当位置站立，原地蹬地做铲球动作练习。当基本掌握铲球动作后，练习者可将球沿地面缓慢抛出，自己追球将球铲掉，以体会如何对滚动的球实施铲球动作。待较熟练地掌握铲球动作后，再用以上方法进行铲控、铲传的练习。

（7）一人直线运球前进，另一人由后追赶至适当位置抓住时机进行铲球练习。要求运球者给予适当的配合，使铲球者能在对手运球过程中实施铲球动作。

（8）将抢截球的练习与射门或传球等练习结合起来进行，根据练习任务，对攻守双方分别提出不同的要求。

（六）头顶球

头顶球是运动员有目的地用前额将球击向预定目标的动作。足球比赛中不仅要处理各种各样不同形式和不同性质的地滚球，同时也要处理各种空中球。当遇到胸以下部位不能触及或规则不允许的部位触及的一些球时，就需要用头部来处理。因为头是人体最高的一个部位，额骨的前面较为平坦，只要掌握顶球技术，顶出的球就会有力。头顶球技术分前额正面头顶球与前额侧面头顶球，这里主要介绍前额正面头顶球。

1. 技术动作要领

前额正面头顶球是由额肌覆盖着的额骨正面部分去击球的一种动作方法，触球部位为如图 4-19 所示前额的阴影部分。

（1）原地头顶球

身体正对来球方向，眼睛注视运动中的球，两脚左右开立，膝关节微屈，重心置于两脚间的支撑面上，两臂自然张开。当球运行到身体垂直面时，两腿用力蹬地，迅速向前摆体，微收下颌，在触球瞬间颈部做爆发式振摆，用前额正面击球中部，上体随球前摆，如图 4-20 所示。

（2）原地跳起头顶球

这种技术在本方或对方传来高球时运用。两膝屈，重心下降，然后两脚用力蹬地起跳，同时两臂屈肘上摆，在身体上升阶段展腹挺胸，两臂自然张开，眼睛注视来球，身体自然成背弓。当球运行至身体额状面时，迅速收腹，上体前摆，触球瞬间颈部做爆发性振摆，用前额正面将球顶出，同时两腿向前做振摆，球顶出后两腿屈膝屈踝落地，如图 4-21 所示。

图 4-19

图 4-20

2. 练习方法

（1）个人进行头顶球练习

1）做各种头顶球的模仿动作练习。

2）自己双手举球在头前，用前额正面或侧面去触击球，体会触球部位，培养顶球过程中注视来球的习惯。

3）利用吊球架进行练习。改变吊球架上足球的高度进行各种顶球的练习。

4）利用足球墙进行练习。自抛球由墙弹回进行各种顶球练习，这样就更进一步接近场上实际情况，也能提高自己对来球的判断能力。

（2）多人头顶球练习

1）两人或两人以上在一起进行抛球的头顶球练习。这样可以培养对运行中球的速度、轨迹的判断能力，身体摆动协调及击球的准确性等。

2）顶球射门练习。顶球队员站在罚球弧附近，掷球队员站在球门内或球门侧面将球抛至罚球点附近，顶球队员随即跑上将球顶入球门。

3）两人一球，相距 20 米左右，甲传过顶球给乙，乙顶回给甲。数次后轮换传、顶球。

（七）掷界外球

由于掷界外球时接球人不受越位规则的约束，因此不仅用于恢复比赛，而且可以为进攻创造有利条件。尤其是在前场 30 米内掷界外球，将球直接掷入门前区域，可以给对方造成很大的威胁。

1. 技术动作要领

（1）原地掷界外球

面对出球方向，两脚前后或左右开立，每脚均应有一部分站立在边线上或边线外。膝关节弯曲，上体后仰成背弓，重心后移，两手自然张开，拇指相对，持球的侧后部，屈肘将球置于头后。掷球时，脚用力蹬地，两腿迅速伸直，身体重心前移，收腹屈体，同时两臂急速前摆，后脚可沿地面向前滑动，两脚均不得离地，如图 4-22 所示。

（2）助跑掷界外球

两手持球放在胸前，在助跑迈出最后一步时，上体后仰成背弓，同时将球上举至头后，掷球时的动作与原地掷界外球动作相同。将球掷出后，后脚可在地面上向前滑行，但不得离地。

图 4-21

图 4-22

2. 练习方法

1）两人一球，相距 15 米，原地对掷界外球。

2）两人一球，相距 25 米，两端设两条平行线，助跑对掷界外球。

3）前场界外球战术练习。选择掷球力量较大的队员，将球直接掷入罚球区内攻门；将球掷向近门柱的罚球区线附近，由身体高大的前锋将球蹭顶给罚球点附近的同伴攻击球门；通过队员跑动，调动对方的防守，趁球掷入的空当，继续组织进攻。

三、足球比赛基本战术

足球战术是指在足球比赛中，为了战胜对方，根据主客观情况所采取的个人行动和集体配合的方法。比赛实践证明，合理而巧妙地运用战术是夺取比赛胜利的关键。

足球比赛由进攻与防守组成，攻守的转换构成比赛过程。足球战术可分为进攻战术和防守战术两大系统。各系统又都包括个人战术、局部战术和整体战术。

（一）比赛阵形

比赛阵形是比赛场上队员的位置排列、攻守力量搭配和职责分工的形式。阵形的人数排列，一般从后卫排向前锋，根据队员排列的层次分成后卫线、前卫线和前锋线。阵形的布置可使每个场上队员明确自己的基本位置和主要职责。足球比赛中采用的阵形主要有以下几种。

1. “四二四”阵形

“四二四”阵形可造出六名前锋及后卫，两名中场兼顾两项职务。四名后卫可增加后卫数目，但会与中场更接近。留空的中场由两名后卫顶上，除了夺取对手的球外，还会传球以及走动配合攻势。

“四二四”阵形最大的问题是中场力量薄弱，“四二四”阵形更需要战术配合，此阵形需要所有球员有技术及主动，许多顶级球队在进攻中经常使用这个阵形。因此此为攻击阵形。

2. “四三三”阵形

“四三三”阵形是由“四二四”阵形变化来的，是把一名前锋回撤到中场而形成的，这加强了中场控制，使防守更加稳固，进攻更加灵活。

3. “四四二”阵形

“四四二”阵形是由“四三三”阵形变化来的。它是将一名前锋回撤到中场，以两名前锋突前而形成的，主要特点是全队防守更加稳固，有利于快速反击，场上队员更加机动，中、后场队员可随机插上进攻。

4. “五三二”阵形

“五三二”阵形是由“四四二”阵形变化来的，它是把一名前卫回撤到后卫线，成为盯人中卫而形成的，主要特点是能组成稳固的防线，有利于快速反击，中、后场队员可随机插上进攻，增加了进攻的突然性。

（二）进攻战术

进攻战术是指在比赛中，为了战胜对方所采取的个人进攻行动和集体配合的方法。

1. 个人进攻战术

个人进攻战术是队员在比赛中，为了战胜对手，完成整体进攻任务而采取的个人行动。

（1）传球

传球是队员在比赛中有目的地把球踢（顶）给同伴或踢（顶）向预定方向的方法。传球是整体战术配合的基础，是组织进攻、变换战术和创造射门机会的重要手段，也是迅速逼近对方球门的最有效方法。

（2）跑位

跑位是指在比赛中队员在无球情况下，通过有意识地跑动，为自己或同伴创造进攻机会的行动。跑位是整体进攻战术的基础，是进攻队员为获得球而实施的准备行动，也是拉开对方防线、创造传球空当的重要手段。根据跑位目的和开始跑位状态可分为摆脱跑位或接应跑位；切入或插上；扯动牵制或制造空当。

2. 局部进攻战术

局部进攻战术是指进攻中两个或几个队员之间的配合方法，它是集体配合的基础。

（1）交叉掩护配合

在局部地区两名进攻队员在运球交叉换位时，以自己的身体掩护同伴越过一名防守队员的配合方法。

（2）传切配合

控球队员将球传给切入的进攻队员的配合方法。传切配合的形式有局部一传一切和长传切入。

（3）“二过一”配合

“二过一”配合是指在局部地区两名进攻队员通过两次连续传球配合越过一名防守队员的配合方法。根据传球和跑位的路线，“二过一”配合的形式有斜传直插传二过一、直传斜插直传二过一、踢墙式二过一和回传反切直传二过一等。

3. 整体进攻战术

整体进攻战术是为了完成进攻战术任务所采用的全局性的进攻配合方法。整体进攻战术涉及的人员比较多，是全队协同一致的行动，体现一个队的进攻实力和配合能力。依据进攻发展的场区可分为边路进攻和中路进攻。一次完整的进攻由发动、发展和结束三个阶段组成。

（三）防守战术

防守战术是在比赛中，为了阻止对方的进攻和重新获得球权所采取的个人防守行动和集体配合的方法。

1. 个人防守战术

（1）选位

选位是指防守队员在防守时选择占据合理防守位置的行动。选位是防守的基础。合理的选位不仅能控制防守面和有效地运用防守动作，而且也决定整体防守布局的合理程度，对防线的稳固性具有重要作用。选位的基本原则是本方失球权后快速回位，并处在对手与本方球门中心所构成的连线上，与对手的距离要根据场区以及球所处的位置决定。

（2）盯人

盯人是指防守队员限制进攻队员所采取的行动。盯人是现代足球比赛中广泛采用的防守方法，有效的盯人防守是遏制与瓦解对方进攻，重新获得球的重要手段。

盯人分为紧逼盯人和松动盯人两种。紧逼盯人是贴近对手（也叫贴身紧逼），不给对手从容活动的机会，一般运用于罚球区附近地区和有球的局部地区以及对对方进攻的核心队员的防守。松动盯人是与对手保持一定距离，既能盯住对手，又能保护同伴，一般运用于防守离球远的进攻队员。

2. 局部防守战术

局部防守战术是指两个或几个防守队员之间的配合方法。它是集体配合的基础，基本配合形式有保护和补位。

（1）保护

保护是指同伴紧逼控球对手时，自己选择有利位置来保护同伴，防止对手突破的配合。在防守中，积极主动地逼抢控球队员是十分重要的，但是一对一拼抢一旦失败，很容易被对方突破。因此，防守队员之间必须进行互相保护，当距离较近的同伴逼抢控球的对手时，离球较远的队员应撤到同伴身后进行保护，控球队员一旦越过同伴，可以及时补位，防止突破。

（2）补位

补位是指防守队员弥补同伴在防守中出现漏洞所采取的互相协助的战术配合。比赛中，通过同伴间的相互补位，可以有效地遏制和破坏对方的进攻行动，变被动为主动。

补位分为补空位和相互补位。补空位用于当卫线队员插上进攻退守不及时，其他同伴暂时补他的位置，以防对方利用这一空当进行快速反击。相互补位用于当同伴被对手运球突破或对手突然快速插入同伴背后接球，同伴来不及盯抢时，邻近队员进行补位防守。

3. 整体防守战术

整体防守战术是指全队所采取的防守战术方法。整体防守战术主要有区域防守、盯人防守和综合防守三种。

（四）定位球战术

定位球战术是指比赛开始或比赛成死球后恢复比赛时所采用的战术配合方法。

1. 任意球进攻战术

在中、后场的任意球，一般要求传球队员快速准确地传球，以便迅速将攻势推进至前场。在前场，尤其在罚球区附近的任意球，能直接威胁对方球门，是得分的重要手段。因此，一定要珍惜和组织好罚球区附近的任意球。采取的方法如下：

（1）直接射门。当守方尚未组织好人墙，或人墙有漏洞，或守门员的位置不当，或攻方某队员又善于踢弧线球时，可直接射门。如果守方已组织好人墙，可采用穿插跑位、阻挡守门员的视线等行动干扰守方队员并进行直接射门。

（2）配合射门。不能或不适合直接射门时可采用配合射门。

2. 任意球防守战术

防守中、后场任意球时，防守队员要迅速回防。罚球区附近的任意球可直接威胁本方球门，因此全队一定要迅速回防，严密防守。采用的战术方法如下：

（1）干扰对方罚球，以争取时间回防和组成人墙，避免攻方队员突然袭击。

（2）迅速组织好人墙，封堵对方射门角度。

（3）为了防止对方配合射门，除组墙人员外，还要有人防守人墙两侧的空当。

3. 角球进攻战术

（1）直接长传至门前同伴包抄射门或配合射门，主要形式有传后点同伴包抄射门、传前点配合射门。

（2）短传配合射门。一般在对方身材高大、争顶头球能力强，本方队员身材较矮、头球较差或碰到较大逆风时运用这种方法。

4. 角球防守战术

当对方发角球时，前锋、前卫要快速回防（前锋可留一人在中圈附近，准备反击）迅速组织防守。一般以头球好的队员守住门前危险区，其他队员进行人盯人防守，守门员站在稍靠远端门柱处，其他队员要抢占近端门柱内侧、远端门柱内侧、球门区前沿、禁区前沿等重要位置。

四、足球比赛基本规则

（一）场地与足球

1. 场地

（1）场地面积

比赛场地应为长方形，如图 4-23 所示，其长度不得多于 120 米或少于 90 米，宽度不得多于 90 米或少于 45 米（国际比赛的场地长度不得多于 110 米或少于 100 米，宽度不得多于 75 米或少于 64 米）。在任何情况下，长度必须超过宽度。

（2）画线

比赛场地应按照平面图画出清晰的线条，线宽不得超过 12 厘米，不得做成“V”形凹槽。较长的两条线叫边线，较短的叫球门线。场地中间画一条横穿球场的线，叫中线。场地中央应当做一个明显的标记，并以此点为圆心，以 9.15 米为半径，画一个圆圈，叫中圈。场地每个角上应各竖一面不低于 1.5 米高的平顶旗杆，上系小旗一面；相似的旗和旗杆可以各竖一面在场地两侧正对中线的边线外至少 1 米处。

（3）球门区

在比赛场地两端距球门柱内侧 5.5 米处的球门线上，向场内各画一条长 5.5 米与球门线垂直的线，一端与球门线相接，另一端画一条连接线与球门线平行。这三条线与球门线范围内的地区叫球门区。

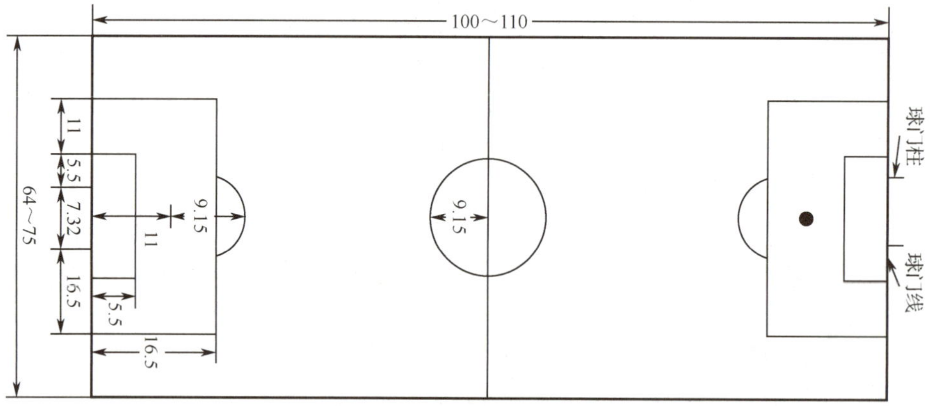

图 4-23

（4）罚球区

在比赛场地两端距球门柱内侧 16.5 米处的球门线上，向场内各画一条长 16.5 米与球门线垂直的线，一端与球门线相接，另一端画一条连接线与球门线平行，这三条线与球门线范围内的地区叫罚球区，在两球门线中点垂直向场内 11 米处各做一个清晰的标记，叫罚球点。以罚球点为圆心，以 9.15 米为半径，在罚球区外画一段弧线，叫罚球弧。

（5）角球区

以边线和球门线交叉点为圆心，以 1 米为半径，向场内各画一段 1/4 的圆弧，这个弧内地区叫角球区。

（6）球门

球门应设在每条球门线的中央，由两根相距 7.32 米、与西面角旗点相等距离、直立门柱与一根下沿离地面 2.44 米的水平横木连接组成，为确保安全，无论是固定球门或可移动球门都必须稳定地固定在场地上。门柱及横木的宽度与厚度，均应对称相等，不得超过 12 厘米。球网附加在球门后面的门柱及横木和地上。球网应适当撑起，使守门员有充分活动的空间。球网允许用大麻、黄麻或尼龙制成。尼龙绳可以用，但不得比大麻或黄麻绳细。

2. 足球

比赛用球应为圆形，外壳应用皮革或其他许可的材料制成，在它的结构中不得使用可能伤害运动员的材料。球的圆周不得大于 70 厘米或小于 68 厘米。球的重量，在比赛开始时不得多于 450 克或少于 410 克。充气后其压力应相当于 0.6～1.1 个大气压力（海平面上），即相当于 600～1100 克力/厘米 ^{2}（1 克力≈9.8×10^{-3} 牛顿）。在比赛进行中，足球破裂或损坏，那么就停止比赛；未经裁判员许可，不得更换比赛用球。

（二）队员人数

上场比赛的两个队每队队员人数不得超过 11 人。每队必须有一名守门员。每队在比赛时可替换 1～3 名队员。在经裁判员同意后，在比赛暂停时，替补队员可替换队员。只有在被替补队员下场后，替补队员才能上场。未经裁判员同意，任何队员不得上场或下场。

（三）比赛时间

比赛时间应分为两个相等的半场，每半场 45 分钟。特殊情况双方同意另定除外，并按下列规定执行：

（1）在每半场中由于替补、处理伤员、延误时间及其他原因损失的时间均应补足，这段时间的多少由裁判员决定。

（2）在每半场时间终了时或全场比赛结束后，如执行罚球点球，则应延长时间至罚完为止。除经裁判员同意外，上下半场之间的休息时间不得超过 15 分钟。

（四）场地选择

比赛开始前，通过掷币，猜中的队决定上半场比赛的进攻方向，另一队则开球开始比赛。猜中的队在下半场开球开始比赛，下半场比赛两队要互换场地。

（五）计胜方法

除规则另有规定外，凡球的整体从门柱间及横木下越过球门线，而并非攻方队员用手掷入、带入，故意用手或臂推入球门（守门员在本方罚球区内除外），均为攻方胜一球。

在比赛中，胜球较多的一队为得胜队，如双方均未胜球或胜球数目相等，则这场比赛应为“平局”。

金球制胜法：规定时间内未分出胜负而又必须分出胜负，采取上下半场各 15 分钟的加时比赛。上下半场间没休息时间，交换场地后继续比赛。在该加时比赛中，任何一方先进球就为胜方。

点球制胜法：在规定时间和加时赛后仍未分出胜负后采取的互罚点球，先由每队各派 5 人依次罚完点球，如还未分出胜负，每队各派一人罚，依次进行，直至分出胜负的方法（任何球员不得在本方尚有队员未罚过点球前，进行第二次罚球）。

（六）球场术语

1. 越位

凡进攻队员较球更接近于对方球门线者，即为处于越位位置。

不存在越位的三种情况：球门球（当球的整体不论从地面或空中越过球门柱以外的球门线，而最后触球者为攻方队员）；掷界外球；角球。

2. 任意球

任意球分两种：直接任意球（这个球可以直接射入犯规队球门得分）和间接任意球（踢球队员不得直接射门得分，除非球在进入球门以前曾被其他队员踢或触及）。

队员在本方罚球区内踢直接或间接任意球时，在球被踢出罚球区前，所有对方队员都应站在该罚球区外，并须至少距球 9.15 米。当球滚至球的圆周距离，并出罚球区后比赛即为恢复。守门员不得将球接入手中后再踢出进入比赛，如球未被直接踢出罚球区，则应令重踢。

队员在本方罚球区外踢直接或间接任意球时，所有对方队员在球被踢出前应至少距球 9.15 米，除非他们已站在自己的球门线上，当球滚动至球的圆周距离时，比赛即恢复。如果对方队员在任意球踢出前，进入罚球区或距球少于 9.15 米，裁判员应令其退到规定的位置后，方可执行罚球。

3. 罚球点球

罚球点球应从罚球点上踢出，必须明确主罚队员。踢球时除主罚队员和对方守门员外，其他队员均应在该罚球区外及比赛场内，并至少距罚球点 9.15 米处。对方守门员在球被踢出前，必须站在两门柱间的球门线上（两脚不得移动）。主罚队员必须将球向前踢出；在其他队员踢或触及前不得再次触球。当球滚动至球的圆周距离时，比赛即恢复。罚球点球可直接射门得分。当比赛进行中执行罚球点球时，如踢出的球触及任何一个门柱或两个门柱，或触及横木，或触及守门员，或连续触及门柱、横木或守门员而进入球门，只要没有犯规现象发生，均应判为胜一球。

4. 掷界外球

当球的整体不论在地面或空中越出边线时，应由出界前最后触球队员的对方队员，在球出界处掷向场内任何方向。掷球时，掷球队员必须面向球场，两脚均应有一部分站立在边线上或边线外，不得全部离地，用双手将球从头后经头顶掷入场内。球一进场内比赛立即恢复。掷球队员在球被其他队员踢或触及前，不得再次触球。掷界外球不得直接掷入球门得分。

5. 球门球

当球的整体不论在空中或地面从球门外越出球门线，而最后踢或触球者为攻方队员时，由守方队员在球门区内任何地点直接踢出罚球区恢复比赛。守门员不得将球接入手中后再踢出进入比赛。如球未被直接踢出罚球区，即未进入比赛，应令重踢。踢球门球的队员在球被其他队员踢或触及前，不得再次触球。踢球门球不得直接射门得分，踢球门球时，对方队员在球被踢出罚球区前都应站在罚球区外。

6. 角球

当球的整体不论在空中或地面从球门外越出球门线，而最后踢或触球者为守方队员时，由攻方队员将球的整体放在离球出界处较近的角球区内踢角球。

踢角球时，不得移动角旗杆。角球可直接胜一球。踢角球队员的对方队员在球未进入比赛时，不得进入距球 9.15 米以内。踢角球队员在球被其他队员踢或触及前，不得再次触球。

（七）犯规与不正当行为

1. 判罚直接任意球的九种情况

①踢或企图踢对方队员；②绊摔对方队员，即在对方身后或身前，伸腿或屈体绊摔或企图绊摔对方；③跳向对方球员；④猛烈地或带有危险性地冲撞对方队员；⑤除对方正在阻挡外，从背后冲撞对方队员；⑥打或企图打对方队员，或向对方吐唾沫；⑦拉扯对方队员；⑧推对方队员；⑨用手触球，如用手或臂部携带、推击球（守门员在本方罚球区内除外）。

2. 判罚间接任意球的八种情况

①守门员用手控制球后，在发出球之前持球超过 6 秒；②守门员在发出球之后未经其他队员触及，再次用手触及球；③守门员用手触及同队队员故意踢给他的球；④守门员用手触及同队队员直接掷入的界外球；⑤队员动作具有危险性；⑥队员阻挡对方球员；⑦队员阻挡对方守门员从其手中发球；⑧违反以前未提及的任何其他犯规，而停止比赛被警告或罚令出场。

3. 被警告并出示黄牌的七种情况

①持续违反规则；②延误比赛重新开始；③以语言或行动表示异议；④犯有非体育道德行为；⑤未得到裁判员许可进入或重新进入比赛场地；⑥未得到裁判员许可故意离开比赛场地；⑦当以角球或任意球重新开始比赛时，不退出规定的距离。

4. 被罚令出场并出示红牌的七种情况

①向对方或其他任何人吐唾沫；②使用无礼的、侮辱的或辱骂的语言及动作；③用故意手球破坏对方的进球或明显的进球机会（不包括守门员在本方罚球区内）；④用可判为任意

球或点球的犯规破坏对方向本方球门移动着的明显的进球得分机会；⑤在同一场比赛中得到第二张黄牌；⑥暴力行为；⑦严重犯规。

第二节　篮球运动

篮球运动在学校有着广泛的群众基础，是深受广大学生所喜爱的运动项目之一。篮球运动是一项技能类同场对抗的集体运动项目，其基本活动方式是围绕着悬于离地面 3.05 米、直径 0.45 米的篮筐，以周长 75～78 厘米、重为 600～650 克的球展开空间和时间的争夺，运用多种方法和手段力求将其投中己方篮筐，并极力阻止对方投篮，从而展开激烈的攻守对抗的一项体育活动。

一、篮球运动概述

（一）篮球运动的起源

篮球运动是 1891 年由美国马萨诸塞州斯普林菲尔德市基督教青年会训练学校的体育教师詹姆士·奈史密斯发明的。起初是以游戏的形式，用足球作为游戏的工具，以两只桃篮作为投掷目标，故取名“篮球”。随着篮球游戏及游戏规则的不断发展和完善，逐渐演变成现在的篮球运动。1932 年在瑞士日内瓦，由 8 个国家发起成立了国际业余篮球联合会，1936 年第 11 届奥运会将男子篮球列入正式比赛项目，从此，篮球运动登上了国际竞技的舞台。篮球运动于 1894 年传入我国。1949 年后，篮球运动开展得十分广泛，运动技术水平也有了长足的进步。

（二）篮球运动的特点

篮球运动是由跑、跳、投等基本动作组成的综合运动，它是在集体的配合下，合理地运用技术、战术进行对抗的运动项目。篮球运动除了具备球类项目的共同特性之外，还有激烈的对抗性、技术的全面性、较强的集体性、广泛的群众性等特点。

总之，篮球运动是一项非常有价值的体育运动，深受广大群众的喜爱。在高校经常、广泛地开展该项运动，对于促进学生的身体健康、丰富课余生活、提高学习效率具有十分重要的意义。

二、篮球运动基本技术

（一）准备姿势

篮球运动的准备姿势是为了完成各种技术动作而采取的起始身体姿势，是能够快速移动、更好地发挥各种进攻和防守技术的前提。在场上需要一个既稳定又机动的姿势，用来保持身体姿态，便于迅速、协调地在移动中完成各种动作。合理的准备姿势，意味着在当下身体处于准备中，已做好随时进行快速移动的准备。准备姿势分为进攻准备姿势和防守准备姿势。

1. 进攻准备姿势

动作要领：两脚左右或前后站立，与肩同宽，两膝微屈，脚跟微抬，上体稍前倾重心落于两脚间，两臂张开于体侧，两眼平视前方。

2. 防守准备姿势

动作要领：两脚左右或斜侧开立，距离约一个半肩宽，两膝较深弯曲，脚跟微微提起，上体稍前倾重心落于两脚中间，两臂自然弯向身体两侧伸展，以增大防守面积，双眼平视前方。

（二）脚步动作

篮球的基本脚步动作包括以下几点：

（1）基本站立姿势和起动（见图 4-24）。

（a）基本站立姿势　（b）向前起动　（c）向侧起动

图 4-24

（2）跑和跳（见图 4-25）。

图 4-25

（3）急停、转身、跨步（见图 4-26）。

图 4-26

（4）防守步法：滑步、后撤步（见图 4-27）。

图 4-27

（三）熟悉球性练习

1. 两手体前相互拨球

两脚左右自然开立，身体直立，双手持球于体前，指尖朝上，指根以上部位触球，使球在左右手指间来回转换。球移动的方向分为上下、左右。

2. 单手体前向侧挥摆球

两脚左右自然开立，双手持球前平举，练习时右手将球推交左手，左手掌垂直于地面，利用球的惯性将球引摆至体侧，待球快要掉落前，将球向右交到右手，向右侧挥摆。开始时两手间距可近，掌握要领后，再挥摆球至体侧极限。

3. 单手持球挥摆绕环

两脚左右自然开立，左手在下，右手在上持球于体前。练习时，右手利用惯性持球经体侧向上前挥摆球绕环，在体前交左手（交接球时要有明显的叭叭声），左手再把球从左侧挥摆绕环交右手。依此反复练习。

4. 颈、腰、腿部绕球

双脚并拢，双手持球准备，右手发力，持球经颈、腰或腿部后传递给左手，左手接球经体前再传递右手，依此连续进行，速度可由慢到快。

5. 原地胯下“8”字换手交接球

两腿左、右宽于肩开立，身体成防守准备姿势，将球置于右脚前。练习时，右手发力，将球从右腿后绕过传递给左手，而后左手将球从左腿后绕过传递给右手。依此连续进行胯下“8”字绕腿，速度可由慢到快，熟练后再反方向练习。

6. 移动胯下“8”字换手交接球（移动飞鸟）

两脚前后开立，左脚在前成弓步，持球于体前。练习时，右手持球将球绕过左脚交至左手，右脚向前行进，左手持球绕过右腿将球交到右手，依次向前做胯下换手交接球。持球手向体侧时尽量远离身体，持球手的幅度由小到大，行进速度由慢到渐快。

（四）传、接球

双手胸前传、接球是篮球最基本最实用的传球方法，在高水平的篮球比赛中也比较常用，是学习打篮球必须要掌握的传球技术。

持球时，两手五指自然分开，拇指相对成八字形（见图 4-28），用指根以上部位握球的侧后方，手心空出，两肘自然弯曲于体侧，将球置于胸前。肩、臂、腕肌肉放松，两眼注视传球目标，身体成基本姿势。传球时（见图 4-29），后脚蹬地，身体重心前移，同时两臂前伸，手腕由下向上翻转，同时拇指用力下压，食、中指用力弹拨，将球传出。出球后手心和拇指向下，其余手指向前。

图 4-28

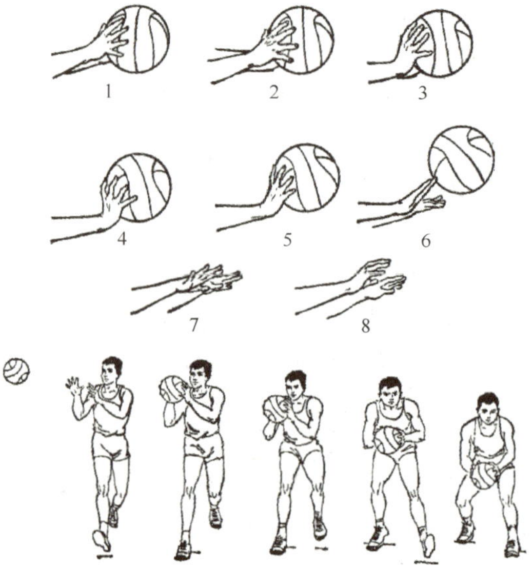

图 4-29

篮球双手胸前传接球易犯错误和易发意外以及相应的处理方法如下所示。

1. 传球

易犯错误：在传球时手腕翻腕时，两肘支起。

原因：手腕力量不够，两手用力挤压球。

结果：影响传球的准确性。

纠正方法：增强手腕力量，多做传球练习。

2. 接球

易发意外：手指戳伤。

原因：因手指受到强烈的冲击而产生。

预防方法：要充分地做好手指的准备运动。

处理方法：手指的挫伤，依程度可分为五种，即扭伤、脱臼、骨折、腱断裂、挫创伤（皮肤裂开）。若发生扭伤，其治疗方法同其他部位的扭伤一样，先进行冷敷，2～3 天之后，则在该部位保温，同时按摩。脱臼时要能忍受疼痛，让医疗人员将手指拉直，恢复原状，然后和前法相同处置。至于手指严重的挫伤、骨折、腱撕裂则不许乱动，迅速送往医院医治。

（五）投篮

投篮的方式多种多样，要提高投篮命中率就必须了解投篮的技术结构，正确掌握投篮技术。在学习投篮技术时，必须注意掌握以下技术要素。

投篮技术动作包括两个方面，其一是投篮时的身体姿势；其二是持球手法。

原地投篮时，要两脚前后自然开立，两膝微屈，上体稍前倾，重心落在两脚之间。这样，既便于投篮集中用力，也利于变换其他动作。移动中接球跳投、运球急停跳投或行进间投篮时，跨步接球与起跳动作既要连贯衔接，又要迅速制动，使身体重心尽快移到支撑面的中心点上，以保证垂直起跳。身体姿势正确就能保证身体重心移动与投篮出手的方向一致，就能保持身体平衡。控制身体平衡是保证出球方向准确的基本条件。

投篮时，无论是单手还是双手，持球时五指都应自然张开，掌心空出，用指根及指根以上部位触球，增大对球的接触面积，以保持球的稳定性，控制球的出手方向原地投篮。

原地投篮是最基本的投篮方法，是行进间投篮和跳起投篮的基础。原地投篮易于保持身体平衡，便于全身协调用力，比较容易掌握。一般在中、远距离投篮和罚球时运用较多。

1. 原地双手胸前投篮（见图 4-30）

这种投篮虽然出球点较低，但出手前稳定性好，出手力量大，便于与传球、突破相结合，多用于远距离投篮。

双手持球姿势基本同双手胸前传球。两肘自然下垂，将球置于胸前，目视瞄准点。两脚前后或左右开立，两膝微屈，重心落在两脚之间。

投篮时，两脚蹬地，腰腹伸展，两臂向前上方伸出，两手腕同时外翻，拇指稍用力压球，食指、中指拨球，使球从拇指、食指、中指指端飞出。球出手后，脚跟提起，身体随投篮出手方向自然伸展。注意：投篮时，蹬伸踝、膝、髋，双手用力均匀，手腕外翻，手指拨球。

图 4-30

2. 原地单手肩上投篮（见图 4-31）

由双手持球开始，然后将球引至右肩前上方，右臂屈肘，肘关节稍内收，上臂与肩关节约成水平，前臂与上臂大约呈 90°。右手五指自然张开，手腕后屈，掌心空出，用手掌外缘和指根以上部位托住球的后下方，左手扶球的左侧。单手肩上投篮时，随着下肢蹬伸和腰腹伸展，投篮臂向前上方抬肘伸臂，最后力量集中到手腕和手指上，由手腕前屈和手指拨球的动作，使球通过食指、中指的指端柔和地飞出。出手后，全身随球跟送，手臂自然伸直。通常距离越近，身体其他部分用力越小，多以手腕和手指用力为主；投篮距离越远，身体协调用力越大，对手腕、手指调节力量的能力也要求越高。

图 4-31

3. 行进间单手肩上投篮（见图 4-32）

行进间单手肩上投篮又称行进间单手高手投篮，是在比赛中切入篮下时，常用的一种投篮方法。以右手投篮为例，右脚向前跨一大步时接球，接着上左脚蹬地起跳，右腿屈膝上抬，同时双手举球于右肩前上方。腾空后，上体稍后仰，当接近了高点时，向前上方抬肘伸臂，用手腕前屈和手指拨球力量将球投出。跨步一大二小向上跳，节奏要清楚。出手时，腕、指用力要柔和。

图 4-32

4. 行进间单手低手投篮（见图 4-33）

行进间单手低手投篮是在快速跳动或运球超越对手后，在篮下的一种投篮方法。它具有伸展距离远和出球平稳的优点。以右手投篮为例，右脚向前跨出一大步的同时接球，左脚跨第二步时用力蹬地向前上方起跳，右腿屈膝自然上提。腾空到最高点，右手五指自然张开，掌心向上，托球的下部，右臂向前上方伸展，接近球篮时，用手腕上挑和手指的拨动，使球向前旋转进入球篮。腾空时身体向前上方充分伸展，举球后保持托球的稳定，腕、指上挑动作柔和协调。

图 4-33

单手肩上投篮易犯错误和纠正方法如下所示。

易犯错误：单手肩上投篮时手臂容易外展。

原因：手指手腕力量不好，手腕柔韧度不好。

结果：影响投篮的准确度。

纠正方法：上臂与肩关节约成水平，前臂与上臂呈 90°。右手五指自然张开，手腕后屈，对照镜子多做徒手的投篮模仿。

（六）运球

运球技术是在原地或移动中用单手连续拍球的一种技术动作。运球技术是一项重要的进攻技术，在一定程度上反映控制球和支配球的能力。娴熟的运球不仅是个人摆脱或突破防守的进攻手段，也是组织全队战术配合的桥梁。

1. 原地高运球（见图 4-34）

两脚可左右自然开立或前后两脚分开站立，运球时，两腿微屈，平视前方，运球手肩、肘、腕关节依次向下方用力伸展。手部按压球的正上方。球的反弹高度在胸腹之间。双脚左右开立站位运球时，球高可到肩膀的高度进行练习。

图 4-34

2. 原地低运球

两脚可左右自然开立或前后两脚分开站立，屈膝，臀部少许往下，上半身微微前倾，落球点在脚外侧。手臂动作也就是指运球手动作。手掌五指张开，掌心不触球。用大臂发力，带动小臂和手腕运球，运球的方向主要由手腕来控制。拍球时，手应随球上下迎送，尽量延长触球时间，这样有利于随时根据场上的变化做出动作。球的高度可到脚踝、膝高度进行练习，同时非运球手抬起，屈肘，做护球状。

3. 体侧前后运球

掌心朝前，将球运往前面，在球反弹瞬间右手马上改变掌心方向向后，再快速向后运球。双脚前弓后箭或双脚并拢站位，球不能高于膝盖，不看球，运球有力度，练习时速度由慢到快，重心由高到低。

4. 体前换手运球

持球于体前，右手将球往左边运球时，击球位置偏向篮球外侧，将球向左推出，在球反弹瞬间左手提前迎球，待球力缓冲后再将球向右推出，左右手交替运球。练习时，可先由边看球练习过度到不看球、速度由慢到快、重心由高到低，左右幅度从小到大。

5. 背后换手运球

要领同体前换手运球，但是在身体后方运球。球不能高于膝盖，不看球，运球有力。练习时，速度由慢到快，重心由高到低。

6. 移动直线运球

运球时手臂向前方伸展，按拍球的部位在球的后上侧方，球的落点在身体的侧前方，球的反弹高度在胸腹之间。移动速度越快，按拍球的部位越靠向球的后侧方，也就是给球更多向前的力。直线运球时，一般拍一次球跑两到三步为宜。

7. 运球急停急起

运球急停急起是一种在行进间利用速度变化摆脱防守的动作方法，常用于防守紧逼时摆脱对方。运球急停急起动作方法为：运球急停时，采用跨步急停，同时按拍球的上方；急起时上体迅速前倾，重心前移，后脚、前脚掌用力蹬地，迅速向前跨一大步，同时按拍球的后上方，加速摆脱防守。

8. 体前换手变向运球

体前换手变向运球是在快速运球推进中，通过换手运球改变方向突破防守的动作方法，常用于进攻路线被堵截时。动作方法为：右手按拍球的右后方前送，同时上体向左转体，右肩下压，右脚向左前方跨一大步，左手接反弹至左侧的球，向前下方按拍球，左脚蹬地加速推进，动作发生时要有明显的速度变化。

（七）持球突破

持球突破是持球队员运用合理的脚步动作与运球技术相结合，快速超越防守队员的一项攻击性很强的进攻技术。在比赛中，及时地把握突破时机，合理地运用突破技术，是直接切入篮下得分的重要手段。持球突破还可打乱对方的防御部署，为同伴创造更多更好的投篮机会。突破若能巧妙地与投篮、传球等结合运用，使突破技术灵活多变，就能更好地发挥突破技术的攻击力。根据持球突破采用的步法，可分为原地持球交叉步突破和原地持球同侧步突破两种。

1. 原地持球同侧步突破

原地持球同侧步突破也称顺步突破（见图 4-35），其优点是突破时起动突然，初速度快，但球暴露较多，容易被对手将球打掉。以左脚做中枢脚从防守队员左侧突破为例，突破时，上体积极前倾的同时，右脚迅速向右前方跨一大步，同时上体右转，左肩积极下压。左脚内侧用力蹬地，在左脚离地前，用右手推按球于右脚外侧前方，然后左脚迅速跨步抢位，加速运球超越对手。注意：起动要突然，跨步、运球要快速连贯，中枢脚离地前球要离手。

图 4-35

2. 原地持球交叉步突破（见图 4-36）

原地持球交叉步突破这种突破方法的优点是跨步后与防守队员接触面较小，能更好地利用跨步抢位保护球。以右脚做中枢脚从防守队员左侧突破为例，突破时，左脚向左侧前方迈出一小步，把防守队员引向自己左侧的同时，用左脚前掌内侧迅速蹬地，向右侧前方跨一大步，上体稍右转，左肩向前下压，重心向右前方移动，将球推引至右侧，用右手推按球于左脚右侧前方，接着右脚蹬地加速超越对手。注意：要积极蹬地，起动突然；转体探肩应与跨步相连；推按球离手必须在中枢脚离地之前；跨步脚尖指向突破方向。整个动作协调连贯。

图 4-36

（八）防守对手

防守对手是防守队员合理地运用脚步移动和手臂动作积极抢占有利位置阻挠和破坏对手投篮、传接球、突破等进攻意图以争夺控球权，转守为攻。防守对手包括对无球队员的防守和有球队员的防守。

1. 防无球队员

防守无球队员时，以防止或减少对手接球为主，特别要防止对手在有威胁的区域内接球，人球兼顾，及时准备补防和断球。根据对手、球、球篮，选择有利位置，有球紧，无球松；近球紧，远球松；积极移动，控制对手。

要做到球、人、区兼顾，与同伴协同防守，破坏对方进攻配合，加强防守的集体性。防守时应以人（各自防守的对手）为主，人球兼顾，时刻注意人、球、对手、篮圈等的方位，随时调整自己的防守位置，并注意协助同伴防守，破坏和干扰自己附近的球与进攻队员。

全队要有良好的配合意识，思想统一，配合默契，前后呼应，行动迅速，积极抢占有利位置，争取在气势上占据主动。

2. 防守持球队员（见图 4-37）

首先要防止对手的投篮和突破，干扰其传球。对手运球时，要追使其向边、角方向移动并使其停球。对手停球后，要立即贴近进行紧逼防守，封堵传球。在整个防守有球队员的过程中，要积极利用抢、打、封、抹、盖等技术和各种假动作，破坏和夺取对方的控球权。

图 4-37

（九）抢篮板球（见图 4-38）

抢篮板球是主要运用于投篮不中后，攻防双方争夺从篮板或篮圈外下落球的技术，主要包括抢占有利位置、判断落球点、向上起跳、空中抢球和护球动作等。抢篮板球是球队获得球权的重要手段，对比赛的胜负起至关重要的作用。

抢前场篮板球

图 4-38

抢后场篮板球

图 4-38（续）

1. 抢占有利位置

抢篮板球前，首先要设法抢到对手与篮圈之间的有利位置。抢进攻篮板球时，要判断球的落点，利用各种假动作摆脱防守队员完成冲抢篮板球；抢防守篮板球时，要运用转身卡位的技术动作，先挡人后抢篮板球。

2. 抢球动作

空中抢球的技术动作分单手、双手抢球。单手抢篮板球时，用力跳起，单手尽量向上伸，当达到最高点时指尖触球后迅速屈指、腕，肘收臂将球摘下，双脚落地后上体稍前倾重心落于两脚间，另一只手迅速合球，两肘微展，护球于胸腹部位。双手抢篮板球时，用力起跳，手指触球瞬间，双手用力握球，双脚落地后上体稍前倾，重心落于两脚间，两肘微展，迅速将球拉入胸腹部位。

3. 抢防守篮板球动作要领

抢篮板球的关键是抢占有利位置。进攻队员投篮后，防守队员首先要找到进攻队员，运用移动转身技术动作，合理地将身体卡在他与篮圈之间的位置，感觉进攻队员的移动，及时做出位置调整，同时准确判断球的方向和落点，待球下落后跳起抢球。拿到球下落后身体尽量与篮板垂直，同时双脚落地后上体稍前倾，抬头，重心落于两脚间，两肘微展有利于看到前方的队友，发动长传快攻。

三、篮球运动基本战术

篮球战术是比赛中队员个人技术的合理运用和全体队员相互协调配合的组织形式与方法。一切战术都是为了争夺控球权而投篮得分。篮球战术对比赛胜负有重要作用，战术对发挥本队专长、抑制对手之短有积极作用，它可以掌握主动，去争取比赛的胜利。篮球战术基础配合是在篮球比赛中队员两三人之间有目的、有组织、协调行动的简单攻守配合方法，它包括进攻战术和防守战术的基本配合。

（一）进攻战术的基本配合

进攻战术的基本配合是指在篮球比赛中，进攻队员两三人之间有目的、有组织、相互协同行动的配合方法。进攻战术的基本配合包括传切、掩护、策应和突分配合。

（1）传切配合：进攻队员之间利用传球和切入技术所组成的简单配合。它包括一传一切和空切配合。切入队员首先要掌握切入时机，根据对方的防守情况，利用假动作摆脱、及时、快速切入篮下，并随时准备接球。传球队员要利用假动作吸引、牵制对手，并采用合理的传球方法及时、准确地将球传出（见图 4-39）。

（2）突分配合：持球队员持球突破后，主动地或应变地利用传球与同伴配合的方法。队员突破时要快速、突然，在突破过程中要随时观察场上攻守队员位置的变化，及时准确地传球。接球队员要把握时机，及时摆脱对手，迅速抢占有利位置接球投篮（见图 4-40）。

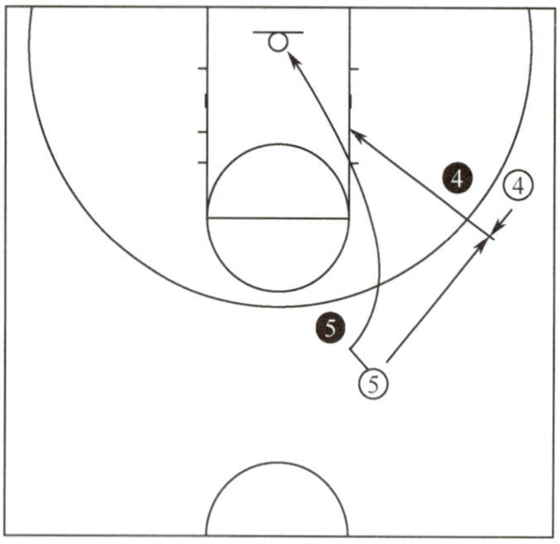

图 4-39

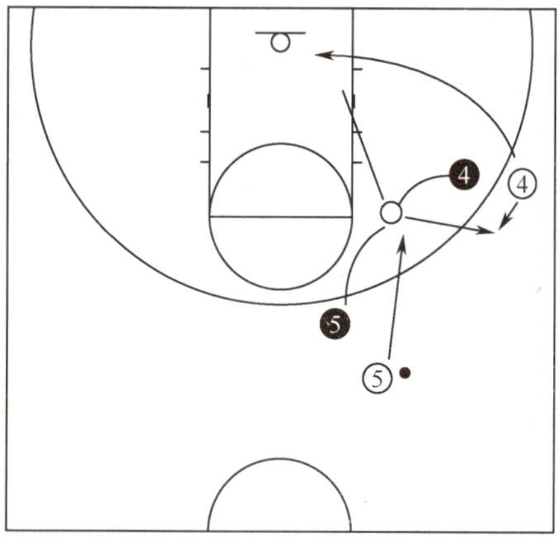

图 4-40

（3）策应配合：指进攻队员背对篮筐或侧对篮筐接球，由他作枢纽，与同伴空切相配合而形成的一种里应外合的方法。策应队员要及时抢位要球，两手持球护于胸前或头上，接球后结合转身、跨步等动作协助同伴摆脱防守或个人进行攻击。外围传球队员要根据策应者的位置和机会，及时准确地传给策应队员，做到“人到球到”，传球后迅速摆脱对手切入篮下，创造进攻机会（见图 4-41）。

（4）掩护配合：掩护队员采用合理的行动，用自己的身体挡住同伴防守者的移动路线，使同伴借以摆脱防守，或利用同伴的身体和位置使自己摆脱防守的一种配合方法。掩护要符合规则的规定，掩护队员动作要突然，被掩护队员要用假动作吸引自己的防守队员，不让对方发现同伴的掩护意图。掩护时同伴之间的配合时机非常重要，掩护配合时队员配合要默契，动作要果断，并注意根据临场变化，争取第二次机会（见图 4-42）。

（二）防守战术的基本配合

防守战术的基本配合：是篮球比赛中两三人之间为了破坏对方进攻配合所组成的简单配合。防守战术的基本配合包括抢过、穿过、绕过、关门、夹击、补防和交换防守配合等。

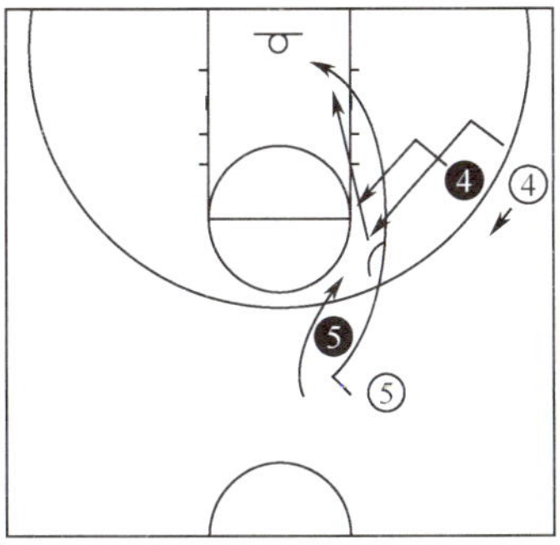

图 4-41

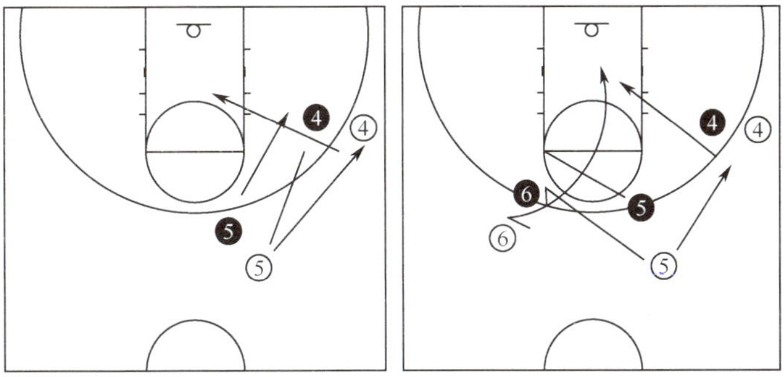

图 4-42

（1）夹击配合：两名防守队员有目的地同时采取突然的行动，封堵和围夹持球者的一种配合方法。首先要选择好夹击的位置和时机。运用夹击配合时，贴近对方身体要适度，不能犯规。已形成夹击后，其他队员要随时轮转补位，严防对方近球区队员接球，远球区的防守队员要以少防多，选好断球位置（见图 4-43）。

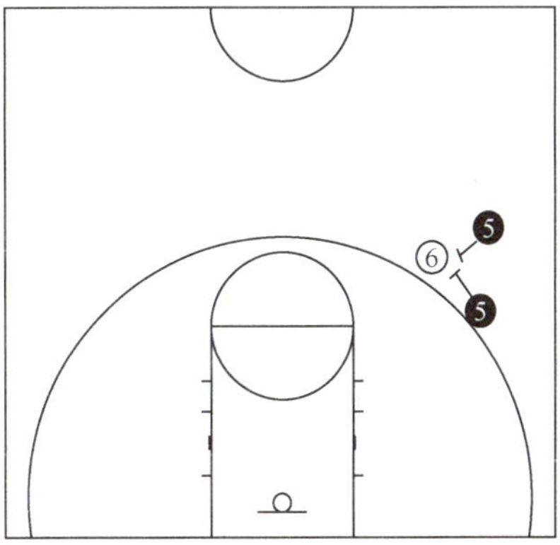

图 4-43

（2）关门配合：两名防守队员靠拢协同防守突破的配合方法。防守队员应积极堵截突破的移动路线，临近突破一侧的防守者要及时向同伴靠拢，不给突破者留有空隙（见图 4-44）。

（3）抢过配合：防守者在掩护队员临近自己时，要积极向前跨出一步，贴近自己的防守对手，从掩护者前面挤过去，继续防住自己的对手。抢过时要贴近对手，向前抢步要及时，动作要突然，防掩护的队员要相互提醒（见图 4-45）。

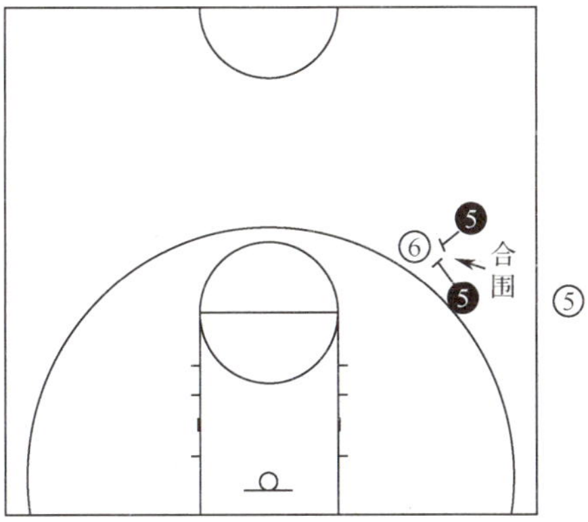

图 4-44

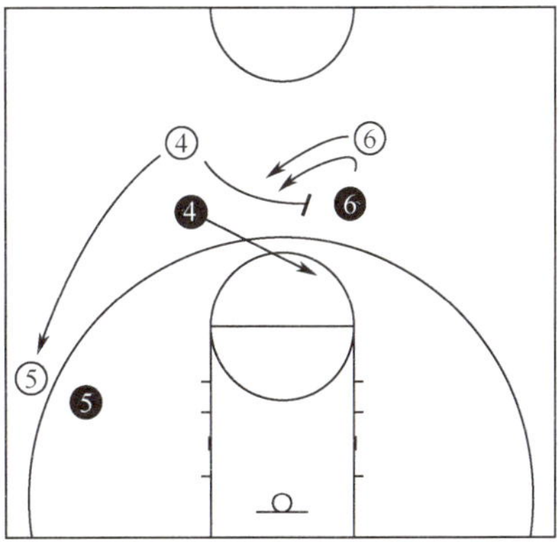

图 4-45

（4）穿过配合：当进攻队员进行掩护时，防守做掩护的队员要及时提醒同伴并主动后撤一步，让同伴及时从自己和掩护队员之间穿过，以继续防住各自的对手。运用穿过配合时，要及时提醒同伴并主动让路，调整防守位置和距离（见图 4-46）。

（5）绕过配合：当进攻队员进行掩护时，防守做掩护的队员主动贴近对手，让同伴从自己的身旁绕过，继续防住各自的对手（见图 4-47）。

图 4-46

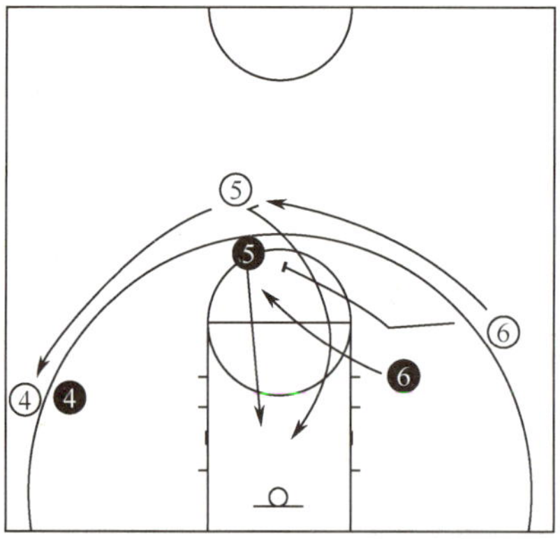

图 4-47

（三）快攻

快攻是由防守转入进攻时，进攻队以最快的速度、最短的时间，将球推进至前场，争取造成人数上和位置上的优势，以多打少，果断合理进行攻击的一种进攻战术。快攻可分为发动与接应、推进、结束三个阶段。它主要包括以下三种形式。

（1）长传快攻：指队员在后场获球后，立即把球长传给迅速摆脱对手的快下队员。

（2）短传（结合运球推进快攻）：指防守队获球后，立即以快速的短距离传球的方式，直逼对方篮下进攻的一种快攻形式。

（3）运球突破快攻：指防守队员获球后，利用运球技术超越防守，自己投篮得分或传球给比自己投篮机会更好的同伴进行攻击的方法。

快攻发动的时机包括抢到后场篮板球时发动快攻，掷后场界外球发动快攻，抢、断球后发动快攻，跳球时发动快攻。

（四）防守快攻

防守快攻是在攻守转换过程中，队员有组织地运用个人战术行动和几个人之间的协同配合，主动堵截对手，积极抢断，破坏其快攻战术，力争控制对手转攻的速度，以达到稳定防守，迅速组织起各种不同形式的全队防守战术的目的。

防守快攻是由攻转守的刹那间，快速抢占有利的防守位置，利用强有力的个人防守行动和配合，达到限制对手的速度、破坏对方攻击，使对方转入阵地进攻的一种防守战术。最根本的方法是提高本队进攻的成功率，减少对方发动进攻的机会，减少不必要的失误，组织拼抢篮板球，以利于本队部署防守。

防守快攻战术是一个有机的整体，必须根据快攻攻势的展开，有针对性地去防守，力求延缓对方进攻的速度，打乱对方进攻的节奏，推迟对方进攻攻击时间，以利迅速组织阵地防守。

防守快攻常用的方法和手段包括以下几点：

（1）提高进攻成功率。防守快攻首先应提高进攻成功率，要特别注意减少进攻中的失误和违例，这是控制对手进攻速度，减少其发动快攻机会的重要手段。

（2）积极拼抢前场篮板球。比赛实践证明，当进攻投篮不中时，有组织地积极拼抢前场篮板球，是控制对手抢篮板球发动快速反击的最有效的方法；即使防守队员获得篮板球，由于近篮区攻守人员密集，攻守争夺激烈，所以不容易发动快攻。

（3）封堵一传和截断接应。有组织地堵截快攻的第一传和接应，是制止对方发动快攻的关键。破坏对方发动快攻的路线也取决于封堵一传和接应。当对手获球转攻时，邻近的防守队员，要迅速紧逼积极封堵一传，与此同时，其他防守队员要主动迫使接应队员改变预定的接应区，截断其联系，从而延缓其发动快攻的时间，使同伴迅速抢占有利位置，以便更好地按照规定的防守战术要求进行防守。

（4）退守时要“堵中卡边”，防止长传快攻。防守快攻除积极拼抢篮板球、堵截一传和接应外，在退守过程中还要防止对方从中路突破等。

（5）以少防多的能力。比赛中，由于攻防变换频繁，情况复杂多变，等对方快攻推进时，往往形成以少防多的局面，出现以少防多的情况时，防守队员应积极移动，选择和占据有利的防守位置，保护篮下，并运用假动作来干扰，给进攻队员制造错觉和困难，迫使对手在传球中出现失误。在此基础上延缓其进攻速度，为同伴争取退防的时间，以便重新组织起阵地防守战术。

（五）人盯人防守

人盯人防守如图 4-48 所示。

人盯人防守指以盯人为主兼顾球位，做到人球兼顾，每名防守队员都积极盯住自己的进攻对手，并与同伴进行共同协防的全队防守战术。人盯人防守根据双方队员身高、位置和技术水平合理进行防守分工。由攻转守，迅速找人，积极抢断、夹击补防。防守有球队员紧逼，积极防其运动过程中突破传投。防守无球队员，近球要贴近防守，切断对方传球路线，远球要回缩防守，始终保持人球兼顾。

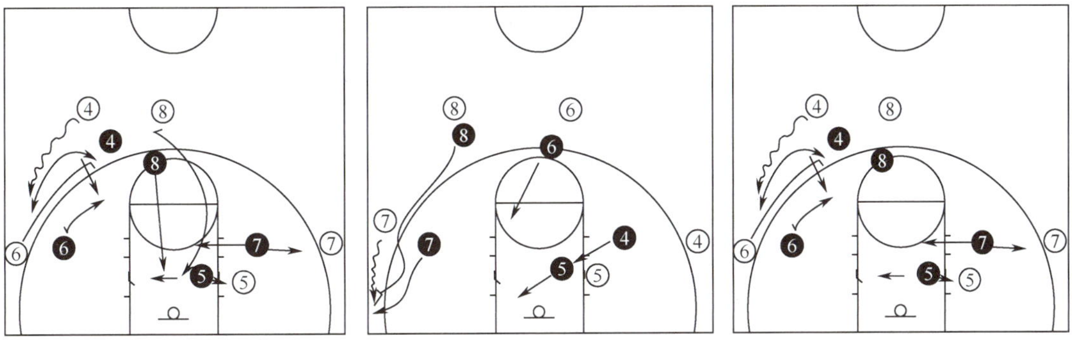

图 4-48

（六）区域联防

区域联防指进攻转入防守时，全队队员迅速退回后场，按区分工各自负责防守一定区域内的进攻对手，形成一定的防守阵势，把每个防守区域有机地联系起来，并随球进行协同防守的一种全队防守战术。

区域联防有“2-1-2”“2-3”“3-2”“1-3-1”“1-2-2”“2-2-1”等形式。其中“2-1-2”联防是最基本的区域联防。

区域联防的基本要求是根据区域联防的形式、队员与对手的特点等合理分配防守区域，最大限度地发挥队员在各自防区的作用。由攻转守时，除积极阻止对方的攻势外，还应有组织地快速退守和及早落好防守位置；每个队员必须认真负责各自的防守区域，积极阻挠进入该防区的进攻队员的行动，并根据球的方位调整队形进行联合防守。对于有球队员应按盯人方法紧逼防守，其余防守队员应积极移动，调整队形进行协防或补防，做到人球兼顾；对无球队员的穿插移动，要根据其离球的远近和队友的位置积极抢位、堵截和护送，并及时与队友呼应联系，不让对手向有威胁的区域移动或接球。远离球的防守队员应起指挥作用；进攻队员投篮后，每个防守队员都应该积极堵位和抢位，有组织地争抢篮板球，并及时发动快攻。

区域联防的运用时机：对方中远距离投篮不准而内线威胁较大时；对方个人突破能力强而本队个人防守能力不足时；本队犯规较多而想保存实力时；对方不适应或有策略地改变防守战术时；对方比分落后而急于求成时；为了有组织地争抢篮板球和发动快攻时。

1. “2-1-2”区域联防

“2-1-2”区域联防的优点：队员的分布比较均衡，移动距离近，便于相互协作，控制篮下，有利于抢篮板球和发动快攻。

“2-1-2”区域联防的缺点：三分线的正面、30°～45°区及篮下是防守的薄弱区域。

（1）各位置队员应具备的条件（见图 4-49）

突前的❹号队员、❺号队员应是机智、灵活、快速、善于抢断反击和组织快攻的队员。❻号队员应是身材高大、补位意识强、善于抢篮板球的队员。❼号队员、❽号队员则是身材高大、技术较全面具有争夺篮板球和发动快攻能力的队员。

（2）球在外围弧顶时的防守配合（见图 4-50）

④持球时❹、❻应根据对方的进攻阵形和对方中锋的位置决定两人的防守配合。❹上去防④，❻要稍向右移动，协助防守⑤，并准备抢断④传给⑤的球，❼向上移动防⑦，并兼顾防守篮下，❽防守⑧向篮下活动。

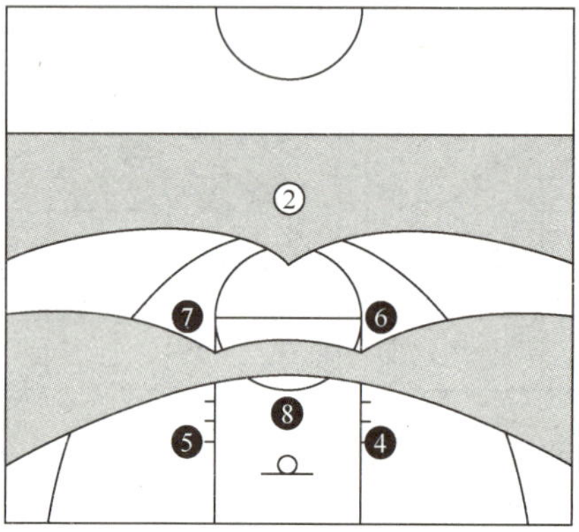

图 4-49

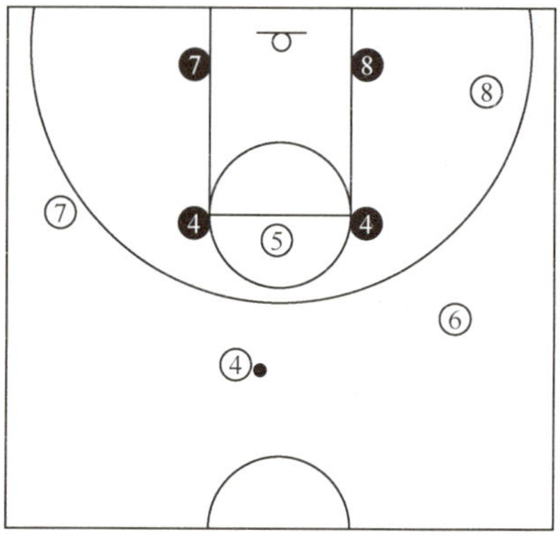

图 4-50

（3）球在两侧时的防守配合（见图 4-51）

④传球给⑥，❻应迅速上去防⑥，❹稍向下移动，协助❺防守，❺站在⑤侧后方，切断⑥与⑤的传球路线，并防止⑤向篮下空切。❽站在⑧的内侧前方，切断⑥与⑧的传球路线，减少⑧接球的机会。❼稍向限制区移动，既要协助防守篮下，又要堵住⑦的背插，还要准备抢断⑥传给⑦的横传球。当⑥投篮时，❼、❽、❺在篮下形成三角包围圈，准备抢篮板球。

（4）球在底角时的防守配合（见图 4-52）

当球传给⑧时，❽上去防守⑧，❻迅速跑到底角，与❽配合对⑧进行夹击。❹向下移动防⑤接球，❺向斜后移动保护篮下，❼向中间移动，防止⑦背插。

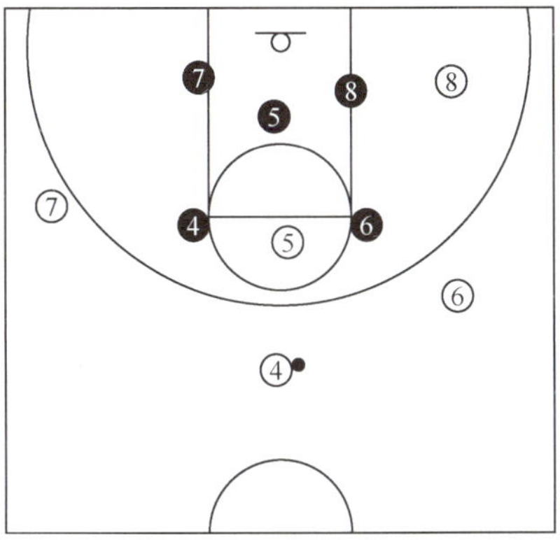

图 4-51

图 4-52

（5）防溜底线时的防守配合（见图 4-53）

当④将球传给⑦时，⑧溜底线，❽应堵截⑧的移动路线，延误其配合时间，并跟随⑧，不让其接球；等❹回防⑦，❼退回防⑧时，❽再回到原来的防守区域。❺在⑤的侧后方，防其接球和篮下突切，❻向下移动，防⑥背插。

（5）防守底线中锋的防守配合（见图 4-54）

当⑦把球传给篮下中锋时，❹、❺向下移动，与❼协同围守、夹击⑧，❻向罚球区移动防⑤接球，堵截其向下空切，❽防止⑥向罚球区空切。

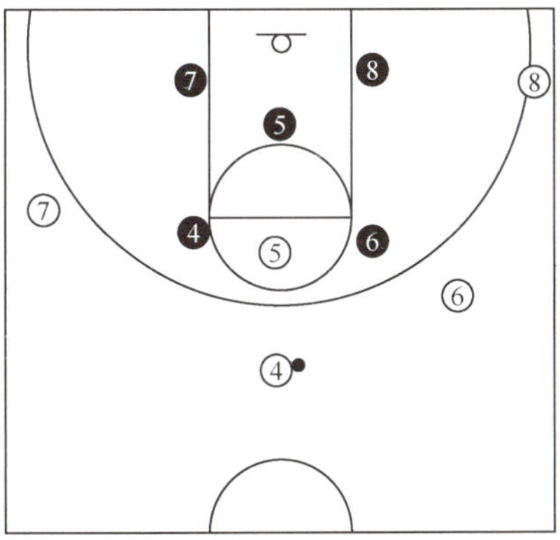

图 4-53

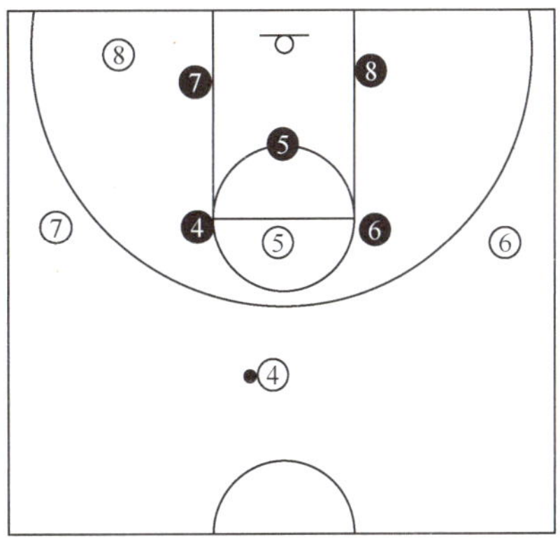

图 4-54

（6）防守策应的防守配合（见图 4-55）

当⑤接球时，❺上去防守⑤的投篮、运球突破，干扰其传球。❹、❻协助❺防守⑤，❼防止⑧插入罚球区或溜底线，❽防止⑥向罚球区空切。

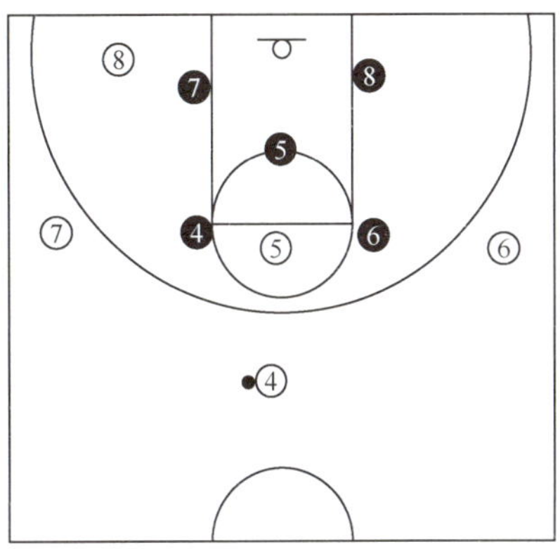

图 4-55

2. “3-2”区域联防

“3-2”区域联防的优点：这种防守队形加强了外围防守，有利于防守外围中、远距离投篮和抢断球发动快攻。

“3-2”区域联防的缺点：两个场角及限制区是防守的薄弱区域，也不利于抢篮板球。

（1）各个位置队员应具备的条件（见图 4-56）

❻、❼、❽为突前防守的队员，应是快速灵活、善于抢断球和反击的队员。❹、❺应是身材高大、善于在内线防守，并具有抢篮板球发动快攻能力的队员。

（2）防守方法（见图 4-57）

当⑦持球时，❼防⑦，❻斜插到另一侧场角，准备接❼的球，进攻队形由“3-2”变为“2-3”队形，在底线造成以多打少时，防守队员❻应堵截⑥的斜插，延误其接球的配合时机。然后，❻、❽、❺按顺时针方向轮换，❺防⑥，❽防⑤，❻防⑧，❹向下移动，防止④向篮下空切。

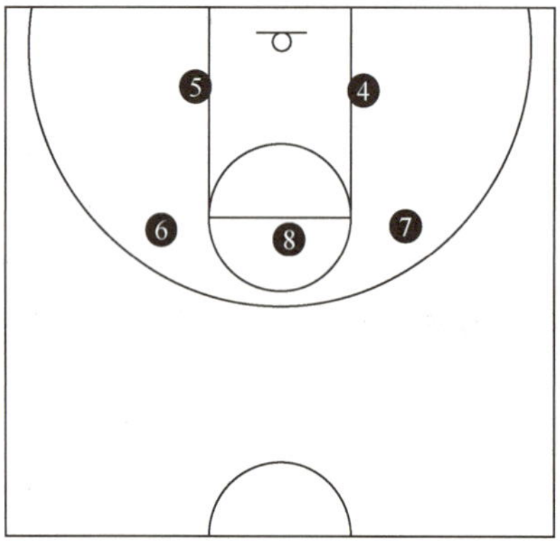

图 4-56

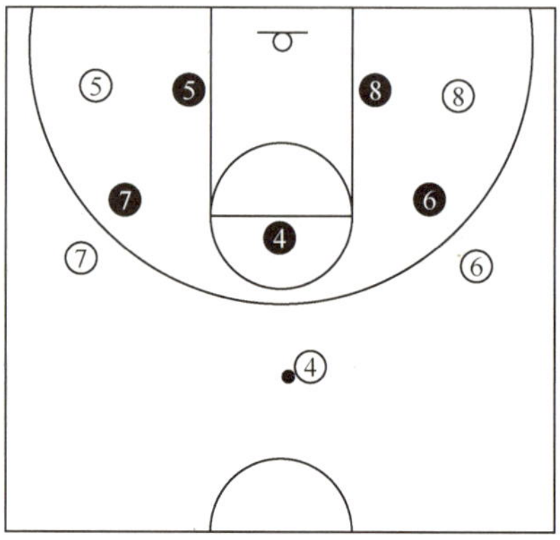

图 4-57

3. “2-3” 区域联防

“2-3”区域联防的优点：加强了篮下和底线的防守，有利于抢篮板球。

“2-3”区域联防的缺点：正面及 35°～45°区是防守的薄弱区域。

（1）各个位置队员应具备的条件（见图 4-58）

突前的❹、❺应是机智、灵活、快速、善于抢断反击和组织快攻的队员。❻应是身材高大、补位意识强、善于抢篮板球的队员。❼、❽则是要求身材高大、技术较全面具有争夺篮板球和发动快攻能力的队员。

（2）防守方法（见图 4-59）

④持球时，❻、❼应根据对方的进攻队形和对方中锋的位置决定两人的防守配合。❻上去防④，❼要向中路移动，协助❻防守，❹、❺、❽防止⑧、⑤插入罚球区。

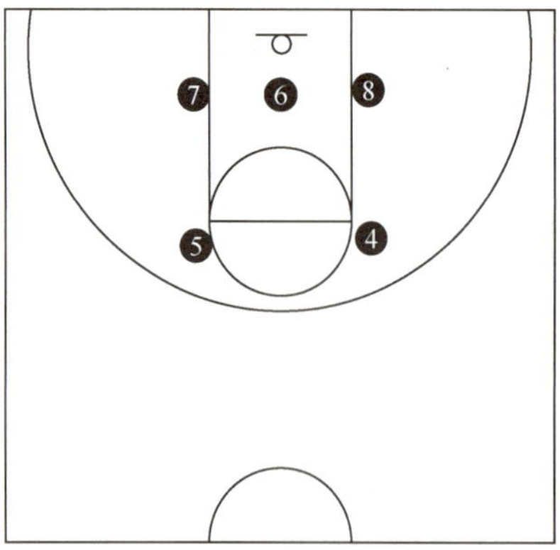

图 4-58

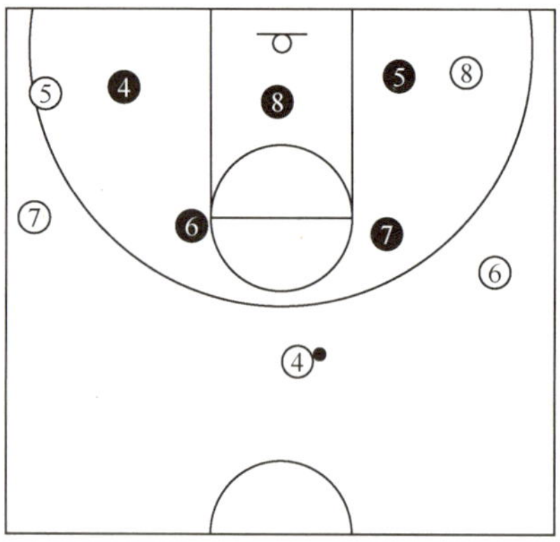

图 4-59

4. “1-3-1”区域联防

“1-3-1”区域联防的优点：这种防守队形加强了正面、罚球区和两侧的防守，有利于分割进攻队员前、后、左、右之间的联系，造成进攻队员之间传球的困难，有利于防止正面、罚球区和两侧的投篮和抢篮板球发动快攻。

“1-3-1”区域联防的缺点：有两个 50°～70°区、底线及两个场角。

（1）各个位置队员应具备的条件（图 4-60）

在弧顶突前防守的❼，活动范围较大，因此在该区防守的队员应是移动速度快、个人防守能力强、头脑清醒、善于抢断球和快攻反击的队员。在罚球区防守的❽应是身材高大、技术全面、善于补防和抢篮板球的队员。在底线防守的❹活动范围大，应是移动速度快、善于防守篮下进攻和抢篮板球的队员。在两侧防守的❺、❻应是防守技术全面和善于抢篮板球的队员。

（2）防守方法（图 4-61）

⑤接球时，❺防守⑤的投篮和运球突破。❹向下移动协助❺防守⑤。当⑦向场角移动时，❼向场角移动防⑦，❽防守⑧溜底线，❻防守⑥向篮下空切。

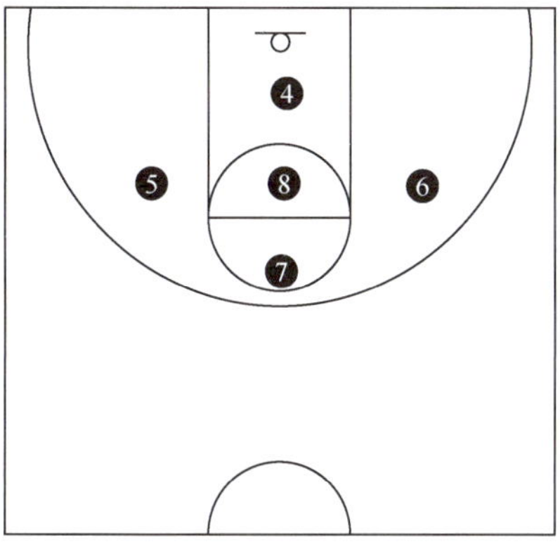

图 4-60

图 4-61

四、篮球比赛基本规则

（一）场地器材

1. 篮球场地

篮球场是一个长方形的坚实平面，无障碍物。对于国际篮联主要的正式比赛，球场尺寸为：长 28 米，宽 15 米，篮球场地的丈量是从界线的内沿量起。对于所有其他比赛，国际篮联的适当部门，如地区委员会对地区或洲的比赛，或国家联合会对所有国内的比赛，有权批准符合下列尺寸范围内的现有球场：长度减少 4 米，宽度减少 2 米，只要其变动互相成比例即可。天花板或最低障碍物的高度至少 7 米。篮球场照明要均匀，光度要充足。灯光设备的安置不得妨碍队员的视觉。所有新建球场的尺寸，要与国际篮联的主要正式比赛所规定的要求一致：长 28 米，宽 15 米。篮球场线条及其尺寸，篮球场线条要用相同颜色画出，宽度为 0.05 米（5 厘米）（见图 4-62）。

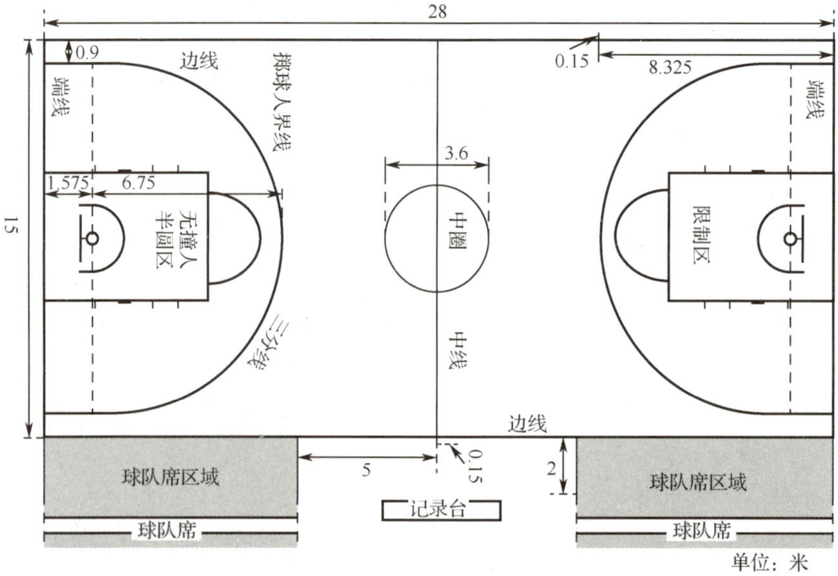

图 4-62

2. 篮板

篮板横宽 1.80 米，竖高 1.05 米，篮板下沿距地面 2.90 米。

3. 比赛用球

充气后，使球从 1.80 米的高度落到地面上，反弹高度不得低于 1.20 米，也不得高于 1.40 米。

（二）篮球比赛规则

1. 一般规则

（1）比赛人数

每场篮球比赛由两个队参加，每队出场 5 名队员，目的是将球进入对方球篮得分，并阻止对方获得球或得分。

（2）比赛时间

分为四节，每节 10 分钟。每节之间和每决胜期之前休息 2 分钟。半场休息 15 分钟。如第四节结束时比分相等，则打若干个决胜期直至决出胜负。

（3）暂停

第一、二、三节每节准予一次暂停，第四节准予二次暂停。每一决胜期准予一次暂停。

（4）换人

每当死球且停表时，球队即可换人。如果是甲队发生违例则甲队不能换人，而如果此时乙队先换人，也可以给予甲队换人机会。换人的次数没有限制。

2. 常见的违例

违例是指队员违犯了比赛中关于时间或技术等方面的规则之行为。

（1）3 秒

场上控制活球的一方，其队员在对方限制区内停留不得持续超过 3 秒，否则为违例。

（2）5 秒

罚球时，每次罚球均不得超过 5 秒；掷界外球时，不得超过 5 秒；在场上，持球队员一旦被对方严密防守并停步时开始计算，须在 5 秒内出手，否则违例。

（3）8 秒

当某队在他们的后场控制活球时，该队必须在 8 秒内使球进入他们的前场，否则为违例。

（4）24 秒

当某队在场上控制活球时，该队须在 24 秒内投篮，否则为违例。

（5）球回后场

当某队在前场控制球时，不能使球回后场，否则为违例。

（6）带球走

篮球技术的特点之一是队员一旦持球，就必须确立中枢脚。中枢脚离地后再次落地前，球必须离开队员的手，否则就是“带球走”，视为违例。

（7）两次运球

队员在一次运球结束后不得再次运球。

（8）罚球时的违例

罚球时，罚球队员除了须遵守 5 秒规则外，还有脚不得触及限制区（罚球线是限制区的一部分）和投出的球必须触及篮圈以及不得做假动作。

（三）常见的犯规

犯规包括有身体接触的侵人犯规和没有身体接触的技术犯规两大类。

1. 侵人犯规

常见的有“拉人”“推人”“撞人”“阻挡”“背后非法防守”“非法用手”“非法掩护”等。

2. 没有身体接触的技术犯规

（1）违反体育道德的犯规

当裁判员判断某队员不是在规则的精神和意图范围内合法地去抢球而发生的侵人犯规，则判为“违反体育道德的犯规”。取消比赛资格的犯规是一种恶劣的违反体育道德的犯规。无论是队员、替补队员，还是教练员、随队人员，裁判员均有权判罚。

（2）双方犯规

双方犯规是两个队的两名队员同时的相互间的犯规。

（3）队员技术犯规

当一名队员不顾裁判员的警告或与裁判员、记录台人员、技术代表、对方队员交涉时没有礼貌，使用冒犯或煽动观众的言行，戏弄对方，阻碍掷界外球的迅速进行等，将被判技术犯规。

第三节　排球运动

排球是三大球类运动项目之一，球场为长方形，中间隔有高网，比赛双方（每方六人）根据规则以身体任何部位，将球击入对方场区。排球运动使用的球，用羊皮或人造革做壳，橡胶做胆，大小和足球相似。

一、排球运动概述

（一）排球运动的起源

排球运动源于美国。1895 年，美国一位叫威廉斯·摩根的基督教青年开始玩一种游戏：用篮球内胆隔着网来回拍打，使球不落地。这种游戏运动量适当，满足年纪较大人群的运动需要。后来制作了与现代排球相近的、外表是皮制的、内装橡皮球胆的球。1896 年由春田市霍尔斯特德教授建议取名为 volleyball（空中连续击球之意）。排球问世后，由于其休闲娱乐性较强，受到大众的喜爱，很快就传播到世界各地。排球运动传入亚洲的时间较早，约在 1900 年先后传入印度、日本和菲律宾等国，1905 年传入中国。排球传入亚洲后采用的规则与美国的规则有很多不同之处，经历了“十六人制—十二人制—九人制—六人制”的发展演变过程。

（二）排球运动的特点

排球运动是用双手做发球、垫球、传球、扣球和拦网等动作来组织进攻和防守的球类运动项目。排球运动分为室内排球、沙滩排球、软式排球、气排球等种类。排球运动具有以下几个特点。

1. 广泛的群众性

排球场地设备简单，比赛规则容易掌握，既可在球场上比赛和训练，也可以在一般空地上活动，运动量可大可小，适合于不同年龄、不同性别、不同体质、不同训练程度的人。

2. 技术的全面性

排球规则规定，每个队员都要进行位置轮转，既要到前排扣球与拦网，又要轮到后排防守与接应，并要求每个队员都必须全面地掌握各项技术，能在各个位置上比赛。

3. 高度的技巧性

排球规则规定，比赛中球不能落地，不得持球、连击。击球时间的短暂、击球空间的多变，决定了排球运动的高度技巧性。

4. 激烈的对抗性

排球比赛中，双方的攻防转换始终是在激烈的对抗中进行的。高水平比赛中，对抗的焦点在网上的扣、拦上。在一场比赛中，夺取一分往往需要经过六七个回合的交锋。水平越高超的比赛，对抗争夺也越激烈。

5. 攻防技术的两重性

排球是多种技术都可以得分也能失分的项目，这种情况在决胜局比赛中更加突出。所以说每项技术都具有攻防的两重性，因此要求技术既要有攻击性，又要有准确性。

6. 严密的集体性

排球比赛是集体比赛项目，除发球外，都是在集体配合中进行的。没有严密的集体配合，再好的个人技术也难以发挥，更无法发挥战术的作用。水平越高的队，集体配合就越严密。

二、排球运动基本技术

排球运动基本技术是指运动员在排球比赛规则允许的条件下所运用的各种合理的击球

动作。排球基本技术包括准备姿势与移动、传球、垫球、扣球、发球、拦网六大类。

（一）准备姿势和移动

准备姿势和移动是排球运动中运用最多、最广的两项基本技术，是完成发球、垫球、传球、扣球、拦网、防守和保护等各项击球技术的前提和基础，并对各项技术动作的运用起串连作用。

1. 准备姿势动作要领

按身体重心的高、中、低可分为稍蹲准备姿势、半蹲准备姿势和低蹲准备姿势三种。以半蹲准备姿势运用最多，如图 4-63 所示。

图 4-63

（1）半蹲准备姿势

两脚左右开立比肩稍宽，一脚在前，两脚尖适当内收，脚跟稍提起，两膝关节自然弯曲。上体前倾，重心靠前，膝部的垂直线应在脚尖前面。两臂放松，自然弯曲，双手置于腹前，全身肌肉适当放松，两眼注视来球，两脚始终保持微动。根据球运行的变化，随时调整身体的位置、方向和重心，使之更利于迅速向需要的方向移动和做出相应的动作。

（2）稍蹲准备姿势

稍蹲准备姿势比半蹲准备姿势的身体重心稍高，一般用于正面上手传球或扣球助跑，动作要领同半蹲准备姿势，如图 4-64 所示。

侧　　　　正

图 4-64

（3）低蹲准备姿势

低蹲准备姿势比半蹲准备姿势的身体重心更低，它主要用于接扣球、接拦回球及大力发球，也便于身体及时倒地去防低球，如图 4-65 所示。

（女子）站左半场队员的低蹲准备姿势

图 4-65

双脚距离比半蹲准备姿势要大些，膝关节弯曲较大，这样有利于迅速移动去接近低球和便于倒地。身体重心一要低，二要前倾，三要保持动中动。手臂要比半蹲准备姿势适当前倾和抬起，并保持在腰腹之间。

2. 移动

移动的目的是迅速接近来球，调整好人与球的合理距离，保持好人与球的位置关系。

移动主要包括起动和制动。常用的基本步法有以下几种。

（1）并步与滑步。当来球距离身体 1 米左右时，可采用并步移动。如向前移动时，后脚蹬地，前脚向来球方向跨出一步，后脚迅速跟上，做好击球前的准备姿势。连续并步移动称为滑步。

（2）跨步与跨跳步。当来球较低，离身体 2～3 米时采用跨步。如向前移动时，则后脚用力蹬地，前脚向前跨出一大步，膝部弯曲，上体前倾，身体重心移至前腿上。若来球低而远，可采用跨跳步；它是在跨步的基础上，后脚蹬离地面，有一个腾空阶段，前脚落地后迅速屈膝，后脚及时跟上，同时重心降低，上体前倾，准备击球。

（3）交叉步。当来球在体侧 3 米左右时，可采用交叉步移动。如向右侧交叉步时，上体稍向右转，左脚从右脚前面向右交叉跨出一步，然后右脚再向右跨出一大步，使身体转向来球方向，保持击球前的姿势。

（4）跑步。当来球距离身体较远时须采用跑步。跑步时两臂要配合摆动，球在侧方或后方时，应边转身边跑动，在接近来球时，降低重心并减速制动，准备击球。

（5）混合步。混合步要有上述四种移动步法的基础，并要求合理运用。要根据场上的情况和变化，恰到好处地发挥各种步法的优点，并熟练地掌握各种移动步法，学会合理地混合运用。

3. 准备姿势与移动的练习方法

（1）看手势做动作：教师向上举手时，学生直立；向前平举时，学生做半蹲准备姿势。手向下时，学生下蹲，手摸地；再向前平举时，学生迅速做好准备姿势。如此反复进行练习。

（2）两人一组，做好半蹲准备姿势，做互相摸背游戏。要保持低姿势移动，方向不限。

（3）3～5 人一组，平行站在端线处，学生原地快速小碎步跑；看到或听到信号后，快速起动冲刺跑 6 米；或钻过球网后转身 180°后退跑至另一端线。

（4）做低姿势的左右一步和二步移动，由慢到快。

（5）学生站在半场区的中央直径为 50 厘米的圆圈里，看到信号后起动，沿“米”字往返移动，每次必须用手触及线的交叉点（可计时）。

（6）在掌握一、二步移动方法的基础上，再学习跨步移动。向前和向左右跨步，动作要猛、要快，要正确掌握步法和制动方法。

（7）两人一组，站在端线做好后排防守的准备姿势。举右手时，向左前方并步滚动救球；举左手时，方向相反。每组进行若干次。

（8）在相距 1 米的两条线间做快速左右滑步、交叉步、跨步等移动动作。

（9）两人一组，一人持球向不同的方向抛出 2～3 米距离，另一人移动对准球，用双手在脸前上方接住球，或用头顶球，连续进行若干次后交换。

（10）教师向学生四周抛出各种高低远近不同的球，每人连续接球 5 次或 10 次，不要让球落地。

（11）在练习传球、垫球的过程中，结合各种准备姿势、起动移动步法和制动技术进行练习，借以提高移动、取位和对准球的能力。

（二）发球

发球技术种类较多，一般有正面下手发球、侧面下手发球、正面上手发球、正面上手飘球、勾手大力发球等。

发球技术的动作方法较多，无论采用哪种发球，都必须做到以下三点：

一是平稳抛球。以单手或双手将球平稳抛起，每次抛球的高度和距离都应基本固定。

二是击球要准。击球时，要以正确的击球动作击中球体的相应部位，使用力方向与所要发球方向一致。

三是手法要正确。击球的手法不同，发出球的性能也有所不同。

1. 动作要领（均以右手击球为例）

（1）正面下手发球

正面下手发球动作较简单，容易掌握，失误少，准确性高。但球的速度较慢，力量小，攻击性较差，一般适合初学者，如图 4-66 所示。

图 4-66

1）准备姿势：发球学生面对球网站立，两脚前后开立，左脚在前，右脚在后，两膝稍弯曲，上体前倾，左手持球于腹前下方。

2）抛球摆臂：左手将球平稳抛起在腹前右侧，离手高度约 30 厘米。在抛球同时，右臂伸直臂向身体后下方摆动。

3）挥臂击球：以右脚蹬地，右臂伸直，以肩为轴，由体后下方向腹前挥臂摆动，身体重心随之前移，在体前右侧以全掌或掌根击球的后下方。

（2）侧面下手发球

发球动作较简单，容易掌握，由于它是借助腰腹转动力量带动手臂挥动击球的，故比较省力，稳定性较大，但攻击性较弱。它适于初学者运用，特别适用于初学的女生，如图 4-67 所示。

图 4-67

1）准备姿势：发球学生左肩对球网站立，两脚左右开立与肩同宽。两膝稍弯曲，上体略前倾，左手持球于腹前。

2）抛球摆臂：左手将球平稳抛至腹前离身体约一臂之距，离手高度约 30 厘米。在抛球同时，右臂伸直向身体右侧后下方摆动。

3）挥臂击球：以右脚蹬地，身体向左转体带动右臂向体前上方挥动，在腹前以全掌或掌根击球的后下方。

（3）正面上手发球

这种发球由于面对球网站立，因此便于观察对方，易于控制球的落点，准确性较大，能充分地利用收腹力量带动手臂迅速挥动去击球，使发出的球力量大、速度快、弧线平。由于手腕和手掌明显向前推压，使发出的球呈上旋，不易出界，同时也能增加发球的攻击性，如图 4-68 所示。

图 4-68

1）准备姿势：发球学生面对球网，两脚前后自然开立，左脚在前，右脚在后，左手持球在腹前。

2）抛球摆臂：左手将球平稳抛至右肩前上方，高度适中。在抛球的同时，右臂屈肘抬起并后引，肘关节与肩部齐平，手掌自然张开，呈勺形，上体稍向右侧转动，抬头、挺胸、展腹，身体重心移至左脚。

3）挥臂击球：击球时，两脚蹬地，上体迅速向左转动，迅速收腹，带动手臂向右肩前上方加速挥动，以全手掌击球的后中下部。击球时，手臂要充分伸直，手掌和手腕要迅速明显做推压动作，使球向前呈上旋飞行。

（4）正面上手飘球

发飘球时由于击球的作用力通过球体重心，使球不旋转并带有飘晃的飞行，使对方难以判断，容易产生错觉，造成接发球困难。发这种球，面对球网，便于观察对方，容易控制落点，准确性较大，成功率较高，攻击性强。正面上手飘球是目前排球比赛中最常用的一种发球方法，如图 4-69 所示。

图 4-69

1）准备姿势：与正面上手发球相同。但站位离端线距离变化较大，发远距离飘球时，距离端线要远些，发近距离飘球时，距离要站近些。

2）抛球摆臂：左手将球平稳抛至右肩前上方，稍靠前些，离身体水平距离约半臂，抛至相同于击球点的高度，这样便于直线加速挥臂去击球。在抛球的同时，右臂屈肘抬起并后引，肘部略高于肩，两眼注视球。

3）挥臂击球：当球上升至最高点时，收腹带动手臂快速挥动，以掌根部坚硬平面击球的后中下部，使作用力通过球体重心。击球时，五指并拢，掌心向前，手腕紧张并后仰，用力快速、突然、短促，击球后可做突停或下拖动作，不能有推压动作。

2. 练习方法

（1）徒手做发球的模仿练习。

（2）做向空中抛球练习，体会正确的抛球动作。

（3）做抛击球练习，不击出球，在球最高点把球接住，主要体会发球的正确动作和协调用力。

（4）击吊球练习，注意击球的摆臂动作。

（5）对墙发球，体会发球用力和身体的协调动作。

（6）近距离分球过网，主要体会和掌握正确的发球动作。

（7）发球区内发球，掌握正确的发球动作。

（8）划区域发球，进行发直线球、斜线球，发前场球、后场球练习。

（9）发球比赛。

（三）垫球

垫球是排球的基本技术之一，它是在全身协调用力的基础上通过手臂的迎击动作，使来球从垫击面上反弹出去的一项击球技术，同时也是接发球、接扣球以及后排防守的主要技术动作，是组织反攻战术的基础。

垫球技术可分为正面双手垫球、正面低姿垫球、跨步垫球、体侧垫球、侧倒垫球、背向垫球、滚翻垫球、前扑垫球、鱼跃垫球、单手垫球、挡球和救入网球等。按运用分类，垫球技术又可分为接发球、接扣球、接拦回球、接其他球等。其中正面双手垫球是各种垫球技术的基础，适合接速度快、弧度平、力量大、落点低的各种来球，在排球比赛中运用较多。在这里我们主要介绍正面双手垫球和单手垫球。

1. 动作要领

（1）正面双手垫球

正面双手垫球是在准备姿势的基础上，判断来球的路线与落点，迅速移动取位，把来球保持在腹部的正前方，两臂插入球下并对准来球。垫球时，利用蹬腿移体和提肩抬臂的协调动作，以两前臂所组成的平面击球的后下方，同时身体重心伴随击球动作前移，将球向前上方垫出，如图 4-70 所示。

图 4-70

1）准备姿势：两脚前后开立，距离稍宽于肩，两脚跟提起，两脚和两膝内收，上体自然前倾，重心降低，两臂微屈内靠，两手置于腹前。两眼注视来球，两脚要保持“静中待动”的状态，随时准备移动。

2）击球手型：两手手指上下重叠，合掌互握，掌根紧靠，两拇指朝前相对平行，两臂伸直夹紧，手腕下压，两臂外翻形成一个垫击平面，如图 4-71 所示。

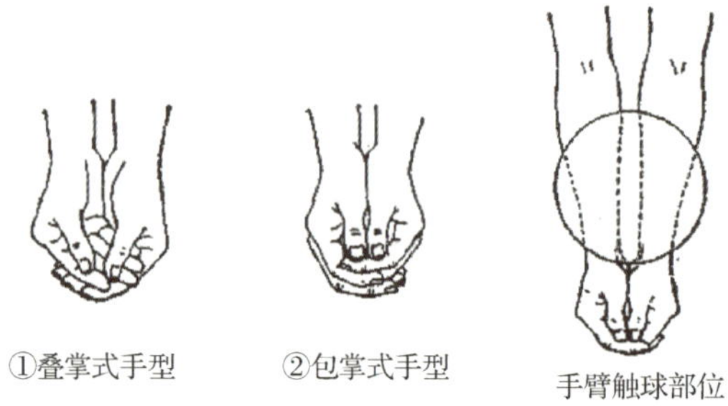

图 4-71

3）击球点、击球部位：垫球时两臂夹紧迅速插到球下，用两小臂腕关节以上 10 厘米左右桡骨内侧平面击球的后下方。

4）击球动作：击球时利用蹬地抬臂、含胸提肩、压腕等全身协调动作迎向来球，将球准确地垫在小臂击球部位上。在垫击瞬间，两臂应保持平稳固定，使插、夹、提、抬、蹬连续完成，灵活控制球的方向，两臂要有自然的随球伴送动作，以便控制球的落点和方向。

5）手臂角度：垫球手臂的角度与地面的夹角对控制垫球的方向、弧度和落点影响很大。垫球的用力大小与来球的力量成反比，与垫出球的距离成正比。

（2）单手垫球

当来球飞向体侧较远距离，来不及用双手垫球时可采用单手垫球。单手垫球的优点是动作快，手臂伸得远，可以扩大控制范围。不足之处是击球面小，控制能力差，应在无法用双手垫球时采用。

当来球在体前较远时，一脚迅速向前跨出一大步，重心向前移动，以跨出腿的同侧臂向前伸出，直插球下，用虎口或手背击球的底部。击球时，手腕要有向上翘的动作，以便使球向上飞起。当球在体侧时，同侧脚向侧跨出一大步，重心移至跨出腿上，迅速向侧伸臂，同时身体要内转，借以带动挥臂动作。在触球时，要以虎口和前臂击球的后下部。

2. 练习方法

（1）垫球手形的练习：集体原地徒手练习，教师检查纠正。注意小臂要夹紧；手臂要伸直，垫击面要平整。

（2）徒手做模仿练习：原地徒手模仿完整的垫球动作；做靠掌、提肩、夹臂、顶肘和送臂等动作，要做得正确、协调，用力合理、准确。

（3）垫击固定球：两人一组，一人持球固定在小腹前高度，另一人从准备姿势开始，做垫击动作，但不将球垫出，只体会击球的动作，注意全身协调用力。

（4）垫击抛来球：两人一组一抛一垫。球要抛准，尽量固定抛球的高度、速度及落点，垫球人用原地正面垫球的动作将球垫回，注意脚下移动。

（5）对墙自垫：一人一球对墙自垫。要求人与墙距离 1.5 米左右，体会用力顺序及动作要领，注意击球部位。

（6）对垫：先练习原地对垫，再练习移动对垫，要求在练习中都必须采用正面垫球。

示例一：两人一组，相距 4 米，连续垫。

示例二：两人一组，先自垫一次后再垫给对方。

示例三：两人对垫，一人固定不动，另一人向前后左右移动后垫球；也可两人都移动垫球，要求位置适当。

（四）传球

双手传球是排球运动中的一项最重要的技术，是串联各项基本技术的媒介，传球技术主要用于二传，是进行防守与组织进攻战术的基础。传球技术动作包括正传、背传、侧传和跳传四种。

1. 动作要领

进行正面双手传球，首先要判断来球的路线与落点，要尽快地移动到球的下面，与球保持合理的位置关系，对准传球方向做好传球前的准备姿势。当来球接近头上方时，首先要做迎球的动作，双手由脸前上方主动迎球。利用蹬地、展体和伸臂迎球的动作，全身协调用力，通过手指、手腕的弹力将球传出，如图 4-72 所示。

图 4-72

（1）传球前的准备姿势

两脚左右开立，约同肩宽，一脚稍前，脚跟略提起，两膝微屈，重心落于两脚之间略偏前脚。上体稍前倾，重心靠前，两肩放松，抬头注视来球。两臂屈肘举起，双手置于脸前。

两肘自然下垂，手腕稍后仰，十指张开微屈成半球形。传球前的身体姿势应保持“三屈，二仰，一稳定。”“三屈”是指膝、髋、肘关节保持适当的弯曲度；“二仰”是指头要稍仰注视来球，手腕后仰对准来球；“一稳定”是指身体重心要稳定。

（2）迎球动作

当球落到额的前上方时，以蹬地伸膝、伸肘使两手迎向来球并在正确的击球点位置触及球。

（3）击球点

两手应在前额的正前上方约一个球的位置击球。击球时，在身体尚未充分伸展时，手就开始接触球，此时，身体各关节继续伸展。最后依靠全脚蹬地和手指手腕的用力将球传出去。

（4）伴送动作

当球离手后，两手应继续随球运行一段距离，使整个伸展动作自然结束。

（5）击球的手形和击球时手指触球的部位

当手触球时，两手自然张开成半球形，置于额前，手指与球吻合，手腕稍后仰，以拇指、食指、中指的指腹或内侧触及球的下部或后中下方的部位，无名指和小指控制球，两拇指相对成接近“一”字形或“八”字形，掌心不触球，如图 4-73 所示。

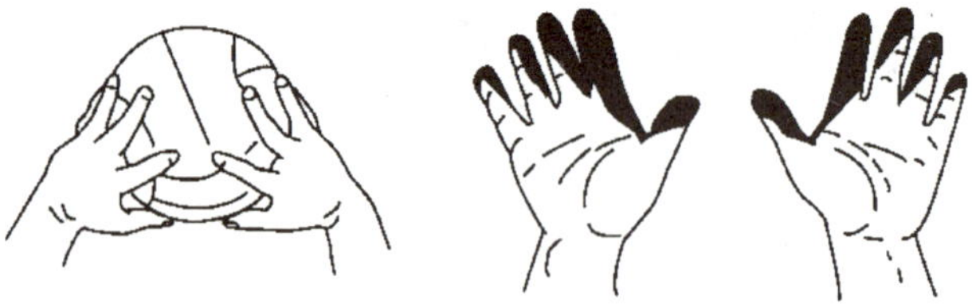

图 4-73

2. 练习方法

（1）学生原地徒手做传球动作，教师边示范边纠正动作。

（2）两人一组，一人按传球手形持球于脸前，另一人用手以适当的力量压住球，以双手传球动作向前上方伸展，体会身体和手臂的协调用力。

（3）两人一组，相距 4～5 米，对面站立，一人抛球，另一人模仿传球动作，以传球手形在脸前上方将球接住，以同样手型将球再抛给对方，以此轮流。也可以用一千克的小实心球做此练习。

（4）每人一球，原地自传，自传高度约离手 1 米，体会正确的击球手型与手指手腕控制球动作。

（5）两人一组，相距 5 米左右，自抛球离手 1 米高度后传给对方。

（6）两人一组，相距 5 米对传，也可以每人自传一次后再传给对方。

（五）扣球

扣球是排球技术中重要的基本技术之一，是充分利用全身的力量，通过挺胸收腹、快速挥臂、全手掌触球的动作，以爆发式的用力将球从网上击入对方场内的动作方法。扣球是排球比赛中得分、得权、最积极、最有效的进攻手段之一。

1. 动作要领

正面扣球技术是由助跑起跳、空中挥臂击球和落地等动作组成。由于面对球网，便于观察，能根据对方拦网情况，随时改变扣球路线和力量，同时挥臂动作灵活协调，准确性高，又便于控制球的落点，因此是最基本和最有效的进攻方法，也是各种扣球技术的基础，如图 4-74 所示。

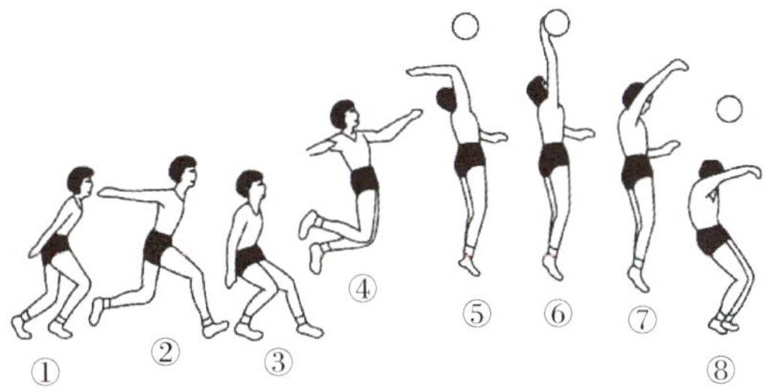

图 4-74

（1）准备姿势。一般站在距离球网 3 米左右处，两臂自然下垂，稍蹲，脚步灵活，眼睛观察来球，做好助跑起动的准备。

（2）助跑跳起。助跑最后一步脚的落地就是起跳的开始，常用的起跳方法有两种，一是并步法，二是跳步法。不论哪种方法起跳，当踏跳脚着地瞬间，臂摆至身体侧后方并开始向前摆动，当两腿弯曲至最深时，手臂摆至体侧，而后随蹬直两腿迅速上摆，两脚迅速踏地，双膝猛伸，向上跳起。

（3）空中击球。起跳后，挺胸展腹，上体稍向后右转，右臂向上方抬起，身体呈反弓形。挥臂时，以迅速转体、收腹动作发力，依次带动肩、肘、腕各关节成鞭甩动作向前上方弧形挥动，在右肩前上方最高点用全手掌击球的中上部。

（4）落地。空中完成击球动作后，身体自然下落，用双脚的前脚掌先着地，屈膝，微收腹，以缓冲下落的力量和速度，以利于及时完成下一个动作。

2. 练习方法

（1）原地徒手模仿扣球挥臂，做若干组，每组挥臂次数约 15 次。

（2）两人一组，一人持球直臂举起在头前上方，另一人徒手挥动手臂模仿扣球动作击球。要求手臂充分伸直，以全手掌击球的后中上部。

（3）原地起跳：要求两腿屈膝，向上摆臂跳起。

（4）徒手做一、二步助跑起跳。

（5）在网前做一、二步助跑起跳。

（6）原地扣固定球，主要使学生体会各部位的连贯力量。

（7）一人一球、原地对墙自抛自扣练习。主要使学生体会和掌握原地扣球时的正确击球位置。要求在最高点击球，并掌握击球的正确部位和击球时间。

（8）全班分成三组，每组站成一纵队，每人用扣球的手握一小皮球（或垒球）站在三米线处，练习时要求学生助跑到网前用扣球动作将球从网上最高点甩到对场，主要使学生体会和掌握在腾空击球时拉臂、甩臂、甩腕的用力和速度。

（9）教师在网前抛球，学生多人轮流上步助跑起跳扣球。

（10）在 4 号位助跑起跳扣正面 3 号位传来的球。

（六）拦网

拦网是防守的第一道防线和得分的重要手段。拦网不仅可以拦死、拦回、拦起对方的扣球，还可以直接得分、得发球权，并能削弱对方进攻锐气，给对方造成较大的心理威胁，使本方变被动为主动。拦网动作包括准备姿势、移动、起跳、空中动作和落地五个互相衔接的部分，可分为单人拦网和集体拦网两种。这里主要介绍单人拦网，如图 4-75 所示。

图 4-75

1. 动作要领

单人拦网技术是拦网的最基本形式，它是集体拦网的基础。

（1）准备姿势：面对球网，密切注视对方动向，两脚平行开立，两膝稍屈，两手自然屈置于胸前。

（2）移动：根据不同情况可灵活运用并步、跨步、滑步、交叉步、跑步等各种移动步法，将身体重心移动到拦网位置，准备起跳。

（3）起跳：移动后立即制动，两腿用力蹬地，两臂经体侧向前上方摆动，两手自脸前向上伸出，借助两臂上摆迅速起跳，并使身体正对球网，或起跳过程中在空中使身体转向球网。

（4）空中击球：起跳后稍收腹，控制平衡。同时，两手沿额的前上方向网的上缘伸出，两臂伸直，尽量上提。拦击时，两手伸向对方上空，自然张开，屈指屈腕呈勺形，如图 4-76 所示。

（5）落地：拦网后自然落回地面，落地时屈膝缓冲，落地后准备做下一个动作。

图 4-76

2. 练习方法

（1）徒手原地学习手型和伸臂动作。

（2）徒手原地模仿拦网动作，体会拦网的伸臂和拦击球动作。

（3）网前做原地起跳徒手拦网动作，摸树梢或篮板练习。

（4）原地在矮网上做扣拦练习，体会拦网手形与拦击时的肌肉感觉。一组学生在矮网上自抛自扣，另一组学生原地做伸臂拦网，定时或计数，两组互换。

（5）两人一组，隔网相对站立，做并步、交叉步、跑步徒手移动拦网。要求移动迅速，两人密切配合。

（6）两人一组，隔网相对站立，一方主动向左右做变换方向的移动，一方被动跟随。跟随者随主动者移动和拦网动作。要求跟随者移动及时，随主动者方向的变换而变换，力争对正对方，与之同时起跳，以此提高学生的判断意识和取位能力。

（7）两人一组隔网站立，一人手持球，将球抛过网，另一人起跳将球拦回。

（8）两人一组隔网站立，一人站在凳子上将球扣过网，另一人起跳将球拦回。

（9）结合进攻战术及比赛情况下的实战练习。

三、排球比赛基本战术

（一）阵容配备及位置交换

1. 阵容配备

排球战术是在比赛中灵活机动地运用本队掌握的各项基本技术，组成有效的进攻或防守的配合，以达到攻击成功的目的。

（1）阵容配备的原则

1）选择技术全面、身体素质和心理素质好、临场经验丰富的队员组成主力阵容，并考虑每个位置上的替补队员安排。

2）每个轮次力争做到攻守力量相对均衡。

3）注意把平时配合默契的队员安排到相邻的位置上。

4）每个轮次上的安排具有针对性。如拦网能力强的队员对准对方攻击力强的队员，以抑制对方进攻；在对方进攻轮次强的轮次上安排发球攻击性强的队员，破坏对方一传，限制对方进攻战术的组成。

5）每个轮次上的安排都要充分发挥本队的优势。

（2）阵容配备的形式

“四二”配备：两个传手安排在对称位置上，其余安排扣手，这样前后排都能保持一个传手和两个扣手，如图 4-77 所示。

“五一”配备：在全队队员的扣球、传球和防守等技术较全面时，可采用五个扣手和一个传手的配备，来加强进攻力量。传手在前排时，采用“中边一二”战术或“两次球”战术，在后排时则采用“插上”战术，如图 4-78 所示。

“三三”配备：一个扣手间隔配一个传手。这样每个轮次都能保持前排有一个二传队员，两个扣手，同时便于组织“插上”和“两次球”战术，也便于转为“中、边一二”进攻形式，如图 4-79 所示。

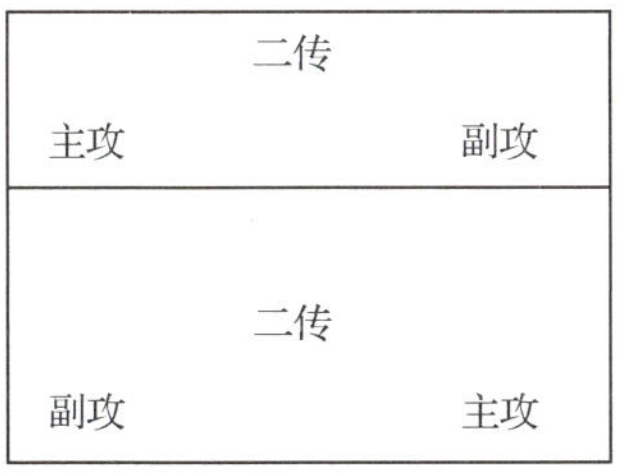

图 4-77

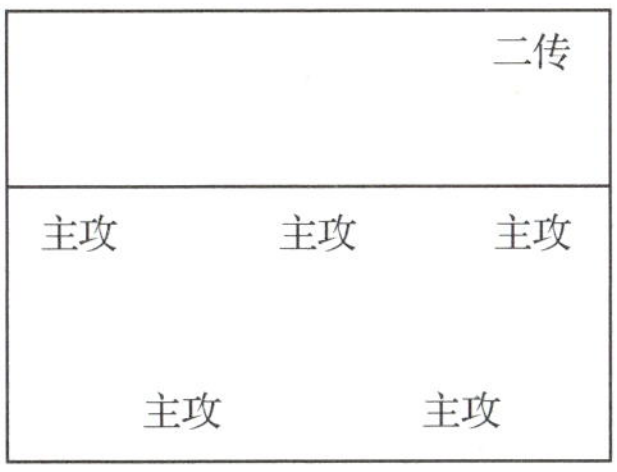

图 4-78

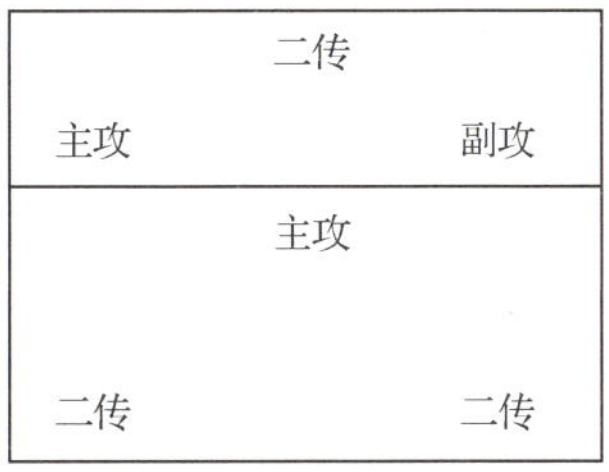

图 4-79

2. 交换位置

在规则允许的条件下，为最大限度地发挥每个队员的特长，使每个轮次上的进攻都得心应手，并弥补队员之间的身高、技术的不平衡所带来的缺陷，以便有效地组织进攻、防守战术，加强攻防力量而采用交换位置。

（1）位置交换的目的

根据场上双方的情况，把二传、攻手、拦网、防守队员换到最有利的位置上。

（2）位置交换的方法

规则允许在发球队员击出球的一瞬间，双方队员在本场区内任意交换位置。

（3）位置交换时应注意的问题

换位时要防止出现位置错误；缩短换位距离，掌握换位时机，避免干扰本队队员。

（二）进攻战术

1. “中一二”进攻战术

图 4-80

战术形式：由 3 号位队员作二传，将球传给 2 号或 4 号位队员扣球，这种进攻配合叫“中一二”进攻，如图 4-80 所示。

2. “边一二”进攻战术

战术形式：接发球后，将球传给前排 2 号位队员作二传，由他传给 3、4 号位队员扣球，或把球传给 4 号位队员，由他二传给 3、2 号位队员扣球的形式，叫“边一二”，如图 4-81 所示。

3. “插上”进攻战术

战术形式：当对方击球过网时，由后排一个队员迅速插到前排网边做第二传，把球传给前排三个队员互相掩护完成各种扣球的进攻形式，叫“插上”，如图 4-82 所示。其战术变化多，可以打出交叉、梯次、夹塞、立体进攻、双快一游动等战术进攻。这种战术能保持三个队员进攻，发挥每个人扣球的特长，组织多种多样的进攻战术配合，造成对方拦网的困难，这种战术在国内外强队中，采用比较广泛。

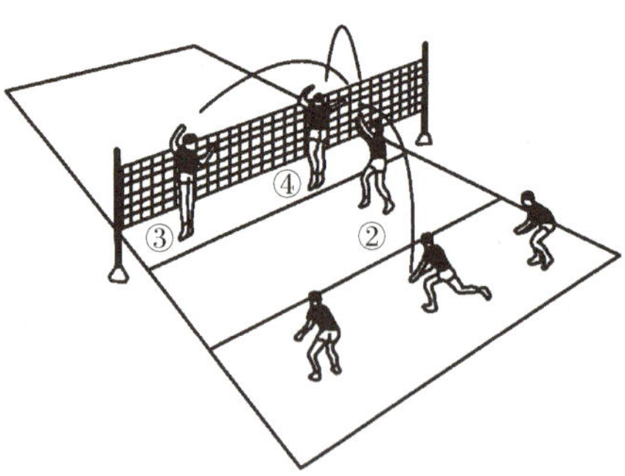

图 4-81

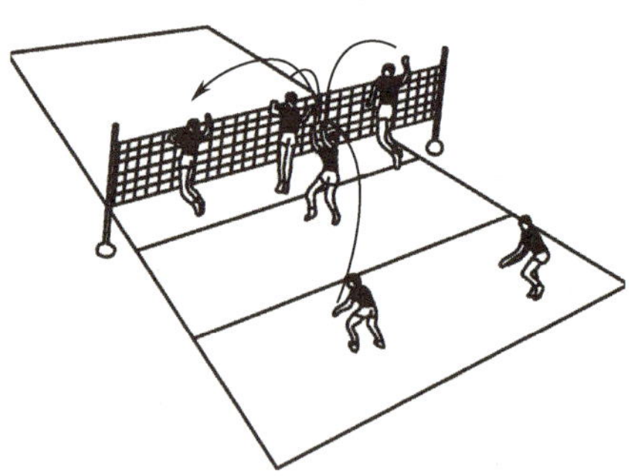

图 4-82

4. 强攻战术

强攻战术是在没有同伴掩护下的高举高打。根据不同的二传位置可分为集中进攻、拉开进攻、围绕进攻、调整进攻、后排进攻。

5. 快攻战术

快攻战术是指利用二传传出的各种平快球进行快攻。其特点是速度快、突然性强，因而牵制性强，有利于争取时间和空间。其中平快球可分为近体快球、远网调整快球、短平快球、半快球、时间差快球、错位快球等。

6. 两次球战术

战术形式：当来球较高，又在网前合适的位置时，第一次组织进攻，第二次直接扣球。但在接发球时，对一传要求较高，要稳、准地传到前排适当位置。它一般在对方发球威胁较小、轻打或吊球时运用较多。

（三）防守战术

1. 接发球站位阵型

接发球站位阵型，是按接发球的人数来划分的，通常多采用五人接发球和四人接发球。

（1）五人接发球站位阵型

除一名二传队员站在网前或从后排插上不接发球外，其余五名队员都负担一传任务，如图 4-83 所示。

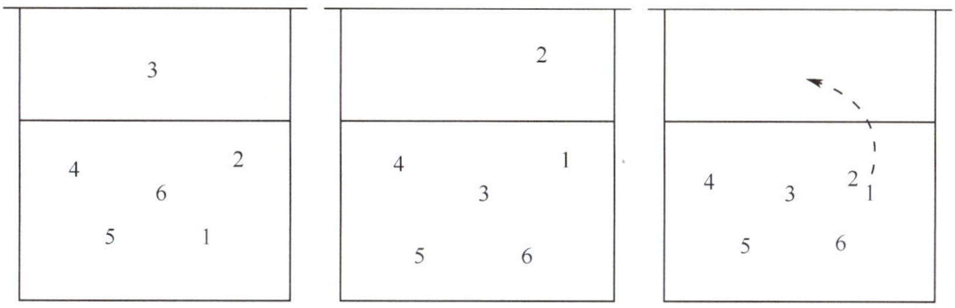

图 4-83

（2）四人接发球站位阵型

为了插上方便和战术的需要，插上队员与同列的前排队员都站在网前不接发球，其他四人站成弧形接发球，如图 4-84 所示。

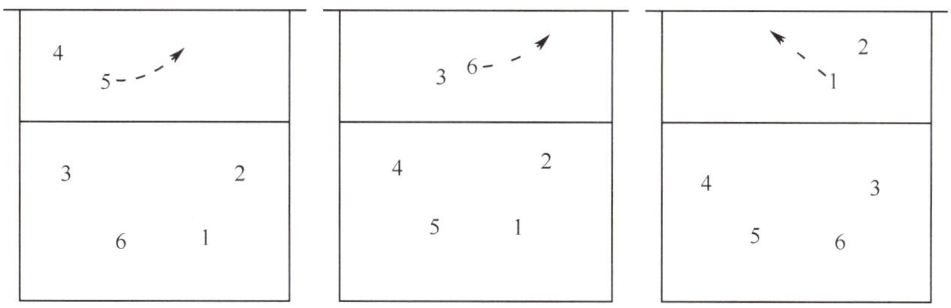

图 4-84

（3）接发球站位的基本要求

1）合理取位：五人接发球的基本位置是前三后二。4 号位队员应站在距中线 4～5 米、距边线大约 1 米处；2 号位队员应站在距中线 4 米左右，跨边线 1～1.5 米处；3 号位队员应站在距中线 5～6 米处。后排队员的位置，取前排队员两人之间的位置，避免重叠和影响视线，距端线大约 3 米为宜。此外，由于发球限制区取消，可在端线任意位置发球，接发球的位置应根据发球者的位置及时调整。

2）要明确范围，不争不抢不让，注意接应和互相保护。

2. 接扣球防守阵型

（1）不拦网的防守阵型

不拦网的防守阵型与五人接发球站位阵型相似。前排进攻队员要撤到进攻线后，既准备防守，又便于进攻。后排队员后退，准备防后场球。二传队员留在网前，既可接吊到网前的球，又便于组织进攻。如果二传队员在 3 号位，则可留在网前 3 号位，如图 4-85 所示。

（2）单人拦网的防守阵型

单人拦网的防守阵型如图 4-86 所示。

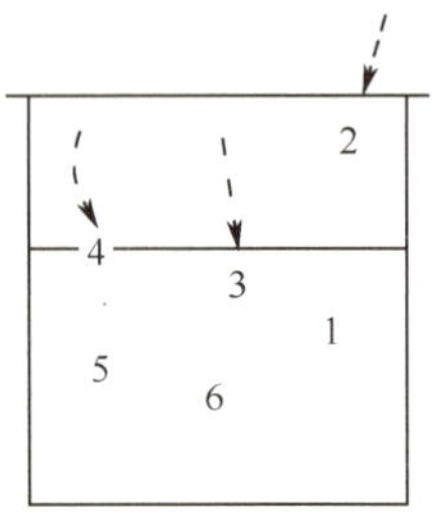

图 4-85

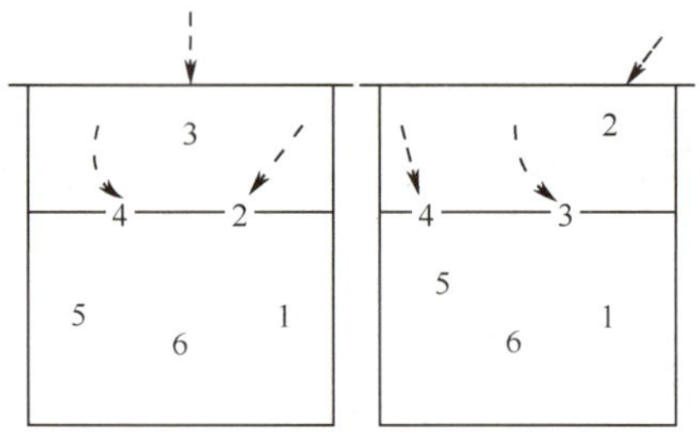

图 4-86

（3）双人拦网的防守阵型

1）“边跟进”防守阵型：当对方 4 号位队员进攻时，我方 2、3 号位队员拦网，其他四人组成半圆弧形防守；如遇对方吊前区，由边上 1 号队员跟进。同理，对方 2 号位扣球时，我 3、4 号位队员拦网，5 号位跟进。

2）“中心跟进”防守阵型：即后排中心的 6 号位队员在本方拦网时跟上去保护，如图 4-87 所示。

（4）三人拦网的防守阵型

三人拦网的防守阵型如图 4-88 所示。

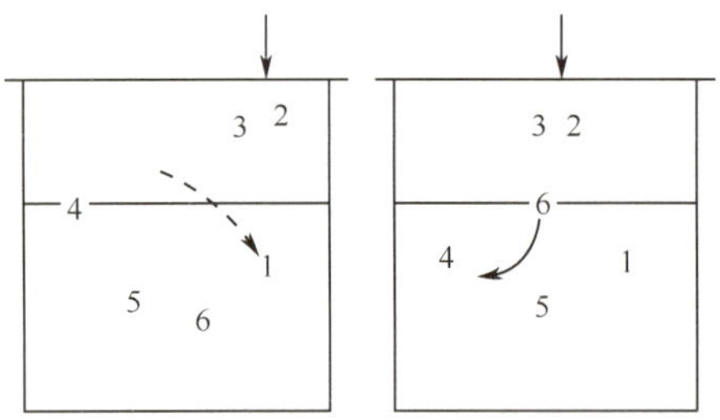

图 4-87

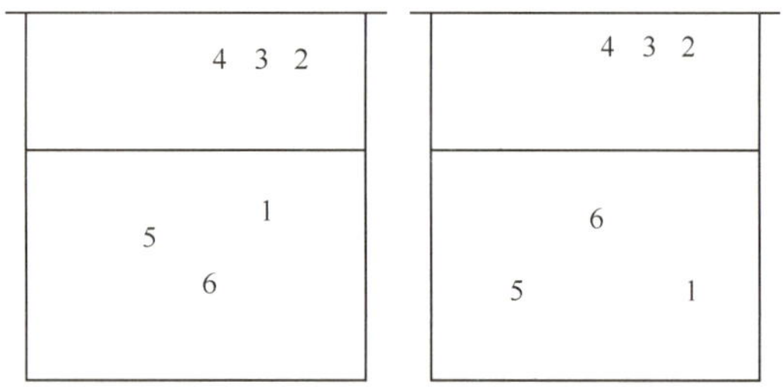

图 4-88

（5）接传、垫球防守阵型（处理球）

当对方无法组织有力进攻，被迫用传、垫球击入我方时，前排除二传队员外，其他队员都迅速后撤，准备接球后组织进攻，防守阵型与不拦网防守阵型相同。

四、排球比赛基本规则

（一）场地与球网

（1）场地

排球的比赛场地为对称的长方形，包括比赛场区和无障碍区，如图 4-89 所示。比赛场区为 18 米×9 米的长方形，其四周至少要有 3 米宽的无障碍区。比赛场区上空的无障碍区从地面量起至少高 7 米，其间不得有任何障碍物。国际排联规定世界性比赛场地边线外的无障碍区至少宽 5 米，端线外至少宽 8 米，比赛场区上空的无障碍区至少高 12.5 米。所有界限宽度均为 5 厘米，线的宽度包括在场区内。中线是在网下连接两条边线的中点，将比赛场区分为长、宽各 9 米的两个相等场区；每个场区各画一条距离中线 3 米的进攻线，两条进攻线在无障碍区的假想延长线直至记录台前的范围为换人区；中线与进攻线之间为前场区。发球区在端线后的位置，宽 9 米，端线后两条边线的延长线各画一条长 15 厘米且垂直并距离端线 20 厘米的短线，两条短线之间的区域为发球区，短线的宽度包括在发球区内；发球区是向端线外的无障碍区无限延伸的。

（2）球网

球网为黑色，长 9.5～10 米，宽 1 米，设在中线的中心线的垂直面上。球网的高度：男子为 2.43 米，女子为 2.24 米。标志带长 1 米，宽 5 厘米，分别设在球网两端，垂直于边线和中线的中心线交接处。两条标志带均是球网的一部分。标志杆长 1.8 米，直径 10 毫米。标志杆分别设置在标志带的外沿，球网的不同两侧面，并高出球网 80 厘米。标志杆是球网的一部分，两根标志杆和球网的上沿构成过网区，标志杆是向上无限延伸的。

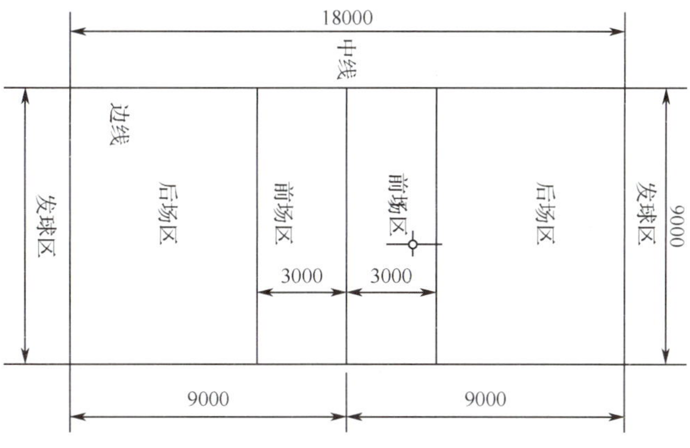

图 4-89 （单位：毫米）

（二）记分方法

在新的得分规则下，一方在获得发球权时同时得分，即所谓的每球得分制。比赛由五局构成，在前四局的比赛中，获胜的一方必须达到 25 分，同时比对方高出 2 分。在第五局的比赛中获胜一方只需达到 15 分，同时比对方高出 2 分。比赛无最高分限制。

（三）排球比赛规则介绍

排球运动的规则是将击出的球稍高于网前伸出的双手，从而使球落入对方的半场而得分。比赛由两队各六名选手组成，每队的队员都有自己固定的位置，三名网前队员和三名靠近底线的选手。每一方击球过网不得超过三次，原则上一名攻击手将和一名队友在网前拦截，阻止球落入本方半场并可以通过拦截直接得分。简单来说，运动员不得持球，不得连续击球两次。他们可以用身体的任何一个部位击球，但是如果球从队员身上的某一部位弹到另一部位时，将被认作是两次击球，按违例计算。如果队员在界外击球或击球时身体的某一部位触网，将被判失分。

1. 发球

每方的六名队员按顺时针方向轮流发球。每次本队获得发球权后，由发球队员在本方端线后将球击入对方半场重新开始比赛。发球队员可以用上手或下手发球，用拳、伸开的五指或是手臂击球都可以。发球队员要站在端线后的任一处，但进行跳发球的队员在击球后可踏入场内。球可以落入对方半场的任何一处，发球队员要连续发球直至本队失去发球权。

（1）发球犯规

有下列任何一种情况应判发球犯规：

1）击球时，脚踏端线或踏出两边线的延长线。

2）未将球抛起，击球时球未清晰离手。

3）双手击球或单手将球抛出、推出以及用手臂以外的身体部位击球。

4）发球队员未能在裁判员鸣哨后 8 秒钟内将球发出。

5）发球队进行个人或集体掩护发球。

6）发球队的队员站在场外或踏出场区界线。

7）发球队队员位置错误。

8）发球次序错误。

（2）发球失误

遇下列任何一种情况，应判发球失误：

1）发出的球触及任何物体或发球队的队员，球没有过网。

2）发出的球触及球网或标志杆，未从网区越过。

3）发出的球未触及对方队员而落在对方场外地面上。

（3）重新发球

遇下列任何一种情况，应判重新发球：

1）第一裁判员没鸣哨，发球队员已将球发出。

2）发球队员第一次发球试图之后。发球队员抛球离手后未击球，球也未触及发球队员而落地，则被认为是发球试图。每一次发球时，允许有一次发球试图，再出现一次则视为犯规。

2. 关于持球和连击的判断

（1）持球

击球时没有将球清晰地击出，或触球时有较长的停留（如捞捧、推掷、携带等），则判为持球犯规。

判断持球的主要依据是接触球时有较长时间的停留。根据比赛队水平可适当放宽要求，但前后尺度必须一致，双方采取同样的规则。

（2）连击

一名队员连续击球两次或球连续两次触及他身体的不同部位，则造成连击犯规（拦网除外）。但在第一次击球时，除上手传球外，允许身体不同部位在同一击球动作中连续触球。

3. 网上球的判断

（1）过网击球。在对方场区空间内击球为过网击球犯规。判断过网击球犯规的依据是击球点是否在对方场区间。如击球点在本场区上空，击球后随球过网是允许的。

（2）触手出界。是指球触及拦网队员的手后出界。

（3）触网。比赛进行中，队员触及 9.5 米以内的球网或标志杆，则判为触网犯规。如果扣球队员将球击在网上，由于球的压力使球网触及对方队员，不应判对方队员触网犯规。双方队员同时触网，应判对方触网犯规。

（4）过网拦网。对方完成进攻性击球以后，过网拦网是允许的。但是在对方击球前和击球时不允许过网拦网。

4. 过中线犯规的判断

比赛进行中，队员整个脚或身体的任何部分越过中线触及对方场区时为过中线犯规。但队员的一只脚或双脚越过中线触及对方场区的同时，脚的一部分还接触中线或置于中线的上空是允许的。

5. 界内球、界外球的判断

（1）界内球。球落在场区以内的任何地方（包括场地界线），以球的整体垂直投影为准，触及边界算界内球。

（2）界外球。球的整体垂直投影未落到场地内。此外，当球触及标志杆或从标志杆延长线上空及标志杆外过网，均为界外球。

6. 暂停和换人

只有在比赛成“死球”时，裁判员才允许教练员或场上队长请求暂停或换人。包括替换自由人在内，教练在每局的比赛中共有 6 次机会替换队员。替补队员可以换下某一名先发队员或再被相同的队员替下。

每局比赛中，每队可以请求暂停两次，技术暂停两次，每次暂停时间最多不超过 30 秒。暂停时间从裁判员鸣哨开始计算，请求暂停的队可以要求提前恢复比赛。

7. 自由人

排球比赛的各队可以在最后确认的 12 名队员中选择 1 名作为自由防守队员，即“自由人”。自由防守队员身着区别于其他队员颜色的服装，可以在后排进行任意位置的替换。比赛前，自由防守队员必须登记在记分表上，并注明其自由人身份，其号码必须登记在第一局上场阵容位置表上。自由防守队员仅作为特殊的后排队员参加比赛，在任何位置上（包括比赛场区和无障碍区）都不得将高于球网的球直接击入对方场区完成进攻性击球。自由防守队员不得发球、拦网或试图拦网。自由防守队员在前场区进行上手传球且所传球的整体高于球网上沿时，其同伴不得在高于球网处完成对该球的进攻性击球。

8. 其他规则

（1）只有前排的队员可以拦网。

（2）队员可在球越过网之前进行拦截，但是不得触网或是干扰对手。

（3）拦网不算一次击球。

五、气排球运动

（一）气排球运动概述

1. 起源与传播

气排球是发源于我国本土的一项群众性排球活动。1984 年，呼和浩特铁路局集宁分局为了开展老年人体育活动，在没有规则限制的情况下，组织离退休职工用气球在排球场上打着玩儿。由于气球过轻且易爆，他们将两个气球套在一起打，最后又改用儿童软塑球，随后又参照 6 人排球规则制定了简单的比赛规则，并将这种活动形式取名为“气排球”。

1991 年，在北京举行的全国铁路老年体育工作会议决定在全国铁路系统老年人中推广气排球。火车头老年体协依据排球规则，编写了第一本《气排球竞赛规则》，并在上海特制了比赛用气排球。1992 年 3 月，第一期全国铁路气排球学习班在石家庄举办；同年 11 月，在武汉举行了首届全国铁路系统老年人气排球比赛，共有 7 支男队和 6 支女队参赛。1993 年 7 月，第二届全国铁路系统老年人气排球赛分别在齐齐哈尔和锦州举行。从此，一年一届的老年气排球赛在全国铁路系统形成。

气排球运动是纯粹的“中国制造”，也是全国老年体协的五大竞技项目之一。近年来，在广西、福建、浙江等地，气排球运动开展得如火如荼，人们不分男女老少都在打气排球。尤其在广西，气排球运动成为当地人民的最爱。2007 年，在自治区体育局的关注和发动下，广西举办了广西首届城乡万人气排球大赛，继而又在 2010 年 11 月举办了广西第二届城乡万人气排球大赛、第十一届广西壮族自治区运动会气排球比赛等，提升了气排球比赛的层次，也带动了各地市气排球运动的进一步发展。到目前为止，广西气排球运动已成为全民健身运动的一道亮丽的风景线，各行各业都将此运动作为全民健身运动的首选。

2. 气排球运动的特点与价值

由于气排球重量轻、体积大、球质软等特点，使得比赛中球的飞行速度减慢，来回球的次数增加，击球花样增多，易控制，初学者对球的恐惧感消失，因而大大提高了气排球比赛的趣味性、吸引力和观赏性。

经常参加气排球运动，能提高人的速度、力量、协调性、灵敏性、弹跳力和耐力，它可以有效地增强身体素质和体质。气排球比赛可促进交友，增进沟通，还能够放松心情，促进心理健康。

（二）气排球基本技术

气排球运动的基本技术有准备姿势、无球技术（移动）、有球技术（发球、垫球、传球、扣球、拦网）。

1. 准备姿势与移动

（1）准备姿势

准备姿势是为了迅速起动、快速移动接近球、与球保持合理的距离，从而及时起跳、倒地，完成各项技术动作。

（2）移动

移动的主要目的是及时接近球，保持人与球的合适距离，从而迅速占据场上的合理位置。

1）并步与滑步

当来球距身体一步左右时可采用并步移动。以向前并步移动为例，后脚蹬地，前脚向来球方向跨出一步，后脚迅速跟上做好击球前的准备姿势。当来球在体侧稍远，并步不能接近球时，可快速连续并步，即为滑步。

2）跨步

当来球较低，离身体 2 米左右时，采用跨步移动。如向前移动，则后脚用力蹬地，前脚向前跨出一步，膝部弯曲，上体前倾，身体重心移至前腿上。跨步可以向前、向斜前或向侧方。

3）交叉步

当来球在体侧约 3 米时，可采用交叉步移动。采用向右侧交叉步时，上体稍向右转，左脚从右脚前面向右交叉迈出一步，然后右脚再向右跨出一大步，同时身体转向来球方向，保持击球前的姿势。

4）跑步

球离身体较远时需用跑步。跑步时，两臂要配合摆动，球在侧方或后方时，应边转身边跑，并且逐渐降低重心，保持好击球的准备姿势。

2. 发球

（1）准备姿势：面对球网站立，两脚自然开立，左脚在前，左手持球于体前。

（2）抛球：左手将球平稳地垂直抛于右肩的前上方，抛球高度为 1.5 米左右。

（3）引臂：屈肘后引，上体稍向右转，手停于耳旁。

（4）挥臂击球：收腹、振胸、挂肘，上臂带动前臂向前上方弧形挥摆，伸直手臂，在肩的上方用全掌击球的后中下部。

（5）击球手法：包满打转，边包裹边推压；全手掌击球，使球呈下旋飞行。

发球的变化：因击球部位不同和手势变化，除常规发球外，可发出正旋球、反旋球、下旋球，左旋球击在球的中间偏右侧，球呈向左香蕉弧线；右旋球击在球的中间偏左侧，球呈向右香蕉弧线；上旋球为击球时带搓球动作，球发出后弧线大、后部急坠；飘球过网后呈左右摇摆。

发球不要急，根据选择的发球手势抛球到位。同时，发球力度大小和击球速度快慢决定球速和影响球的路线，快速击球有利于提高球的力度和速度。气排球上手抛球发球如图 4-90 所示。

图 4-90

3. 垫球

（1）准备姿势：正面对正来球方向，两脚开立宽于肩，一脚在前，两脚跟提起，前脚掌着地，两膝变曲微内收，重心稍前倾，双臂自然弯曲置于腹前。

（2）手形、击球点和触球部位：当球接近腹前时，两手重叠，掌根靠拢，合掌互握，两拇指平行朝前，手臂伸直，手腕下压，用前臂旋外形成的颊靠近手腕的部分击球后下方。击球点在腹前一臂左右距离，便于控制用力大小并可根据垫球的方向，调整手臂的角度，如图 4-91 所示。

（3）击球用力：两臂靠拢前伸插入球下，靠手臂上抬力量增加球的力，同时配合趴地跟腰动作，使身体重心向前上方移动。击球时，两臂要形成一个平面，身体和两臂要有自然的随球伴送动作，以便控制球的落点和方向。垫球时，还应根据来球的力量控制手臂的动作。

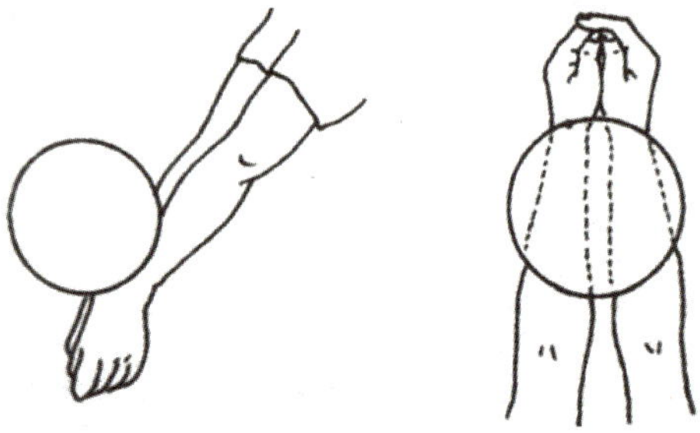

图 4-91

4. 传球

接发球（即一传）是组织进攻战术的基础技术，要求准确地、平稳地把球接送给二传队员或扣手（即一传到位），尽量减少失误，以便组成有力的进攻战术。

二传是接应一传或防守后，把球传给扣手进攻的技术。二传要求不仅要把球稳准地托起，而且要求不转，并要尽可能迷惑对方，避开拦网，组成快速多变的进攻战术，以达到助攻的目的。

（1）准备姿势：看清来球，迅速移动倒球的落点，对正来球，两脚左右开立，约同肩宽，左脚稍前，右脚脚跟稍提起，两膝微屈，上体稍前倾，两臂弯曲置于胸前，两肘自然下垂，两手成传球手形，眼睛注视来球方向。

（2）手型：当手触球时，手腕稍后仰，两手自然张开，手指微屈成半球状。两拇指相对呈“一”字形或“八”字形，两拇指间的距离不能过大，以防漏球，如图 4-92 所示。

图 4-92

（3）击球点：击球点在前额上方约一球距离。

（4）球触手的部位：拇指外侧，食指全部，中指的二三指节，无名指第三指节和小指第三指节的半个指节。简称为“3、2、1、半和拇指外侧”。

（5）击球部位：后中下部。

（6）用力顺序：蹬腿、展腹、伸臂，最后用手指手腕的弹力将球向前上方传出。背传、跳传也是传球的必要技术。

易出现错误及纠正方法：

（1）击球姿势不合理（正手垫球 4 字诀：插、压、提、夹），两小臂不合拢，手臂弯曲大，垫球容易飞，且毫无方向性控制。鉴于气排球球体的特点，也有部分用手掌捞球式接一传，实际效果也还可以。但如果对方发的球速快，这种手掌捞球的姿势就难以接好一传了！

（2）接球前身体重心高，像树桩钉在地上，移动接球时很难接好。接球前的准备动作很重要，一要做好微蹲姿势，降低重心，左右两脚不要站实，应该一脚实一脚虚，这样才最有利于移动步伐；二不要抱着拳头移动（或摆着垫球姿势进行步伐移动）。

5. 扣球（正面扣球）

（1）准备姿势：站在离网 2 米外，观察二传来球，随时准备向各个方向助跑起跳。

（2）助跑：助跑的时机、方向、步法、速度、节奏是根据来球的方向、速度和弧线来决定的。

（3）起跳：在助跑跨出最后一步的同时，两臂绕体侧向后引，左脚在落地制动的过程中，两臂自后向前摆动，随着双腿蹬地向上起跳，两臂配合起跳用力上摆，如图 4-93 所示。

（4）空中击球：起跳后，挺胸展腹，上体稍向右转，右臂向后上方抬起，身体呈反弓形。挥臂时，以迅速转体、收腹动作发力，带动肩、肘、腕各部位关节呈鞭甩动作向前上方挥动。

击球时，五指微张成勺形并保持紧张，用全手掌包满球，以掌心为击球中心，击球的后中下部，同时主动用力屈腕屈指向前推压，使扣出的球加速下旋。击球点在起跳和手臂伸直最高点的前上方。

（5）落地：双脚的前脚掌应先着地，同时顺势屈膝，缓冲身体下落的力量。

图 4-93

扣球击球时应注意：

① 击球要准确，以全手掌击球后中上部或后中部，使全手掌包满球，手掌和手腕控制球的方向、弧线和落点。

② 击球时要有提肩动作，手臂充分伸直，保持高点击球。

③ 挥臂要迅速，加快前臂的挥动速度，并有明显的抽鞭动作，猛甩手腕，借以加大对球的作用力。

6. 拦网

拦网队员应紧盯住对方传球的路线，判断对方向本方击球时的球在空中的位置，然后迅速平移至球网本方一侧的对应位置后，贴近球网（身体任何部位不能碰到球网），面向对方击球队员，原地起跳，起跳的同时将双手手臂伸直上举，微微前倾，十指尽可能地张开绷紧，手腕与手臂成 110 度左右的钝角，挡在其球的攻击线路上。

拦网结束身体下落时，手臂不要弯曲，仍保持拦网时的伸展状态，待与球网保持一定距离后，身体方能放松，以避免触网如图 4-94 所示。

图 4-94

拦网的要领：

直上直下，上身绷紧，切莫下压。拦网的起跳时机非常重要，起跳的时机要与对方击球的节奏一致，才能起到很好的作用，发现对方击球队员踩越 2 米线时，可不予拦网，立即退后，参与防守。

（三）气排球基本战术

打好气排球，除了个人有扎实的基本功、场上队员有团队精神以外，还要有临场意识和战术素养，要做到集中精神，充满信心，沉着冷静，善于隐蔽地观察对方，做到知此知彼，攻其不备与弱点，要攻守兼备，防守反击，快打快攻。

1. 发球

（1）发到离二传最远的位置（二传站位靠两边时）。

（2）发到对方空位（如两排队员的中间，两名队员的中间等）。

（3）发给对方接球水平较差的队员。

（4）对方站位较靠前时，发到后场，反之，发前场。

（5）发给进攻力较弱的主攻手。

（6）发对方 4 号位与 5 号位的左手位（直线球）。

（7）直跑跳发与侧跑跳发（具有杀伤力的发球）。

2. 拦网

（1）球在对方场地时，前排三名队员要随时在网前做好拦网准备。

（2）前排中间位置队员随时与左边或右边队员做好拦截从对方左边或右边方向进攻的球，另一名队员做好拦网或救球准备。

（3）对方从中间进攻时，前排三名队员应并排拦网。

3. 后排队员的卡位（防守卡位）

当我方三名前排队员拦网时，后排队员一名要卡在对方进攻来球的直线位置，另一名卡在斜线位置，并随时准备将对方吊向离自己位置最近的球救起。

4. 进攻

（1）把球打至对方最弱的（或空档）位置。

（2）往对方身高最矮的拦网队员处扣球。

（3）球在我方场地，除留二传一人在网前外，其余 4 名队员都要在进攻线外随时启动准备扣球。

（4）快打快攻（短平快），像硬排式的打法，提前起跳并由其他队员做掩护性进攻（目前最具有杀伤力与较完美的进攻）。

（5）进攻时，发现对方拦网队员已做好充分准备时，

强攻：（有可能突围成功、落果、打手出界）；

巧打：（变线、吊球或抹球）；往拦网队员的手上部轻打，由我方保护队员将球救起，重新组织进攻。

5. 一传个人战术易出现错误及纠正方法

（1）易出现错误

① 移动慢，对不正球。

② 重心高，击球不稳，不到位。

③ 挡球时手腕后仰不够，控制球的能力差，球向前平飞。

④ 两臂用力不当，臂摆过大，用力过猛，动作不协调。

（2）纠正方法

① 多练移动抢救球及多练垫固定球。

② 徒手分解练习，屈膝降低重心传垫球。

③ 自垫自挡练习，或一抛一挡多做较大力量的来球练习。

④ 垫固定球，体会用力和协调发力或近距离抛垫低球和连续自垫低球。

6. 二传个人战术易出现的错误及纠正方法

（1）易出现错误

① 取位不及时，移动速度慢。

② 转方向传球时，身体不转或侧转。

③ 二传不到位，未达到预想的战术。

④ 跳传时起跳时间过早，动作不隐蔽。

（2）纠正方法

① 练习用头顶球，迫使其必须移动，取位于球下。由近距离开始，球稍高，然后逐渐增大难度。

② 要求每次传球右脚尖必须指向传球方向。先传小角度来球，要求球和目标均落在视线上。

③ 练习双手远距离上手投篮动作抛球入筐。

④ 自传高低变化的球，提高对球下落时间和出手力量大小的判断。

⑤ 每次都晚跳及跳传较低的球。

7. 扣球个人战术的战术规格

（1）扣球时避开拦网队员的手

① 扣球时运用路线变化，灵活采用扣直线球、斜线球和小斜线球等。

② 运用转体、转腕等扣球技术，达到突然改变扣球路线。

③ 运用超手扣球技术扣球。

④ 运用时间差扣球技术。

⑤ 利用两次球，使对方不能组成拦网。

（2）扣球时利用拦网队员的手

① 利用打手出界技术来破坏对方严密的拦网。

② 采用轻扣拦网队员的手，造成球随拦网队员一同下落。

③ 运用平打造成对方拦网触手后落入后区。

（3）根据临场情况采取相应的扣球技术

① 突然利用单脚起跳扣球或假传球而突然原地起跳扣球，使对方来不及组织拦网。

② 根据对方拦网队员的身高和技术情况，避强打弱。如对方二传队员身材矮、弹跳力差，就可以从这个拦网队员的区域进行突破。

（四）气排球运动竞赛规则

1. 比赛通则

（1）场地和站位

离中线 2 米的距离各有一条进攻线，场地所有界线宽度为 5 厘米。每队上场比赛队员为 5 人。双方队员各分为前排三名，后排二名。前排左边为 4 号位，中间为 3 号位，右边为 2 号位，后排左边为 5 号位，右边为 1 号位。每局比赛场上位置一经确认，发球秩序不得更改。在新的一局比赛中，每个队上场队员的位置可重新安排。

（2）球体和网高

1）球体。由柔软的塑胶制成的圆形黄色球，球的圆周为 78～80 厘米，重量为 110～125 克。

2）球网高度。男子比赛网高为 2.1 米，女子比赛网高为 1.9 米，男女混合比赛网高为 2 米。

（3）比赛队和队员

1）比赛队。第一，每个参赛队最少可有五名队员，最多可有十名队员，教练员一名、领队一名。第二，场上队长应佩戴明显标志；场上队长被换下时，应指定另一队员担任场上队长。

2）队员的服装。第一，队员服装要求统一、整洁。比赛服装上衣前后必须有号码，号码数字在 1 号至 10 号范围内；身前号码至少 10 厘米高，身后号码至少 20 厘米高，号码笔画宽分别是 1 厘米和 2 厘米。第二，上场队员必须穿运动鞋进行比赛，第一裁判员可允许运动员不穿鞋进行比赛。

（4）比赛的间断

1）暂停。在比赛中只有成死球时，教练员或场上队长才可请求暂停，裁判员鸣哨准予暂停。每局比赛中，每个队可请求两次暂停，每次暂停时间为 30 秒。

2）换人。第一，每局比赛中每队允许换五人次（一下一上为一人次），可以同时替换一人或多人。第二，每局开始上场阵容的队员在同一局中可退出比赛和再次上场各一次，而且只能回到开始时的原阵容的位置上；每局比赛中替补队员只能上场比赛一次，替换该局开始上场的队员，而且该替补队员只能由被他替换下场的队员来替换。

（5）比赛的胜负

比赛三局二胜制，第一、二局每局 21 分，第三局 15 分（第三局到 8 分交换场地）。比赛执行每球得分制，胜两局者为胜。

2. 动作和犯规

（1）发球

第一局和决胜局经抽签取得发球权的队先由 1 号队员发球。裁判员鸣哨 8 秒内，发球队员站在端线后将球发出，若超时或脚踩端线则判犯规失分；跳发球后发球队员须落在端线外。队员每轮次只能发球一次，连续得分时必须换另一名队员发球。发球时，发球队队员不得故意干扰对方接球，违例则判失分。

（2）击球

1）队员的身体任何部位都可以击球。球可以同时触及身体多个部位，但球不能停滞，必须是一次发力的动作。

2）每队最多击球三次（拦网除外）并将球击过网进入对方场区。一名队员不得连续击球两次（拦网除外），违者判失分。

3）本队二、三名队员同时击球只计一次，触到球的队员不能再击球，违者判犯规失分。

4）双方队员在球网上空同时击球，球落在某方，某方仍可击球三次；若球落在界线外，则判对方击球出界。

5）双方队员在球网上沿将球按住则判双方违例，该球重新进行。

6）四次击球犯规：某队连续击球四次（拦网除外），则应判击球犯规。

7）持球犯规：接住的球或接球时，球在手中有明显停顿，判为持球。

8）连击：一名队员连续触球多于一次（拦网除外）判为连击。

（3）进攻性击球

1）除发球和拦网外，所有直接向对方的击球都称为进攻性击球（包括扣球、吊球、传球、垫球、顶球和挑球）。

2）球的整体通过球网垂直面或触及对方拦网队员的手，则认为完成进攻性击球。

3）任何队员在后场区都可以对任何高度的球做进攻性击球，但在起跳时脚不得踏及或超越进攻线及其延长线，击球后脚可以落在前场区。

4）队员踏入前场区也可以完成进攻性击球，但对高于球网上沿的球，不准扣球、不准打高压吊球、不准打快抹球、不准携带和凿球，只允许正常吊球、传球（单手或双手）、顶球、挑球。

（4）拦网

1）队员靠近球网将手（单手或双手）伸向高于球网处阻挡对方来球的行为称为拦网。

2）前排队员可以单人拦网或集体拦网，拦网触球后的队员仍可击球。

3）队员不得拦对方的发球，违者则判失分。

4）拦网时，球可以连续触及拦网队员的手以及身体任何部位。

5）队员可以过网拦网的条件：必须在对方完成进攻性击球后；对方第三次击球后；球从对方场区飞向接球方时，而附近没有人准备击球时。

6）后排队员完成拦网或参加完成集体拦网，则判失分。

（5）队员场上位置

1）前后队员的站位，每一名前排队员至少有一只脚的一部分比后排队员的双脚距离中线更近。

2）同排队员的站位，每一名的左边（右边）队员至少有一只脚的一部分比同排中间（左边或右边）队员的双脚距离左（右）同侧边线更近。

3）球发出后，场上队员的位置不受限制。

4）本方得分后，队员按顺时针方向换一位。

第五章 小球运动

第一节 乒乓球运动

乒乓球运动（或叫作“table tennis”，桌上网球）是小球类运动之一，被称为中国的“国球”，它在中间隔有横网的长 274 厘米、宽 152.5 厘米、高 76 厘米的球台上进行。球直径 40.00 毫米，重量 2.40～2.53 克，白或黄色，用赛璐珞或塑料制成。运动员各站球台一侧，用球拍击球，击法有挡、抽、削、搓、拉等。球须在台上反弹后才能还击过网。以落在对方台面上为有效。比赛以 11 分为一局（原以 21 分为一局），采用七局四胜或五局三胜制。比赛分团体、单打、双打等数种。

一、乒乓球运动概述

（一）乒乓球运动的起源

乒乓球运动起源于英国，是由网球发展而来的。19 世纪末，欧洲盛行网球运动，但由于受到场地和天气的限制，英国有些大学生便把网球移到室内，以餐桌为球台，书做球网，用羊皮纸做球拍，以软木或橡胶做球，在餐桌上推来挡去，这种游戏吸引了许多人参与。从此，这项运动开始发展和流行。

1890 年左右，英格兰著名越野跑运动员詹姆斯·吉布从美国带回空心赛璐珞球代替软木塞，这种球重量轻、弹性好，与桌面来回碰击会发出清晰的“ping pong”声，于是有人将这项运动称为“乒乓球”。

（二）乒乓球运动的特点

1. 场地的灵活性

乒乓球运动的特点是球小、速度快、变化多、趣味性强，要求练习者在短时间内对瞬息万变的击球有较强的反应能力和应变能力。器材设备简单，室内室外都可以进行，运动量可大可小，又不受年龄、性别和身体条件的限制，很容易被大众所接受。

2. 健身的全面性

乒乓球运动是上下肢配合的一项全身运动，经常参加这项运动可发展人的灵敏性和协调性，增强体质，并能培养人的意志、品质。乒乓球运动的负荷量可由运动员自我控制，对练双方球台相隔又恰好避免了身体接触，因此只要按照自身素质训练，强度适量，运动外伤的可能性几乎为零，具有广泛的适应性和较高的锻炼价值。乒乓球项目有单打、双打、团体项目。团体项目通过个体来实现，所以乒乓球项目可以培养独立思考、单独作战及集体主义的精神。

3. 技术的多变性

乒乓球运动技术种类多，动作结构作用差异大，而且旋转变化的种类也比较多，因此常常使运动员感到棘手。在击球时，要求全身各关节、肌肉高度协调，手腕、手指动作技巧细腻、准确。既要求技术全面、没有明显漏洞，又要求特长突出。在技术上有速度与旋转的结合，攻与防的转换，这就需要运动员掌握多种扎实的基本技术和多种战术，并能随机运用。要成为一名优秀运动员，必须具备强烈的上进心和表现欲，优异的技战术，冷静、灵活、积极的思维，顽强的意志和稳定健康的心理素质。

二、乒乓球运动基本技术

（一）站位及准备姿态

1. 站位

站位可以分为近台站位，指站位在离台端线 50 厘米以内的范围，一般在 40～50 厘米范围；中台站位，指站位在离台端线 50～100 厘米之间的范围，具体还可分为中近台站位 50～70 厘米范围、中远台站位 70～100 厘米范围；远台站位，指站位在离台端线 100 厘米以外的范围。

2. 准备姿态

正确的基本姿态应该是：两脚平行站立（脚尖指向平行），提踵、前脚掌内侧用力着地，两脚间距离比肩稍宽。两膝微屈并稍内扣，上体略前倾，重心置于两脚之间。两眼注视来球。以右手握拍为例，持拍向左呈半横状，使手臂保持自然弯曲，置于身体右侧，肘略外张，手腕放松，将球拍向左呈半横状，使拍形保持自然后仰。球拍置于腹前，离身 20～30 厘米。做到“注视来球，上体微倾，屈膝提踵，重心居中”。

两脚开立比肩略宽是为了保持身体重心的稳定性。两脚脚尖指向同一方向，对快速起动移动，有着重要的作用，它可以直接蹬地起动，从而缩短步法移动的时间。

（二）球拍选择及握拍

1. 乒乓球拍的选择

要选择使用何种胶皮的海绵拍，这和自身要形成的打法密切相关。

（1）正胶海绵拍

正胶就是胶皮颗粒向上、高度与直径相等的胶皮。这是中国选手使用的最传统的球拍。它的特点是弹性好，击球稳且速度快，适合近台快攻型的球员使用。

（2）生胶海绵拍

生胶就是颗粒向上、直径大于高度的胶皮。其特点是击球有下沉，搓球旋转弱，适合近台选手使用。

（3）反胶海绵拍

反胶是粘贴时向下、黏性较大的光面向上的一种胶皮，这是现在最常见的球拍，几乎所有的欧洲选手均采用此种球拍，亚洲选手也有近80%使用。当然，反胶容易制造旋转，也容易“吃转儿”，掌握起来有一定难度。

（4）防守型海绵拍

防守型技术一般以削球为主，也属于旋转型打法，故而横拍削球手多以反胶为主，反手则花样繁多。

2. 握拍法

就日常所见，我们知道乒乓球拍有两种：一种是直拍，一种是横拍。因此，握拍法又分为直式握拍法和横式握拍法。

（1）直式握拍法

直式握拍法的特点是正反手都用球拍的同一面击球，一般情况下，不需两面转换，出手较快；正手攻球快速有力，攻斜、直线球时拍形变化不大，对手不易判断，便于从速度、球路和力量上取得主动；手腕动作灵活，发球可做较多变化。但反手攻球时，因受身体阻碍较难掌握，不易起重板；攻削交替时手法变化大，影响击球速度和准确性；防守时照顾面积较小（见图5-1）。

标准握法　　背面图　　侧面图

图 5-1

（2）横式握拍法

横式握拍法的特点是照顾的面积比直拍大，攻球和削球时握拍的手法变化不大；反手攻球不受身体阻碍，便于发力；削球时用力方便，便于发挥手臂的力量和掌握旋转变化。但在不定期击左右两面来球时，需要转动拍面，动作大，影响摆臂速度；攻直线球时，动作明显被对方识破；台内正手攻球较难掌握（见图5-2）。

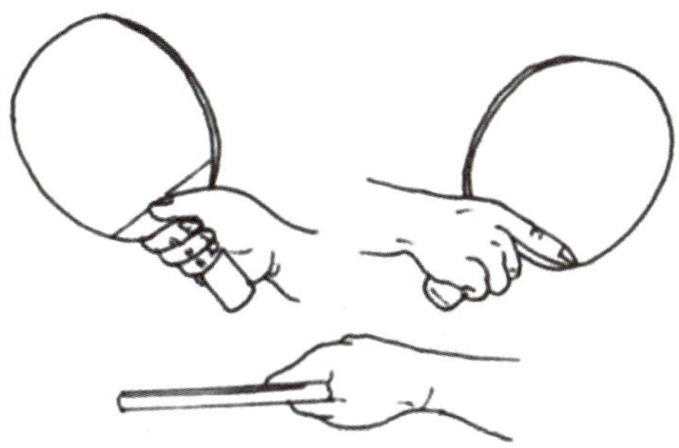

图 5-2

（3）握拍注意事项

1）因为手腕动作在打乒乓球中非常重要，所以握拍不能过大、过小或太深、太浅，以免影响手腕动作的灵活性和击球的发力。

2）不论直握或横握，在准备击球时或把球击出后，手指不要过分用力握拍。这样，一方面便于在击球以后使拍形恢复到再次准备击球的状态；另一方面也可使手的各部分肌肉及时放松，以免由于始终握拍过紧而造成手腕、前臂的僵硬。

（三）基本步法

1. 单步

击球时，以一脚的前脚掌为轴，另一脚向前或向左、右移动一步，身体重心也随之移动到摆动腿上，然后挥臂击球，如图 5-3 所示。来球距身体较近时常用这种步法。

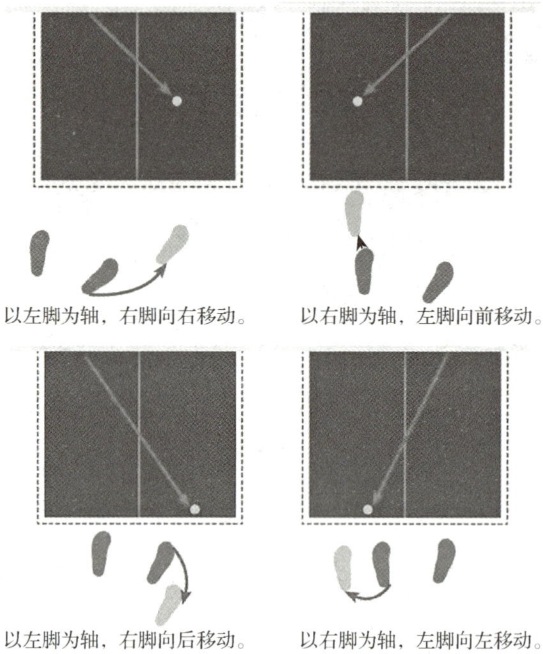

图 5-3

2. 跨步

击球时，以一脚向前、向后、向右的不同来球方向跨出一大步，身体重心随即移动到摆动腿上，另一脚迅速跟上，以便保持在最佳的距离上，如图 5-4 所示。一般在来球离身体较远，来球速度较快，可借助对方力量击球时使用这种步法。

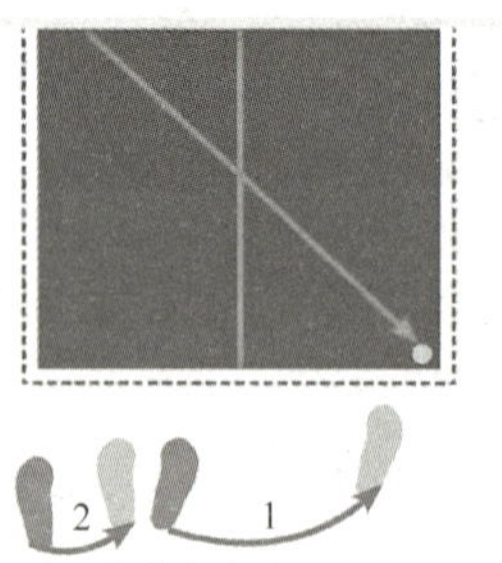

球在右方时，右脚向右跨一大步，左脚跟上半步。

图 5-4

3. 跳步

以与来球异方向的脚先起动，用力蹬地，两脚一同离地向左或向右移动。蹬地脚先落地，另一脚跟着落地，站稳后击球，如图 5-5 所示。这种步法照顾范围比单步大，小跳步还可用来作为还原步法，调整攻球的位置。它通常与单步、跨步综合运用。

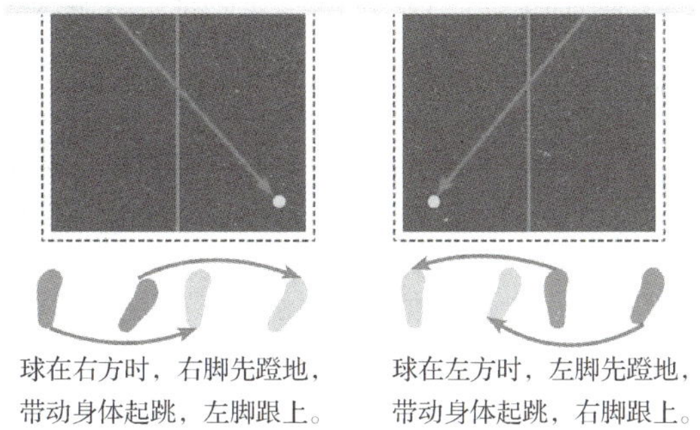

图 5-5

4. 并步

移动时，先以与来球异方向的脚向另一只脚并一步，然后与来球同方向的脚再向来球的方向迈一步迎击来球，如图 5-6 所示。由于并步移动范围大，能保持重心稳定，一般在来球速度不算太快时可以使用。例如削球的左右移动、快攻、拉弧圈球等，就常用这种步法。

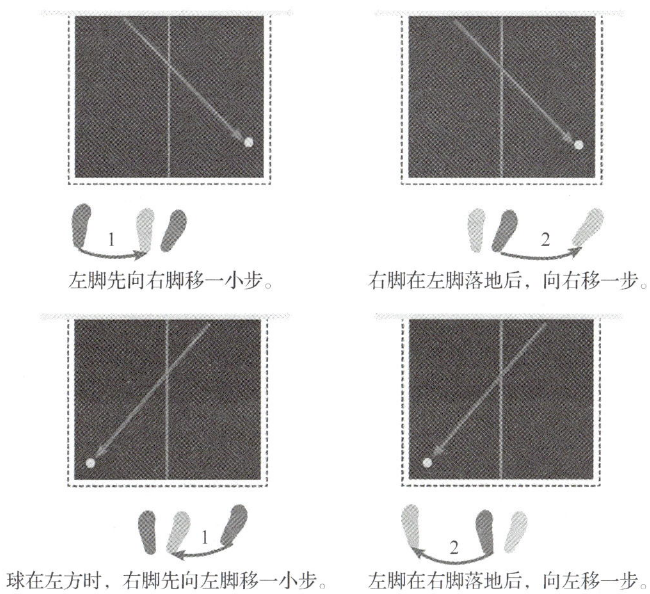

图 5-6

5. 交叉步

击球时，以靠近来球方向的脚作为支撑脚，远离来球方向的脚迅速向来球方向在体前跨出一大步，腰和髋关节随势将支撑脚带向来球方向，在支撑脚落地前的瞬间击球，如图 5-7 所示，运用交叉步接短球或削突击来球较多。

6. 小碎步

小碎步即较高频率的小垫步，如图 5-8 所示，主要适用于步法的调节，在步法移动到一定的位置时还没有找到合适的击球点，就要通过小碎步来调整，争取找到更好的击球点。

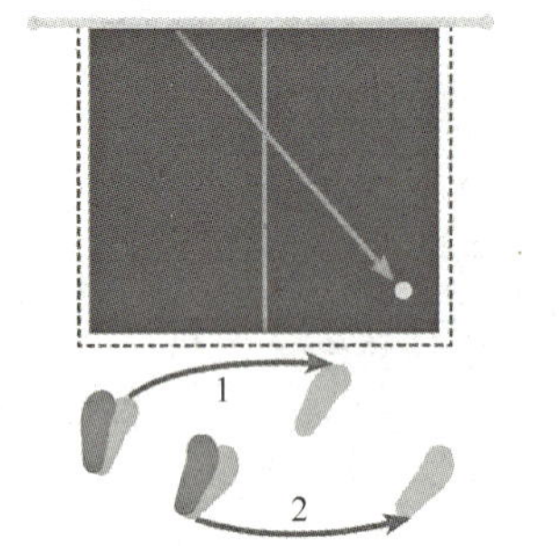

图 5-7

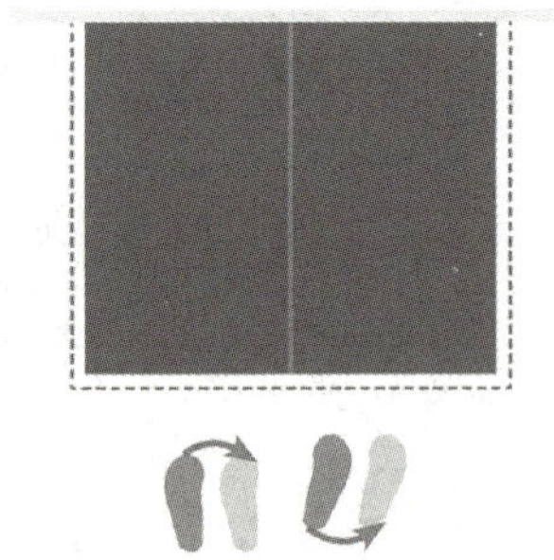

图 5-8

（四）发球

发球技术是乒乓球的重要技术，是乒乓球前三板技术之首，是唯一的由运动员完全根据自己意志，以任何适合的力量、速度、旋转、线路、角度击到对方台面任何合法位置的技术。发球技术的总体要求包括以下几点：

1）出手突然，且能用相似的手法发出不同落点、不同旋转的球。

2）落点准确，并将速度快、旋转强很好地结合起来。

3）要配套，发球要与自己的打法特点和抢攻紧密结合起来。

1. 发正手平击球

发正手平击球球速一般，基本不旋转或略有上旋，是掌握其他复杂发球的基础技术，初学者首先要学会的就是这种发球。

发正手平击球的动作方法包括以下几点。

1）击球前，

① 选位：左脚稍前，身体略向右转，左手掌心托球置于身体右侧前方。

② 引拍：左手将球向上抛起，同时右臂内旋，使拍面角度稍前倾，向身体右后方引拍。

③ 迎球：右臂从身体右后方向右前方挥动。

2）击球时，当球从高点下降至稍高于球网时，击球中上部向左前方发力。球击出后第一落点在球台中间。

3）击球后，手臂继续向左前方随势挥动，迅速还原。

4）发力部位以前臂为主，动作过程中身体重心从右脚移至左脚。

2. 发正手下旋球

发正手下旋球球速较慢、旋转变化大。由于发球手法近似，能通过旋转变化迷惑对方，使其不易判断球的旋转强度，造成回击时下网、出界或出高球。发正手下旋球的动作方法包括以下几点。

1）击球前，

① 选位：左脚稍前，身体略向右倾，左手掌心托球置于身体右前方。

② 引拍：左手将球向上抛起，同时右臂直握拍手腕向外伸，横握拍手腕略向外展伸。

③ 迎球：右臂从身体右后上方向左前下方挥动。

2）击球时：当球从高点下降至稍高于或平于网高时，前臂加速向左前下方发力，同时直握拍手腕作屈同时内收，击球中下部向底部摩擦。球击出后第一落点接近于球网。

3）击球后：手臂继续向左前下方随势挥拍，迅速还原。

4）发力部位以前臂和手腕为主，动作过程中身体重心从右脚移至左脚。

3. 反手发球技术

1）击球前，

①选位：右脚稍前或平站，身体略向左转，左手掌心托球置于身体左侧前方。

②引拍：左手将球向上抛起，同时右臂外旋，使拍面角度稍前倾，向身体右后方引拍。

③迎球：右臂从身体后方向前方挥动。

2）击球时，当球从高点下降至稍高于球网时，击球中上部向右前方发力。球击出后第一落点在球台中央。

3）击球后，手臂和手腕继续向右前方随势挥动，迅速还原。

4）发力主要部位以前臂为主，动作过程中身体重心从左脚移至右脚。

4. 反手发下旋加转球

反手发下旋加转球的特点：同发正手下旋加转球与不转球，多用于横拍。

1）击球前，

① 选位：右脚稍前或平站，身体略向左偏斜，左手掌心托球置于身体左前方。

② 引拍：左手将球向上抛起，同时右臂内旋，直握拍手腕作屈，横握拍手腕作外展，使拍面角度后仰，向身体左后上方引拍。

③ 右臂从身体左后上方向右后前下方挥动。

2）击球时，当球从高点下降至稍高于或平于网高时，前臂加速向左前下方发力，同时直握拍手腕作伸，横握拍手腕作内收，击球中下部向底部摩擦。球击出后第一落点接近球网。

3）击球后，手臂继续向右前下方随势挥动，迅速还原。

4）发力部位以前臂和手腕为主，动作过程中身体重心从左脚移至右脚。

发球示意图

图片摘自“创意体育教学坊公众号——体育教学必备图解—乒乓球”

①正手发转与不转球（正手加转发球）

②正手发左侧下旋球

③正手发左侧上旋球

④正手发高抛左侧上旋球

⑤正手发高抛左侧下旋球

⑥正手发上旋急球

⑦正手发下旋急球

⑧正手发右上旋急球

⑨正手发逆旋转侧下旋

⑩正手发逆旋转侧上旋

⑪逆侧旋转短球

⑫反手加转发球

⑬反手不转发球

⑭反手发右侧下旋球

⑮反手发右侧上旋球

⑯反手发上旋急球

⑰反手发下旋急球

⑱反手发轻短球

⑲下蹲发右侧下旋球

⑳下蹲发右侧上旋球

㉑下蹲发左侧下旋球

㉒下蹲发左侧上旋球

（五）攻球

1. 反手攻球技术

比赛中运用反手攻球，常可以发动威力强大的全台进攻，大大加强攻势。虽然掌握起来比较困难，尤其是对直拍运动员，但展望乒乓球运动的未来，它将是必备的技术之一。其特点是：站位近、动作小、球速快、路线活、带上旋，击球点在台内，回球具有突击性，是对付台内球并争取主动的一种攻球技术。

1）击球前，

① 选位：站位靠近球台。左方大角度来球时，上左脚；中间或偏右方向来球时，上右脚。

② 引拍：手臂自然弯曲，前臂伸向台内，根据来球旋转的强弱程度，手臂相应地内旋或外旋，调整拍面角度。

③ 迎球：前臂向前挥动。

2）击球时，当球跳至高点期，下旋强时，前臂、手腕向前上方发力，拍面稍后仰击球中下部；下旋弱时，前臂、手腕向前发力，拍面垂直击球中部。

3）击球后，随势挥臂动作小，迅速还原成击球前的准备姿势。

4）发力主要部位以前臂、手腕为主，动作过程中身体重心放至迎前上步脚上。

反手攻球示意图

①反手平挡

②反手快推

③反手加力推

④反手减力挡

⑤反手推侧旋

⑥反手推挤

⑦反手推下旋

⑧反手弹

⑨传统反手攻

⑩反面快拨

⑪反面反撕

⑫反面反拉

 ⑬反面拉前冲弧圈球—拉斜线	 ⑭反面拉前冲弧圈球—拉直线	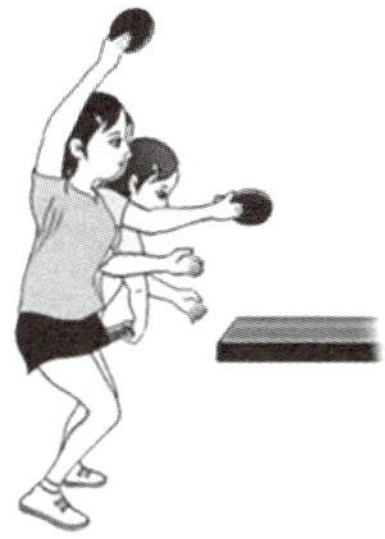 ⑮反面拉加转弧圈球
 ⑯反面中远台拉前冲弧圈球	 ⑰反面进攻台内短球	 ⑱反面进攻出台球

2. 正手攻球技术

正手攻球是乒乓球攻球技术的重要组成部分，具有快速有力的特点，能体现积极主动快速进攻的指导思想。比赛时，正手攻球运用得好，就能使自己处于主动，使对方陷于被动。因此，无论什么打法的运动员，都必须很好地掌握这项技术。其特点是：站位近、动作小、球速快、路线活、带上旋，击球点在台内，回球具有突击性，是对付台内球并争取主动的一种攻球技术。

1）击球前，

① 选位：站位靠近球台，右方大角度来球时上右脚，中间或偏左方向来球时上左脚。

② 引拍：手臂自然弯曲迎前，前臂伸向台内，根据来球的旋转程度，手臂相应地内旋或外旋，调整拍面角度。

③ 迎球：前臂、手腕向前挥动。

2）击球时，当来球跳至高点期，下旋强时，拍面稍后仰，击球中下部，前臂、手腕向前上方发力。下旋弱时，拍面垂直，击球中部，前臂、手腕向前为助，适当向上用力。上旋时，拍面稍前倾，击球中上部，手臂直接向前用力。

3）击球后，随势挥臂动作小，迅速还原。

4）发力主要部位以前臂、手腕为主，动作过程中身体重心放置迎前的上步脚上。

正手攻球示意图

①正手快攻

②正手拉加转弧圈球

③正手拉斜线前冲弧圈球

④正手拉直线前冲弧圈球

⑤侧身拉斜线前冲弧圈球

⑥侧身拉直线前冲弧圈球

⑦侧身拉直线前冲弧圈球

⑧正手快带

⑨正手扣杀

⑩正手突击下旋球

⑪正手慢杀高球

⑫正手快杀高球

⑬中远台拉球

⑭中远台攻球

⑮正手台内挑打

⑯正手快点

⑰正手滑板

⑱放高球

⑲正手快点

⑳正手滑板

3. 正手加转弧圈球

正手加转弧圈球的特点是：与一般的攻球相比较，站位稍远，动作稍大，球速稍慢，弧线曲度大、上旋特别强，第一弧线较高，第二弧线较低，落台后前冲并向下滑落。对方回击不当，容易出高球或出界。一般用它对付下旋球，可创造扣杀机会。

正手加转弧圈球的动作方法主要包括以下几点。

1）击球前，

① 站位离台约 60 厘米。左脚稍前，身体重心放在右脚上，两膝微屈，收腹含胸，身体略向右转。

② 引拍：右肩下沉，右臂自然弯曲，前臂后引并下沉，将拍引至身体右后下方，同时，前臂内旋，使拍面微前倾。

③ 迎球：待来球弹起飞到高点期时，在上臂的带动下，以前臂为主向上兼向前挥拍迎球（与此同时，右侧腰、髋向左上方转动）。

2）击球时，在来球的下降期，以前倾拍击球的中部偏上。球拍击球瞬间，右脚前掌蹬地，右侧腰、髋向左上方转动、助力，前臂在上臂的带动下向上兼向左前方发力摩擦击球。同时，还要充分利用手腕的力量，使球强烈上旋。

3）击球后，手和臂顺势向左前上方挥动，并迅速还原成准备姿势。在此过程中，身体重心从右脚移至左脚上。

4. 正手前冲弧圈球

正手前冲弧圈球的特点是：弧线低而长，上旋强，球速快，有一定力量，弹起后前冲力大，并向下滑，是弧圈球运动员的主要得分手段。

正手前冲弧圈球的动作方法是：球拍自然引至身体与台面同高，拍形前倾与水平面呈35°～40°。当球从台面弹起还未达到高点时，腰部向左转动，手臂向前上方挥动，上臂带动下臂加速内收，手腕略微转动，在高点期用球拍摩擦球的中上部，使之成为较低的弧线落至对方的台面上，击球后重心移至左脚上。

（六）搓球

搓球技术是近台还击下旋球的一种基本技术。一方面，由于回球路线较短，缺乏前进力，多在台内，因而可造成对方回球困难；另一方面，搓球比较稳健，旋转和落点变化也较多，故可用作过渡技术，用以寻找进攻机会。搓球动作与削球相似，又比较易学，是学好削球必须掌握的入门技术。

1. 正反手快搓

1）击球前，

① 选位：右脚移前，身体离台 40 厘米。

② 引拍：手臂自然弯曲并内旋，使拍面角度稍后仰，后仰动作小，前臂向左上方提起，将球拍引至身体左前上方。

③ 迎球：手臂向右前下方迎球。

2）击球时，当来球跳至上升期，利用手臂前送的力量，借助对方来球前进力，前臂、手腕向右前下方用力，拍面稍后仰，击球中下部。

3）击球后，手臂继续向前下方随势挥动，迅速还原成击球前的准备姿势。

4）发力主要部位以手臂前送借力还击，运动过程中身体重心从左脚移至右脚。

三、乒乓球比赛基本战术

（一）发球、接发球抢攻战术

1. 发球抢攻战术

发球抢攻是我国乒乓球运动员的重要战术之一。近年来，世界各种类型打法的运动员都越来越重视这一战术，并有了较大的发展。

发球抢攻的战术意识首先是尽量争取发球直接得分；其次是迫使对方回球质量不高，从而赢得有利的进攻机会；最后才是迫使对方接发球不具备杀伤力，从而自己进行抢攻。

2. 接发球战术

接发球战术是乒乓球运动各种打法特别是进攻型打法的主要战术。它的特点是，由某一单项攻（冲）球技术所形成，进攻性强，可变接发球的被动地位为主动地位，也可直接得分，常用的接发球战术主要有以下几种：

1）用快拨、快推或拉球回击，争取形成对攻的相持局面。

2）用快搓摆短回接，使对方难以发力抢攻或抢位。

3）对各种侧旋、上旋或不强烈的下旋短球，可用“快点”技术回接。“快点”技术突然性强，回球速度快，并且路线变化多，对付弧圈型打法选手，往往效果明显。

4）接发球抢攻或抢位。

以上四种接发球战术，在比赛中可视场上具体情况结合起来运用。采用多种回接方法，给对方制造出各种困难，使其无法适应，从而破坏其发球抢攻或抢位的站位意图。

（二）对攻战术

对攻是进攻型打法选手互相对垒时常采用的一项重要战术。快攻类打法，主要是依靠正手攻球、反手攻球、反手推挡或快拨技术，充分发挥快速多变的特点，以达到调动对方、有效攻球的目的；弧圈类打法，主要是依靠正、反手两面弧圈球技术，充分发挥旋转的威力，以达到牵制对方、增加攻击效果的目的。

常用的对攻战术包括以下几种：攻对方两角、侧身攻、追身攻、轻与重的结合、攻防结合。

（三）拉攻战术

（1）特点

连续正手快拉以创造进攻机会，机会出现后，采用突击和扣杀的手段来得分。拉攻战术是快攻打法对付削球类打法的主要战术之一。

（2）方法

① 正手拉球后过渡为扣杀。

② 反手拉球后过渡为扣杀（一般为两面进攻型运动员遇到反手位大角度削球时所采用）。

（四）搓攻战术

搓攻战术是进攻型选手的一项辅助战术，主要是利用搓球的旋转和落点变化，为进攻创造机会。但搓球次数要适宜（不可过多），一般快搓一两板就应组织进攻。

常用的搓攻战术包括以下几点：

1）搓球落点变化，伺机进行突击。

2）搓球转与不转要相结合，变化落点伺机突击。

3）搓拉与落点变化要相结合，伺机突击。

（五）削攻结合战术

削攻结合战术的特点是由削球和攻球结合而成，常以逼对方两个大角加转削球为主，伺机反攻；或以转、低、稳、变的削球，迫使对手在走动中拉攻，使其回球质量不高，从中寻找机会反攻。这种战术有“稳、逼、变、凶、攻”的特点，是攻削结合打法的主要战术（见图 5-9）。

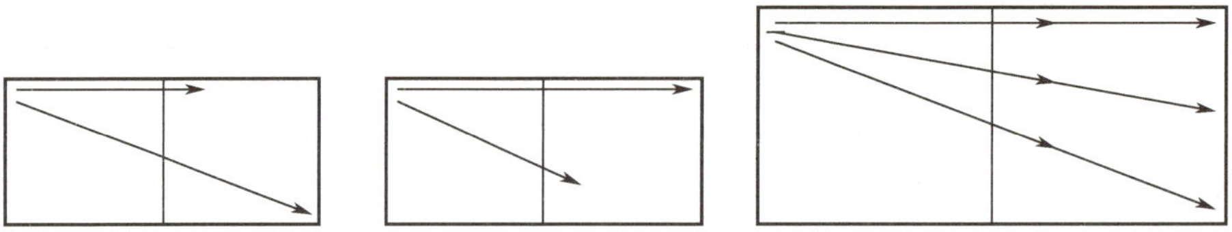

1.左长右短　2.右长左短　3.同线长短（同一条线上发长球和短球结合）

图 5-9

四、乒乓球比赛基本规则

（一）场地与器材

1. 场地

比赛场地不得小于 14 米长，7 米宽，4 米高（国内比赛一般可缩小为长 12 米，宽 6 米，高 3.5 米，基层比赛还可酌情缩小）。比赛场地须用 0.75 米高的深色挡板围起来，同邻近的场地及观众隔开。地板不得呈淡色或有明显的反光。台面的照明度应均匀，不得小于 400 勒克斯，光源不得低于 4 米。

2. 球台

① 球台的上层表面叫作比赛台面，应为与水平面平行的长方形，长 2.74 米，宽 1.525 米，离地面高 0.76 米。

② 比赛台面不包括与球台台面垂直的侧面。

③ 比赛台面可用任何材料制成，应具有一定的弹性，即当标准球从离台面 30 厘米高处落至台面时，弹起高度应约为 23 厘米。

④ 比赛台面应呈均匀的暗色，无光泽，沿每个 2.74 米的比赛台面边缘各有一条 2 厘米宽的白色边线，沿每个 1.525 米的比赛台面边缘各有一条 2 厘米宽的白色端线。

⑤ 比赛台面由一个与端线平行的、与台面垂直的球网划分为两个相等的台区，各台区的整个面积应是一个整体。

⑥ 双打时，各台区应由一条 3 毫米宽的白色中线，划分为两个相等的“半区”。中线与边线平行，并应视为右半区的一部分。

3. 球网装置

① 球网装置包括球网、悬网绳、网柱及将它们固定在球台上的夹钳部分。

② 球网应悬挂在一根绳子上，绳子两端系在高 15.25 厘米的直立网柱上，网柱外缘离开边线外缘的距离为 15.25 厘米。

③ 整个球网的顶端距离比赛台面 15.25 厘米高。

④ 整个球网的底边应尽量贴近比赛台面，其两端应尽量贴近网柱。

4. 球

① 球应为圆球体，直径为 40.0～40.6 毫米。

② 球重 2.7 克。

③ 球应用塑料或类似的材料制成，呈白色或橙色，且无光泽（以前要求球用赛璐珞制作，但是赛璐珞做的球易燃，且有毒，所以不再用此材料）。

5. 球拍

1）球拍的大小、形状和重量不限，但底板应平整、坚硬。

2）底板厚度至少应有 85%的天然木料。加强底板的黏合层可用诸如碳纤维、玻璃纤维或压缩纸等纤维材料，每层黏合层不超过底板总厚度的 7.5%或 0.35 毫米。

3）用来击球的拍面应用一层颗粒向外的普通颗粒胶覆盖，连同黏合剂，厚度不超过 2 毫米；或用颗粒向内或向外的海绵胶覆盖，连同黏合剂，厚度不超过 4 毫米。

① 普通颗粒胶是一层无泡沫的天然橡胶或合成橡胶，其颗粒必须以每平方厘米不少于 10 颗、不多于 50 颗的平均密度分布整个表面。

② 海绵胶即在一层泡沫橡胶上覆盖的普通颗粒胶，其厚度不得超过 2 毫米。

4）覆盖物应覆盖整个拍面，但不得超过其边缘。靠近拍柄部分以及手指执握部分可不予以覆盖，也可用任何材料覆盖。

5）底板和底板中的任何夹层以及用来击球一面的任何覆盖物及黏合层，均应为厚度均匀的一个整体。

6）球拍两面不论是否有覆盖物，必须无光泽，且一面为鲜红色，另一面为黑色。

7）由于意外的损坏、磨损或褪色，造成拍面的整体性和颜色上的一致性出现轻微的差异，只要未明显改变拍面的性能，均可允许使用。

8）比赛开始时及比赛过程中运动员需要更换球拍时，必须向对方球员和裁判员展示他将要使用的球拍，并允许他们检查。

（二）比赛规则

1. 合法发球

1）发球时，球应放在不执拍手的手掌上，手掌张开并伸平。球应是静止的，在发球方的端线之后和比赛台面的水平面之上。

2）发球员须用手把球几乎垂直地向上抛起，不得使球旋转，并使球在离开不执拍手的手掌之后上升不少于 16 厘米。

3）当球从抛起的最高点下降时，发球员方可击球，使球首先触及本方台区，然后越过或绕过球网装置，再触及接发球员的台区。在双打中，球应先触及发球员和接发球员的右半区。

4）从抛球前球静止的最后一瞬间到击球时，球和球拍应在比赛台面的水平面之上。

5）击球时，球应在发球方的端线之后，但不能超过发球员身体（手臂、头或腿除外）离端线最远的部分。

6）运动员发球时，有责任让裁判员或副裁判员看清他是否按照合法发球的规定发球。

2. 合法还击

对方发球或还击后，本方运动员必须击球，使球直接越过或绕过球网装置，或触及球网装置后，再触及对方台区。

3. 重发球

应判重发球主要包括以下几种情况：

1）如果发球员发出的球，在越过或绕过球网装置时，触及球网装置，此后成为合法发球或被接发球员及其同伴阻挡。

2）如果接发球员或同伴未准备好时，球已发出，而且接发球员或其同伴均没有企图击球。

3）由于发生了运动员无法控制的干扰，而使运动员未能合法发球、合法还击。

4）裁判员或副裁判员暂停比赛。

5）在双打时，运动员错发、错接。

4. 得分一分

除被判重发球，下列情况下运动员得 1 分：

1）对方运动员未能合法发球。

2）对方运动员未能合法还击。

3）运动员在发球或还击后，对方运动员在击球前，球触及了球网装置以外的任何东西。

4）对方击球后，该球越过本方端线而没有触及本方台区。

5）对方阻挡或连击。

6）对方运动员或其穿戴的任何东西使球台移动。

7）对方运动员或其穿戴的任何东西触及球网装置。

8）对方运动员不执拍手触及比赛台面。

5. 一局比赛

在一局比赛中，先得 11 分的一方为胜方，如果双方打成 10：10，则先多得 2 分的一方为胜方。

6. 一场比赛

一场比赛应采用七局四胜制或五局三胜制；一场比赛应连续进行。但在局与局之间，任何一名运动员都有权要求不超过 2 分钟的休息时间。

第二节　羽毛球运动

羽毛球是一项隔着球网，使用长柄网状球拍击打用羽毛和软木制作而成的小型球类的运动项目。羽毛球比赛在长方形的场地上进行，场地中间有网相隔，双方运用各种发球、击球和移动等战术，将球在网上往返对击，以不使球落在本方有效区域内，或使对方击球失误为胜。

一、羽毛球运动概述

（一）羽毛球运动的起源

1800 年，现代羽毛球运动诞生于英国，由网球派生而来。1870 年，出现了用羽毛、软木做的球和穿弦的球拍。1873 年，英国公爵鲍弗特在格拉斯哥郡伯明顿镇的庄园里进行了一次羽毛球游戏表演，羽毛球运动从此便逐渐开展起来，“伯明顿”即成了羽毛球的名字，英文的写法是“badminton”。那时的活动场地是葫芦形，两头宽中间窄，窄处挂网，直至 1901 年才改作长方形。

1875 年，世界上第一部羽毛球比赛规则出现于印度的普那。三年后，英国又制定了更趋完善和统一的规则，并且这些规则大多沿用至今。

世界羽毛球赛事分为 7 个等级，四年一度的奥运会（包括男单、女单、男双、女双和男女混双 5 个单项），两年一度的汤姆斯杯赛（世界羽毛球男子团体锦标赛）、尤伯杯赛（世界羽毛球女子团体锦标赛）、苏迪曼杯赛（世界羽毛球混合团体锦标赛），以及世界羽毛球锦标赛（个人单项）均为 7 星级的赛事。

（二）羽毛球运动的特点

1. 全身锻炼效果好

羽毛球项目无论是进行有规则的比赛或是作为一般性的健身活动，打球时都要在场地上不停地进行脚步移动、跳跃、挥拍、转体，合理地运用各种击球动作和步法将球击到对方场区，从而锻炼了上、下肢和腰部肌肉的力量，加快全身血液循环，增强了心血管系统和呼吸系统的功能。此外，羽毛球运动要求练习者在短时间内对瞬息万变的球路做出判断，果断地进行反击，因此，它能提高人体神经系统的灵敏性和协调性。

2. 老少皆宜球龄长

羽毛球运动适合男女老少，可持续运动球龄长，这一独特优势是其他运动项目难以比拟的。羽毛球的运动量大小可调节，可根据个人年龄、体质、运动水平和场地环境的特点而定。青少年可将该项运动作为促进生长发育、提高身体机能的有效手段进行锻炼，运动量宜为中强度，活动时间以 40～50 分钟为宜。适量的羽毛球运动能促进青少年增长身高，能培养青少年自信、勇敢、果断等优良的意志品质。

3. 运动安全有保障

运动损伤是制约运动寿命的主要因素之一。羽毛球运动属于隔网对抗项目，场地中间横竖一网，分隔成对抗双方的场区，没有直接的身体对抗、身体碰撞，相较其他的运动项目，它的运动安全系数明显要高，只要注意做好运动前的准备活动，掌握正确的动作要领，在运动中就可以避免受伤。

二、羽毛球运动基本技术

羽毛球运动的基本技术主要由手法和步法两大部分组成。其中，手法包括握拍、发球和击球，步法包括上网步法、后退步法和左右移动步法等。

（一）握拍法

1. 正手握拍法

动作要领：先用左手（以右手握拍为例，下同）握住球拍中杆，使拍面与地面垂直。张开右手使虎口对准拍柄窄面内侧斜棱，拇指和食指贴在拍柄的宽面上，其余 3 指并拢，自然握住拍柄，食指和中指稍分开，柄端靠近手掌的小鱼际，掌心与拍面之间应留有空隙，便于击球发力，如图 5-10 所示。

2. 反手握拍法

动作要领：在正手握拍的基础上，将拍柄稍外旋，食指向中指靠拢，拇指内侧顶在拍柄的宽面，其余 3 指放松并拢握住拍柄，柄端靠近小指根，拍面稍后仰，掌心、拍柄、小鱼际间要留有空隙，以便于发力，如图 5-11 所示。

图 5-10

图 5-11

（二）发球法

发球方法从握拍方法和发球姿势上，分为正手发球和反手发球；从球的飞行角度和距离上，分为高远球、平高球、平快球和网前球，如图 5-12 所示。以下介绍正手发高远球、网前球和反手发网前球。

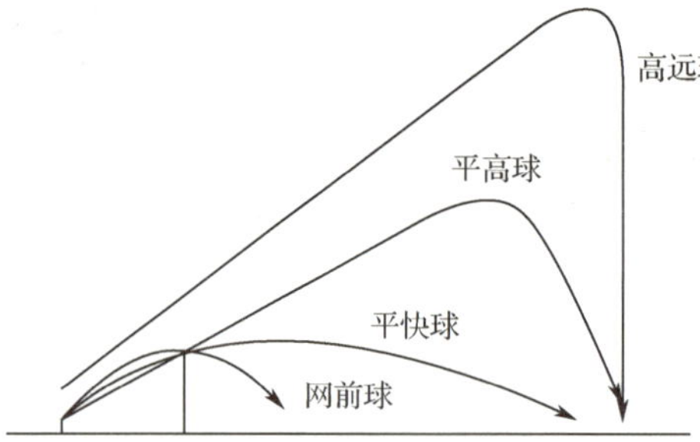

图 5-12

1. 正手发高远球

动作要领：站位在距发球线 1 m 左右，靠近中线。左脚在前，脚尖指向球网；右脚在后，脚尖指向右前方。两脚间距与肩同宽，身体重心放在右脚上。左手拇指、食指、中指捏在球的中部，自然举于胸前；右手正手握拍自然屈肘于身体的右后侧，身体略向右转，右臂随肘上提，手腕充分伸展，将球拍引至适当高度。发球时松开左手，使球自然下落，向左转体转肩，重心前移，右臂由后上方经体侧下方向前上方挥拍，并以手腕的爆发力在身体右前下方将球击出，随后使球拍顺势向左上方缓冲，如图 5-13 所示。

图 5-13

要点提示：击球点在右前下方，击球瞬间前臂带动手腕由伸展至微屈，闪动发力。击球后放松还原至准备状态。

2. 正手发网前球

动作要领：与正手发高远球动作大致相同。不同之处在于前臂挥动和手腕后伸，比发高远球幅度小，用力轻。在向斜前上方挥拍时，前臂带动手腕，拍面从右向左斜向切击球托后部，使球尽量贴网而过，落在对方前发球线附近的发球区内。

要点提示：击球时，要控制好拍面角度和力量，避免球过网偏高而遭到对方扑击。

3. 反手发网前球

动作要领：站位靠近发球线，右脚在前，重心在右脚，左脚跟提起，反手握拍于腹前，肘关节弯曲，左手拇指与食指捏住球的羽毛，斜放在球拍前面。击球时，前臂向前上方推送，利用手腕的屈伸和拇指力量向前推顶球拍，切击球托，使球贴网而过，落在对方前发球线附近的发球区内，如图 5-14 所示。

图 5-14

要点提示：重心靠前，前臂带动手指，手腕控制发力和角度。

4. 练习方法

（1）正手向上颠球的练习。要求保持展髋，握拍放松，用前臂内旋，中指、无名指和小指由松到紧发力击球，加上手腕的回环动作击球。

（2）用吊线球进行正手发球练习。将球系在 5 m 以上吊线的下端，球的高度调至与练习者膝关节平齐或稍低些；用球拍向前上方击球，模仿正手发高球的动作。要求以完整的发球动作击吊线球。

（3）对墙发球练习。体会球下落时间和挥拍速度之间的时空关系，首先注意技术动作的准确性，然后再强调击球的准确性。

（4）在场地上正式发球练习。首先注意动作的正确性，然后才是关注飞行弧度和落点的质量要求。

（三）后场击球技术

后场击球技术主要包括高远球、平高球、吊球、扣杀等，且有正手、头顶、反手 3 种击球方法。其特点是击球点高、力量大、速度快，可给对方造成较大的威胁。以下介绍后场正手的高远球、吊球和扣杀。

1. 高远球

动作要领：判断来球，侧身后退，左脚在前，右脚在后，两脚与肩同宽自然开立，侧身对网，重心在右脚上。左手自然上举，右手正手握拍屈肘举于右侧，目光注视来球。击球时，上臂后引，肘关节上提且高于肩部，引拍至脑后，手腕后伸外展，随后再右脚蹬地、转体加上腰腹的协调用力下，以肩为轴、上臂带动前臂快速向前上方甩动手腕，在手臂自然伸直的最高点击球。之后随惯性减速摆动，自然收拍至胸前，右脚随身体重心跨步前移，如图 5-15 所示。

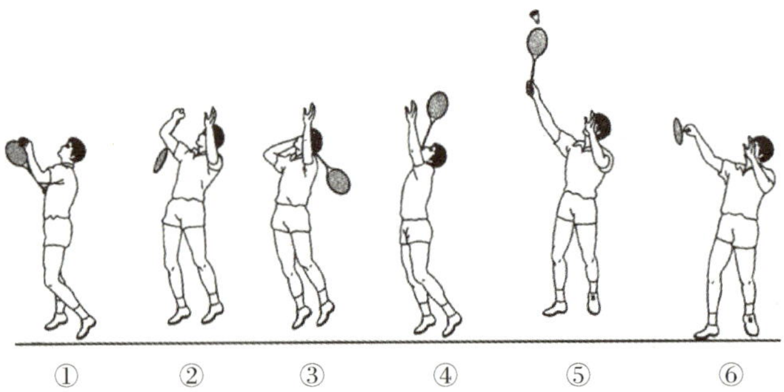

图 5-15

要点提示：击球点在右肩前上方最高点，击球时手臂伸直，前臂外旋带动手腕快速闪动，以爆发力击球。

2. 吊球

动作要领：击球前的准备、引拍及击球后的动作与正手高远球相同。击球点在右肩前上方，较正手高远球稍前的位置。击球时主要靠手指、手腕的力量控制。吊斜线时，拍面切击球托的右侧；吊直线时，击球托的右侧偏中部位，并向前下方切压击球。

要点提示：准备动作、引拍动作要和击高远球一致。吊斜线时拍面的“包切”动作要大一些，吊直线时小一些。

3. 扣杀

动作要领：准备、引拍和击球后的动作与正手击高远球技术基本相同。击球点在右肩前上方稍前且尽量高的位置上，引拍时身体后仰呈“反弓”，运用转体收腹的力量，加上手臂内旋和屈腕闪动，将球下压挥击在对方场区对手脚下。

要点提示：选择好最佳击球点，勿过于靠前或靠后；全身要协调用力，蹬腿、转体、收腹、挥臂、甩腕等发力要连贯、充分。

4. 练习方法

（1）持拍做好准备、引拍、挥拍、击球（还原）的基本功练习。握拍要正确、合理，左右手、前后脚及转体收腹等动作协调，在最高点击球。

（2）原地进行“起跳转 90°着地后即返回原地，再反复起跳并完成上手挥臂动作”的练习。

（3）多球式喂球或一对一陪练式喂球，让练习者移动到位击球。练习规律：原地完成动作→起跳完成动作→固定回击一点直线球→回击球点靠前；杀球比吊球更靠前。强调用力顺序：高球练习以肩关节为轴，大臂带小臂，小臂带手腕，向前上方用力击球；杀球练习以肩关节为轴，大臂带小臂，小臂带手腕，但手腕积极向前下方重压，击两点直线加斜线球。

（4）两人分边，用高吊、高杀直线或斜线球进行对练。要求开始时速度慢些，逐步加快；注意到位击球，提高稳定性、准确性。

（5）强调高、吊、杀动作的一致性，即在准备、引拍、挥拍到击球前期动作的一致性。

注意击球点不同，即高远球在右侧前上方；吊球则以肘关节为轴，手腕积极下压，切削球的右侧后下部。

（四）前场击球技术

前场击球技术包括网前搓球、挑球、扑球、推球和勾球等，且有正手、反手之分。下面介绍搓球、勾对角球和扑球。

1. 搓球

动作要领：侧身对网，右腿跨出成弓步上网，前臂外旋向前伸拍，上体略前倾，左臂于身后自然打开，保持身体平衡。击球时，拍面稍前倾，以手腕、手指的力量切击球。击球的方式有两种，一种是手腕由伸腕至收腕，拍面由右至左切击球的右后侧，使球呈下旋过网；另一种是手腕由收腕至伸腕，拍面由左至右切击球托的左后侧，使球呈上旋过网。击球后，收腕制动，右脚蹬地回动，并收拍至胸前。正、反手搓球除握拍法不同外，其余动作相同，如图 5-16 所示。

图 5-16

2. 勾对角球

动作要领：准备、引拍及击球后动作与搓球动作相同。正手击球时，前臂内旋向左拉收，由伸腕到收腕适当发力，拨击球托右后侧，使球沿对角线方向飞行；反手击球时，前臂外旋，伸腕发力，拨击球的左后侧部位。

3. 扑球

动作要领：以肘为轴，前臂稍外旋回环引拍。击球时，前臂内旋，拍面前倾，上臂带动手腕快速闪动发力，击球后制动收拍，以免触网。如来球较近，为避免击球后触网，可采取与网平行的挥拍方向击球，如图 5-17 所示。

要点提示：结合上网步法，控制手臂、手腕的用力大小和拍面击球角度。

图 5-17

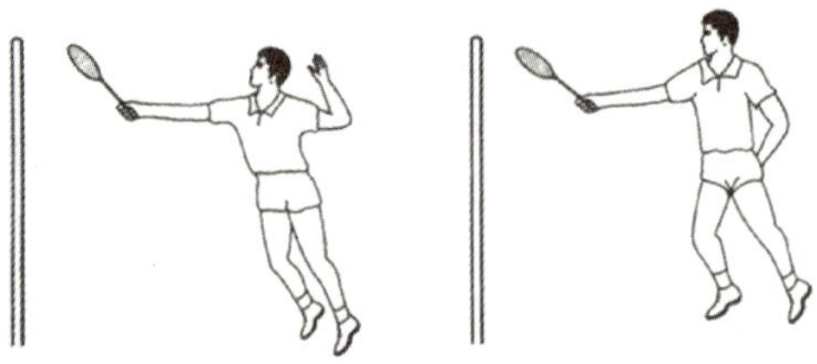

④ ⑤

图 5-17（续）

4. 练习方法

（1）正、反手握拍上网前的移动练习。正手握拍上右网前，反手握拍上左网前。一步垫步上网，两步跨步上网，三步交叉跨步上网。

（2）两人隔网对练搓球或勾球。

（3）多球上网搓、勾、推、扑球练习。

（4）吊上网搓、推、勾、扑组合练习。

（5）杀上网搓、推、勾、扑组合练习。

（五）移动步法

羽毛球的步法有基本步法和场上移动步法。基本步法包括跨步、蹬步、并步、垫步、跳步等。场上移动步法是从场地中心位置开始的，按移动方向分为上网、后退和两侧移动步法，由起动、移动、到位击球（制动）和回动几个环节组成。

1. 上网步法

上网步法就是从中心移动到网前的步法，有两步、三步交叉蹬跨及并步（垫步）3 种步法形式和反手区、正手区两个移动方向。

① 两步交叉蹬跨：两脚前后分立，上网时，重心在右脚，左脚迅速向前跨出一小步，随即蹬地发力，协助右脚向网前跨出一大步，到达击球位置，如图 5-18 所示。

② 三步交叉蹬跨：与两步交叉蹬跨上网的动作要求基本一致，只是右脚先多出一步。

③ 并步（垫步）：始终保持右脚往前，左脚在后，跨右脚跟左脚，连续上步至网前，如图 5-19 所示。

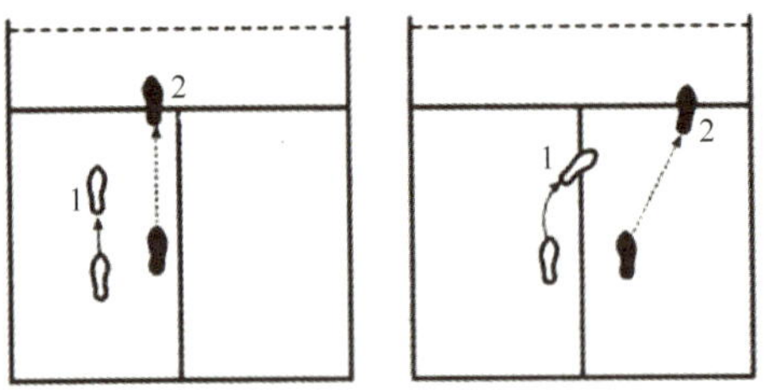

图 5-18

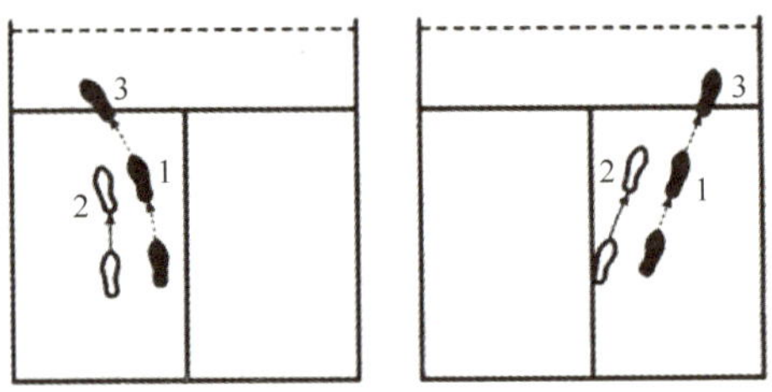

图 5-19

要点提示：起动、蹬跨、回动要快而有力，最后一步要以右脚着地（左手持拍者相反），且先以脚跟外侧着地，再过渡到脚掌，最后以脚趾制动。搓球、勾球时身体较直，重心稍高；扑球时，需向前方蹬跳。

2. 后退步法

后退步法即从中心移动到后场击球位置的步法，有正手击球的并步、交叉步的后退步法和反手击球的两步、三步的后退步法等几种形式。一般向右场区移动时采用正手击球，向左场区移动时采用头顶击球或反手击球。

① 并步（垫步）：移动时，右脚始终在后，左脚在前，连续并（垫）步退至击球位置，如图 5-20 所示。步数视击球位置远近而定。

② 交叉步：在后退过程中，两脚轮换交叉退步。其他方面同并步。

③ 反手（反拍）：距离较近时采用两步后退，较远时采用三步后退，如图 5-21 所示。两步移动时，以髋关节带动身体左转，背向球网，左脚向左侧跨出一小步，重心移至左脚时，右脚继续向后场跨出一大步。落地时配合上肢，协调用力，完成反手击球。三步后退与两步步法相同，只是右脚先多出一步。

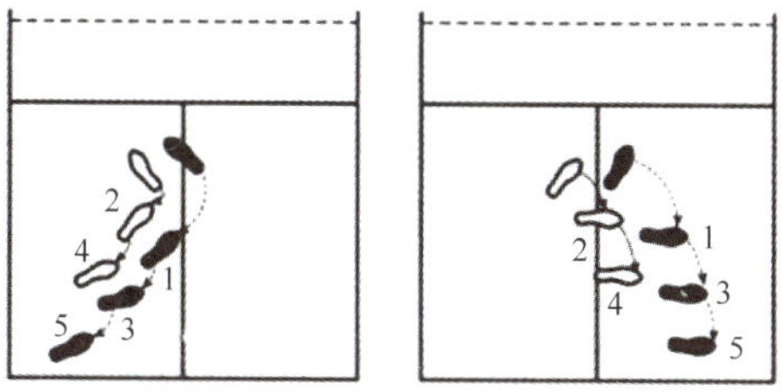

图 5-20

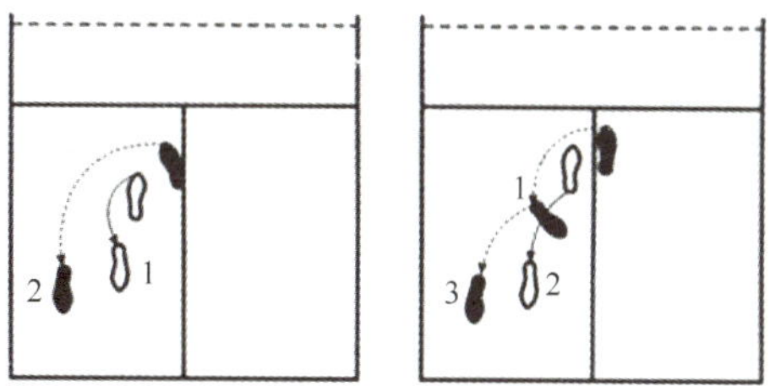

图 5-21

3. 两侧移动

从中心向两侧击球位置移动的步法被称为两侧移动步法。这种步法主要用于中场接扣杀球。较近时蹬跨一大步到位击球，较远时则垫一小步再跨一大步。

4. 练习方法

① 进行垫步、并步、蹬步、交叉步、跨步等单个步法的反复练习。

② 上网步法练习：站中心位置→上右网前→回中心位置→上左网前→回中心位置。

③ 正手后腿右后场步法练习。从起动开始，右脚向右后侧移动，髋部带动身体转向右后场，以并步或交叉步向后移动到接近底线的位置，然后起跳（单、双脚均可）击球。完成击球后回中心位置再多次重复练习。

④ 后退左后场区正手绕头顶击球步法练习。从起动开始，右脚向左后方移动，髋部带动身体转向左后方，以并步或交叉步移动到位；右脚起跳，随即左侧髋部迅速转向左后方，带动左腿后摆到身后落地，缓冲并支撑身体重心；当右脚落地时，身体前倾，重心移向右脚，左脚开始回动。回中心位置后再多次重复练习。

三、羽毛球比赛基本战术

战术是根据对手的技术、打法、体力和意图等因素，从扬长避短的角度出发，为争取比赛胜利而采取的各种策略。

（一）单打战术

1. 发球抢攻

发球抢攻即从发球的第一拍起，争取压制住对方，攻杀得分，一般以发网前低球结合平快球、平高球，争取第三拍主动进攻。

2. 攻后场

对后场还击力量较差的对手，可以攻后场底线两角，乘机进攻。

3. 攻前场

对基本功差的选手，可将其引到网前，争取得分。

4. 打四方球

若对手步法较慢，体力稍差，技术不全面，可以快速准确地攻击对方场区的四个角落，伺机向空当进攻。

5. 杀吊上网

当对手打来后场高球，先以杀球配合吊球把球下压，落点要选择在场区的两条边线附近，使对手被动回球。若对手还击网前球时，迅速上网搓球、勾球或平推球，创造在中后场大力扣杀的机会。

6. 守中反攻

先以高远球诱使对方进攻，在对手强攻不下、疏于防守时，即可突击进攻，或在对手体力下降、速度缓慢时，再发动进攻。

（二）双打战术

1. 发球、接发球战术

双打的发球往往是决定胜负的关键。发球要根据对方情况，选择好站位，注意球路、落点的变化，争取主动。因双打的发球线比单打短 76 厘米，不利于发高球，往往以发网前球为主。接发球时如判断起动快，有较好的出手手法，常可以扑球使对方陷入被动，或是以搓、推获得主动进攻的机会。

2. 攻人（2 打 1）

集中攻击对方有明显弱点的队员。当另一队员前来协助时，露出空隙，可攻空隙；若另一名队员放松警惕时，可攻其不备。

3. 攻中路

当对方处于并排防守站位时，可攻对方两人的中间。当对方前后站位时，就可把球下压或轻推在两边线半场处。

4. 攻后场

遇到后场扣杀能力差的对手，可采用平高球、推平球、接杀挑底线，把对方一人紧逼在底线两角移动；当对手被动还击时，大力扑杀。如另一对手后退支援时，即可攻网前空当。

5. 后攻前封

当本方处于主动进攻前后站位时，后场队员逢高球必杀，迫使对手接杀拦网前，为本方前场队员创造封网扑杀机会。前场队员要积极封锁前场，迫使对方被动挑高球，遇挑高球不到后场，就会为本方创造得分机会。

6. 守中反攻

在防守中寻找反攻的机会，以达到摆脱被动转为主动进攻的局面。遇到有利时机，就运用反抽或拦网前回击对方的杀球，从守中反攻，争得主动权。

四、羽毛球比赛基本规则

（一）场地与器材

1. 羽毛球场地

羽毛球场地长度是 13.40 米，单打球场宽为 5.18 米，双打球场宽为 6.10 米。

2. 场地线

球场必须有清楚的界线，场地线宽均为 40 毫米，场地线的颜色最好是白色、黄色或其他容易辨别的颜色。所有场地线都是它所确定区域的组成部分。

3. 场地空间、四周环境

球场上空 12 米以内、球场四周 2 米以内，均不得有任何障碍物（包括相邻的两个球场）。

4. 网柱

网柱高 1.55 米，双打场地网柱应放置在双打边线的中点上，单打场地网柱应放置在单打边线的中点上。

5. 羽毛球

羽毛球重 4.74～5.50 克，应有 16 根羽毛插在半球形的软木托上；羽毛球底部为圆形，球托直径为 25～28 毫米；羽毛在顶部围成直径为 58～68 毫米的圆形；羽毛应用线或其他适宜材料扎牢。

6. 球拍

羽毛球拍用木料、铝合金或碳素纤维等质地轻而坚实，并富有弹性的材料制作而成。球拍由拍头、拍弦面、联结喉、拍杆、拍柄组成整个框架。拍框总长度不超过 680 毫米，宽不超过 230 毫米；拍弦面应是平的，用拍弦穿过拍头十字交叉或用其他形式编制而成，编制样式应保持一致；拍弦面长不超过 280 毫米，宽不超过 220 毫米。

（二）比赛规则与分制

1. 比赛的项目

男子单打、女子单打、男子双打、女子双打、混合双打、男子团体、女子团体。

2. 比赛的计分方法及规则

① 记分方法，采用 21 分制，即双方分数先达 21 分者胜，3 局 2 胜。每局双方打到 20∶20 后，一方领先 2 分，即算该局获胜；若双方打成 29∶29 后，一方领先 1 分，即算该局取胜。

② 除特殊情况（如地板湿了、球打坏了等），球员不可提出中断比赛的要求。但有一方以 11 分领先时，比赛会进行 1 分钟的技术暂停，让比赛双方擦汗、喝水或休息。

③ 得分者一方有发球权，如果本方得单数分，从左边发球；得双数分，从右边发球。取消（单打）后发球线。在第三局或只进行一局的比赛中，当一方分数首先到达 11 分时，双方交换场区。

3. 比赛中的站位

（1）单打

1）发球员的分数为 0 或双数时，双方运动员均应在各自的右发球区发球或接发球。

2）发球员的分数为单数时，双方运动员均应在各自的左发球区发球或接发球。

3）如出现“再赛”，发球员应以该局的总分来确定站位。若总分为 15 分（单数），双方运动员均应在各自的左发球区发球或接发球；若总分为 16 分（双数），双方运动员均应在各自的右发球区发球或接发球。

4）球发出后，双方运动员就不再受发球区的限制，自由将球击到对方场区的任何位置，运动员的站位也可以在自己这方场区的界内或界外。

（2）双打

1）一局比赛开始和获得发球局的一方，都应从右发球区开始发球。

2）只有接发球员才能接发球，如果其同伴去接球或被球触及，发球方得一分。

① 每局首先发球的运动员，在该局本方得分为 0 或双数时，都必须在右发球区发球或接发球；得分为单数时，则应在左发球区发球或接发球。

② 每局首先接发球的运动员，在该局本方得分为 0 或双数时，都必须在右发球区接发球或发球；得分为单数时，则应在左发球区接发球或发球。

③ 上述两条相反形式的站位适用于场上的同伴。

3）任何一局的发球员取得发球权后，首先由该局发球员发球，其次由首先发球员的同伴发球，再次由他们的对手之一发球，最后由另一对手发球，以此顺序传递发球权。

4）运动员不得有发球错误和接发球的错误，或在同一局比赛中有两次发球。

5）一局胜方的任一运动员可在下一局先发球，负方中任一运动员可先接发球。

6）球发出后就不再受发球区的限制了。运动员可在本方场区自由站位和将球击到对方场区的任何位置。

4. 比赛规则

（1）交换场区

1）以下情况运动员应交换场区：

① 第一局结束。

② 第三局开始。

③ 第三局中或只进行一局的比赛进行至一方达到 11 分时。

2）运动员未按以上规则交换场区，发现立即交换，已得分数有效。

3）合法发球应包括以下几点：

① 发球时任何一方都不允许非法延误发球。

② 发球员和接发球员都必须站在斜对角线发球区内发球和接发球，脚不能触及发球区的界线；两脚必须都有一部分与地面接触，不得移动，直至将球发出。

③ 发球员的球拍必须先击中球托，与此同时整个球必须低于发球员的腰部。

④ 击球瞬间球杆应指向下方，从而使整个球筐明显低于发球员的整个握拍手部。

⑤ 发球开始后，发球员的球拍必须连续向前挥动，直至将球发出。

⑥ 发出的球必须向上飞行过网，如果不受拦截，应落入接发球员的发球区。

（2）羽毛球的违例

1）发球不合法违例。包括发球员发球时未击中球，发的球挂在网上或停在网顶等。

2）发球时，应避免以下几点：

① 球落在球场边线外。

② 球从网孔或网下穿过。

③ 球不过网。

④ 球碰屋顶、天花板或四周墙壁。

⑤ 球碰到运动员的身体或衣服。

⑥ 球碰到场地外其他人或物体（由于建筑物的结构问题，必要时地方羽毛球组织可以制定羽毛球触及建筑物的临时规定，但其国家羽毛球组织有否决权）。

3）比赛中击球时，应避免以下几点：

① 运动员球拍、身体或衣服触及网或网的支持物。

② 运动员的球拍或身体，以任何程度侵入对方场区。

③ 妨碍对手，如阻挡对方紧靠球网的合法击球。

④ 击球时，球夹在或停滞在球拍上紧接着又被拖带。

⑤ 同一运动员两次挥拍连续击中球两次。

⑥ 同一方两名运动员连续各击中球一次。

4）运动员违反比赛连续性的规定。

5）运动员行为不端。比如，故意分散对方注意力的任何举动，如喊叫、故作姿态等。

（3）重发球

① 遇到不能预见或意外的情况，应重发球。

② 除发球外，球挂在网上或停在网顶，应重发球。

③ 发球时，发球员和接发球员同时违例，应重发球。

④ 发球员在接发球员未做好准备时发球，应重发球。

⑤ 比赛进行中，球托与球的其他部分完全分离，应重发球。

⑥ 司线员未看清球的落点，裁判员也不能做出决定时，应重发球。

⑦“重发球”时，最后一次发球无效，原发球员重发球。

（4）死球

① 球撞网并挂在网上，或停在网顶上。

② 球撞网或网柱后开始在击球这一方落向地面。

③ 球触及地面。

④“违例”或“重发球”。

（5）发球区错误

① 发球顺序错误。

② 在错误的发球区发球。

③ 在错误的发球区准备接发球，且对方球已发出。

（6）发球区错误的裁判方法

① 如果错误在下一次发球击出前发现，应重发球；只有一方错误并输了这一回合，则错误不予纠正。

② 如果错误在下一次发球击出前未被发现，则错误不予纠正。

③ 如果因发球区错误而“重发球”，则该回合无效，纠正错误重发球。

④ 如果发球区错误未被纠正，比赛也应继续进行，并且不改变运动员的新发球区和新发球顺序。

第三节 网球运动

网球是小球类运动项目之一。有效网球运动场地是一个长方形，长为 23.77 米，单打场地宽为 8.23 米，双打场地宽为 10.97 米。中间隔有网，比赛双方各占球场的一方，球员用网球拍击球。

一、网球运动概述

（一）网球运动的起源

网球与高尔夫球、保龄球、台球并称为世界四大绅士运动。网球的起源可以追溯到 12～13 世纪的法国。1875 年，英国板球俱乐部制定了网球比赛规则。1877 年 7 月由全英板球俱乐部在温布尔顿举办了第一届草地网球锦标赛。

温布尔顿网球锦标赛是历史最悠久的世界网球比赛，已经有一百余年的历史。时至今日，网球运动在世界各地得到广泛发展，由此兴起了许多具有重大影响的国际赛事，包括四大满贯赛（英国温布尔顿网球赛、美国公开赛、法国公开赛、澳大利亚公开赛）、戴维斯杯男子团体赛、联合会杯女子团体赛以及 WTA 系列赛事等。

（二）网球运动的特点

打网球具有很高的锻炼价值，经常参加网球运动，能培养准确判断、快速反应的能力，并能提高人的速度、耐力、灵敏性等素质。由于网球是通过人脚的跑动移位，通过手臂击球来完成技术战术动作的，因此对调节肌肉用力的感觉和发展协调性有积极作用。网球运动有以下特点。

1. 适合各类人群参与

网球运动不太激烈，从 6～7 岁的儿童到 70～80 岁的老人都可根据个人体力情况进行。长期坚持网球运动，青年人能保持青春活力和健美形态，老年人能保持旺盛精力，推迟衰老，延年益寿。可见，网球运动属于所有年龄阶段的人，是一项老少皆宜的健身运动。

2. 内容方式多样性

网球运动作为一种健身手段之所以能适应人的各个发展阶段的不同要求，就在于其方式与内容的可调节性。例如，儿童可进行短式网球，青少年可进行软式网球，中老年人可进行硬式网球；单人可对墙进行锻炼，两人可进行单打比赛，四人可进行双打比赛等。

二、网球运动基本技术

（一）准备

1. 选择球拍

（1）两个基本概念

① 甜区（Sweet Point）。简单地说，甜区就是球拍面的有效击球区。甜区能产生足够的威力、有效的控球性与扎实的击球效果。当用甜区击球时，会有很舒适的感觉反馈，震荡与

震动也很小。

② 硬度（Stiff)。硬的球拍能产生更大的威力、更大的甜区、更稳的方向控制性和更小的震荡（因为硬的球拍击球后振幅小，震动时间短），几乎所有的因素都能减低网球肘的发生。而有弹性的球拍还有一个优点，就是对深度的控制性较佳，适合挥拍速度快或摆动幅度大的球员。

（2）网球拍的一般选择原则

一般来说，较重的球拍往往有较大的甜区，产生的力量较大，球拍震动较小。较硬的球拍也会产生较大的力量，但振动更多；不过无论拍面大小，较硬的拍框回球会精确。大拍面会产生较大的力量，对扭曲的抵抗力也更强，具有较大的甜区。

2. 握拍手法

正确握拍是打好网球的第一步，握拍也是一项十分重要的技术。正确的握拍会使技术动作掌握和提高得更快、更好。

（1）东方式握拍法

东方式握拍法分正手握拍法和反手握拍法。

① 正手握拍法。

动作要领：正手握拍和平时与人握手的姿势十分相似。握拍时将球拍与地面垂直。拍柄各部分如图 5-22 所示。由拇指与食指形成“V”字形，虎口放在球拍把手的右上斜面，食指与其余三指分开，握住拍柄。拇指稍弯曲，握住左垂直面。手掌根与拍柄齐平，如图 5-23 所示。

② 反手握拍法。

动作要领：反手握拍是在正手握拍的基础上，手沿逆时针方向旋转一个平面，即拇指和食指的“V”字形虎口在把手的左上斜面，如图 5-24 所示。其他手法基本与正手相同。

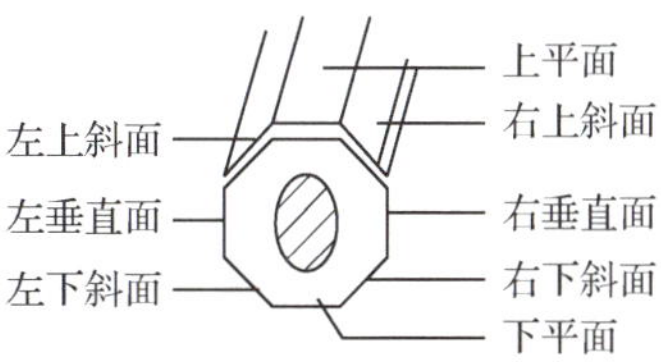

图 5-22

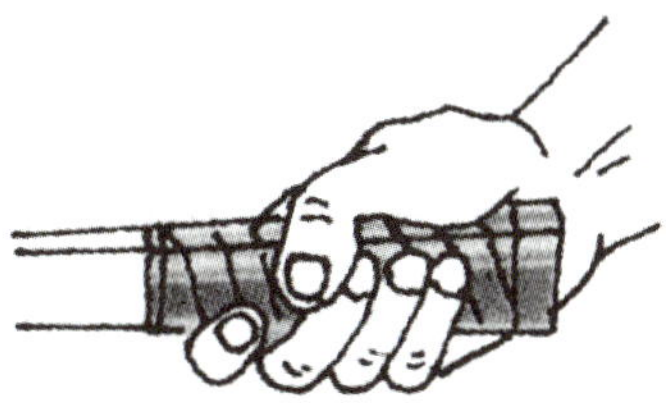

图 5-23

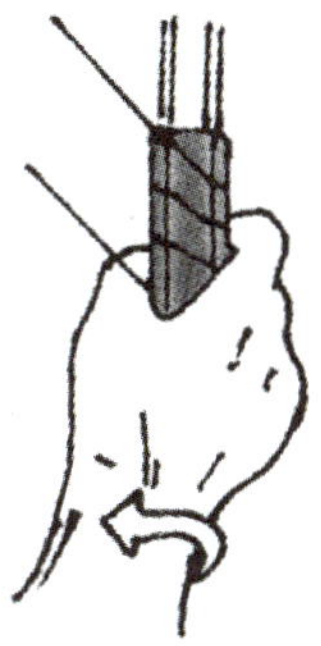

图 5-24

（2）大陆式握拍法

动作要领：由拇指和食指的“V”字形虎口放在球拍把手的上平面与左上斜面的交界线上，掌根贴住上平面，与拍柄下端齐，食指与其余三个手指稍微分开，握住拍柄。

（3）西方式握拍法

动作要领：将球拍平放在地面上，用手抓起来（俗称“一把抓”）。拇指直伸压住拍柄上平面，食指下关节握住右上斜面，手掌根贴住右下斜面，与拍柄下端平齐。西方式反手握法是在正手的基础上，手腕按顺时针转动，拇指直压拍子左垂直面，食指下关节压住上平面，手掌根部贴住左上斜面，与拍柄下端齐，简单来说，就是把拍柄上下平面颠倒过来，正、反用同一拍面击球。

3. 准备姿势

动作要领：面对对方场区站立，两脚开立略宽于肩，两膝微屈，上体略前倾，脚跟稍抬起，重心置于两脚前脚掌间；右手握拍柄，左手扶着拍颈部位，持拍于体前；两眼注视对手或来球。

（二）发球

发球是一项重要的技术，好的发球可以直接得分或为争取主动创造条件。

1. 发球的基本要求

（1）正确的站位

在端线后两脚开立与肩同宽，前脚与端线成45°，身体侧对球网，重心在后脚上。

（2）持球与抛球

持球时，可手持两个球或一个球。用拇指和另外两三个手指的顶部拿着将要发的球。抛球时手臂向身体的右前上方直臂抬起，到肩部与头部之间位置时撒手将球推向空中，尽量使球垂直上抛，球落下时在身体前脚的右前方，不要在头顶上。

（3）引拍和击球

当抛球手向上时，握拍手也应该向后上方运动，为击球做好准备。如两手配合不协调时，可采用“计数”法。先把球和球拍都放在齐胸处，数“一”时双手往下放，数“二”时两手往上，但抛球手在前，持拍手往身后，数“三”时击球。击球的高度在身体和握拍手臂充分伸展时球拍的上部。

2. 切削发球

动作要领：采用反拍握拍法，站在端线后7～10厘米处，身体侧对球网。发球时将球和球拍置于与胸同高，抛球时球拍后引在背后，肘关节抬起，身体向后屈。当球拍从后向前上方挥动时，要加快手臂挥拍速度，同时身体充分伸展，在最高点击球。击球瞬间手腕向前扣击，拍面从球的后部向前上擦击，使球产生旋转。击球后，球拍向前下左侧落下，重心前移，向前上步。

3. 平击发球

动作要领：平击发球时要尽可能地用力击球。动作方法基本同切削发球，只是在击球的一刹那，拍面不绕球切削，而是正对球的后部，用力击打。要充分利用身体、手臂的力量，以及身体重心向前的力量。

4. 发球的练习方法

① 原地徒手做抛球、挥拍练习。

② 持球手向上抛球练习。

③ 多球训练法练习发球。

④ 不同落点的发球练习。

⑤ 不同力量和旋转的发球练习。

（三）正手击球法

正手击球是网球运动中最主要的打法，也是最可靠的进攻性击球手段。

1. 动作要领

在准备姿势中判断来球后，即开始转动上体和肩，同时球拍后拉，重心移到后脚上。向后拉拍时，球拍不要下垂，拍头应高于手腕。击球时，踏出前脚，重心前移，腰部转动带手臂和球拍，向前挥拍击球，注意绷紧手腕、紧握球拍。击球后，球拍继续向前挥动至左肩前上方，完成挥拍跟球运动，如图 5-25 所示。

图 5-25

2. 练习方法

① 挥拍练习，体会动作要领。
② 自己抛球，待球跳起后击球练习。
③ 对墙击球练习。
④ 两人一组，一人送球，一人正手击球练习。
⑤ 两人正手击球对练，可进行斜线、直线练习。
⑥ 斜线与直线结合练习击球。

（四）反手击球法

1. 反拍上旋球

动作要领：击球前，采用东方式反手握法握拍；身体向左侧转，重心在后脚上；球拍后摆，拍头略低，击球时右脚向前跨，转腰带动上臂、前臂向前上方挥拍，手腕绷紧，握紧球拍，击球后继续向上做随挥动作，至右肩前上方。

2. 反拍下旋球

动作要领：击打反拍下旋球要采用大陆式握法；球拍后摆时拍头向上翘起，击球时，向前向下挥拍，拍面略仰，手腕绷紧，重心自后向前移；击球后，手臂继续向前做随球动作，如图 5-26 所示。

图 5-26

3. 双手反拍

动作要领：双手反拍击球时，右手用反拍握法，左手用正拍握法，转动身体向左后拉拍，拍略低于来球；击球时，右脚跨步向前，重心前移，转腰带动双手挥拍向前向上，在腰部高度、膝部前击球；击球后，随势挥拍至左肩前上方结束。

4. 练习方法

① 挥拍练习，体会动作要领。
② 自抛球落地弹起后击出。

③ 对墙击球。
④ 一人送球，另一人反拍击球。
⑤ 两人一组，反拍击球对练。
⑥ 各种线路的结合练习。

（五）截击球

截击技术是运动员在比赛中网前制胜的一项不可缺少的关键技术。

1. 正拍截击

动作要领：准备时，膝盖要弯曲，重心稍前，球拍在身前；采用大陆式握拍法。击球前，转动上体和肩部，带动球拍向后；击球时，握紧球拍，绷紧手腕，在身体前面 15～50 厘米处迎击球；拍头上翘，拍面稍向后仰，向前向下挥拍击球，如图 5-27 所示。

2. 反拍截击

动作要领：击球前，要转肩使上身和球飞来的路线成平行方向，同时球拍后摆至肩部，拍头向上；击球时，拍向前做简短的撞击动作，在身体前面击球；拍触球时，手腕绷紧，握紧球拍，如图 5-28 所示。

图 5-27

图 5-28

3. 截击球的练习方法

① 正、反拍截击球挥拍练习。
② 对墙近距离击空中球。
③ 两人一组，在网前练截击球。
④ 两人一组，一人发球，一人在网前练习截击。

（六）高压球

高压球是指将对方挑出的防御性的高球凌空或落点弹起后向前下打出。绝大多数高压球采用正拍击球。

1. 动作要领

侧身对网，移动到球下落的稍后方。准备击球时在身前举起球拍，然后球拍后引至肩后。击球时，前臂将拍向下挥动，整个手臂伸直，触球时手腕用力下压，拍面向下。

2. 练习方法

① 徒手挥拍练习。

② 一人送高球，另一人练习高压球。

③ 一人在底线挑高球，另一人练习高压球。

④ 不同落点的高压球练习。

（七）挑高球

挑高球分防守性和进攻性两种。防守性挑高球是为了赢得时间，摆脱困境；进攻性挑高球是在对方上网时，将球挑到对方后场较深处，使之陷入被动或失误。

1. 动作要领

准备时，将球拍做好充分的后摆。击球时，向前上挥拍，打球的下部，手腕绷紧，挥拍动作要尽可能向前向上送出。

2. 练习方法

① 徒手挥拍练习。

② 自抛球挑高球练习。

③ 两人挑高球练习。

④ 一人挑高球，一人高压球或抽球练习。

（八）放小球

1. 动作要领

反拍放小球动作与反拍下旋球相似，但在触球时，球拍向下用力较多，以减少球的前冲。同时体会拍面在球侧绕转的感觉。

2. 练习方法

① 徒手挥拍练习。

② 一人送中场球，一人放小球练习。

③ 两人反拍底线球练习中，练习放小球。

三、网球比赛基本战术

（一）战术的指导思想

1. “稳”字当头

比赛中要有耐心，不要滥用自己还不熟悉的打法或想一下把对方置于死地。击球要稳，将击球落点控制在距边线 60 厘米以内的区域。

2. 把球打深

无论进攻型或防守型的选手，都遵循一个原则：把球打深。球的落点在离端线 60～90 厘米处，以使自己有充裕的时间对回击做出反应，并能阻止对方上网，以及缩减对方回球的角度。

3. 争取上网截击

上网截击可以使自己的击球范围增大，让对方疲于应付或失误，同时提高击球速度，使对方来不及调整位置接球。

（二）单打战术

1. 发球上网

发球时发出质量较高的球，使对方的回球不至于力量太凶猛或落点太刁钻；而后自己应果断地上网，移动到发球线与网之间，以利于发挥速度和角度优势造成对方失误。如果机会不是很好，第一次截击可将球打深，落点在对方的弱侧，以便第二次截击得分。

2. 底线打法

底线打法首先要将球打深，使球落在端线前而不是发球线附近；同时利用落点调动对方或者抓住对方的弱点作为突破，在有机会的情况下也可上网截击。

3. 综合打法

根据对手的情况，采用不同的打法。如对方频频上网，可采用挑高球迫使他退回去；如对方底线技术很好，可适当放一些小球诱使他上前，再用力将球打深来调动他。综合打法就是将底线和上网两种打法结合起来，根据场上情况，随机应变。

（三）双打战术

双打是业余网球比赛的主要项目。双打对体力要求较低，适合各种年龄层次的人参加。

1. 双打的站位

双打比赛中，能控制网前的队更易赢分，因此发球员和接球员都应做好击球后上网的准备。双打时一般让技术水平较高的选手站在左区，或者由正拍技术较好的选手站在右区、反拍技术较好的选手站在左区。发球和接发球时的站位一般是：发球员站在中点与单打线的中间，发球员的同伴站在发球线和球网之间，并稍偏向单打边线些；接球员站在右区端线靠近单打线处，接球员的同伴站在发球线前边，略靠近中线。

2. 双打的配合

双打要求两个队员配合得像一个人，才能发挥出最高水平。比赛中，两人相互间的距离不能拉开 3.5 米以上，以利于并肩战斗。当同伴移动到自己区域截击时，自己应迅速补位；当同伴退到底线接高球时，自己也不应继续留在网前，而应后退，使两人处于最佳防守位置。当对方上网时，自己可以挑进攻性高球，迫使对方退回后场。

四、网球比赛基本规则

（一）场地与网球

1. 网球场

网球场是一个长方形的地面，长 23.77 米，宽 8.23 米，球网（网的中央高度为 91.4 厘米，网柱高 1.07 米，直径不得超过 15 厘米）把全场隔成相等的两个半场，如图 5-29 所示。接近球网两边的 4 块相等的区域是发球区。双打场地的两边较单打场地每边宽 1.37 米。端线和边线以外至少要有 6.4 米和 3.65 米的空地。球场有草地、硬地、沙地和沥青涂塑等类型。

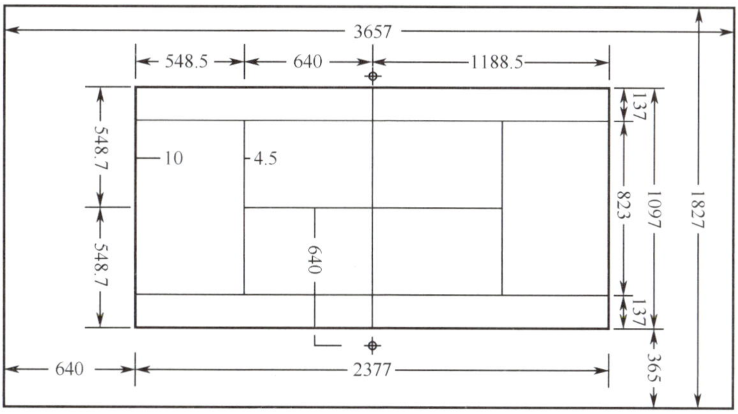

图 5-29　（单位：厘米）

2. 球和球拍

标准网球颜色为白色或黄色，球是毛质纤维覆盖的橡胶球，没有缝线，直径为 6.35～6.67 厘米，重量为 56.70～58.47 克。

球拍为长柄的椭圆形框子，框上用羊肠线、牛筋线或尼龙线穿织成拍面。球拍框子由木制、金属制或石墨制。

（二）规则与计分

1. 网球比赛基本规则

（1）发球前的规定

发球员在发球前应先站在端线后、中点和边线的假定延长线之间的区域里，用手将球向空中任何方向抛起，在球接触地面以前，用球拍击球（仅能用一只手的运动员可用球拍将球抛起）。球拍与球接触时，就算完成了球的发送。

发球员在整个发球动作中，不得通过行走或跑动改变原站的位置，两脚只准站在规定位置，不得触及其他区域。

（2）发球员的位置

每局开始，先从右区端线后发球，得或失一分后，应换到左区发球。发出的球应从网上越过，落到对角的对方发球区内或周围的线上。

（3）发球失误

出现以下情况视为发球失误：未击中球；发出的球在落地前触及固定物（球网、中心带和网边白布除外）；违反发球站位规定。发球员第一次发球失误后，应在原发位置上进行第二次发球。

（4）发球无效

发球触网后，球仍然落到对方发球区内，而接球员未做好接球准备，此时均应重发球。

（5）交换发球

第一局比赛终了，接球员与发球员互换角色。以后每局终了，均依次交替发球，直至比赛结束。

（6）交换场地

双方应在每盘的第 1、3、5 等单数局结束后，以及每盘结束双方局数之和为单数时，交换场地。

2. 失分

发生下列任何一种情况，均判失分。

① 在球第二次着地前，未能还击过网。

② 还击的球触及对方场区界线以外的地面、固定物或其他物件。

③ 还击空中球失败。

④ 故意用球拍触球超过一次。

⑤ 运动员的身体、球拍，在发球期间触及球网。

⑥ 过网击球。

⑦ 抛拍击球。

3. 双打发球次序

每盘第一局开始时，由发球方决定由何人首先发球，对方则同样地在第 2 局开始时，决定由何人首先发球。第 3 局由第 1 局发球方的另一球员发球，第 4 局由第 2 局发球方的另一球员发球。以下各局均按此次序接发球。

4. 双打接球次序

先接球的一方，应在第 1 局开始时，决定何人先接发球，并在这盘的单数局中继续先接发球。双方同样应在第 2 局开始时，决定何人接发球，并在这盘双数局中继续先接发球。相应地，各队的每一名球员也应在每局中轮流接发球。

5. 双打还击

接发球后，双方应轮流由其中任何一名队员还击。如运动员在其同队队员击球后再以球拍触球，则判对方得分。

（三）网球比赛计分办法

1. 局和盘

（1）胜 1 局

① 每胜 1 球得 1 分，先胜 4 分者胜 1 局。

② 双方各得 3 分时为“平分”，平分后，净胜 2 分为胜 1 局。

（2）胜 1 盘

① 一方先胜 6 局为胜 1 盘。

② 双方各胜 5 局时，一方净胜两局为胜 1 盘。

2. 决胜局计分制

在每盘的局数为 6 平时，有长盘制和短盘制两种计分制。

1）长盘制：一方净胜两局为胜 1 盘。

2）短盘制：决胜盘除外，除非赛前另有规定，一般应按以下办法执行。

① 先得 7 分者为胜该局及该盘（若分数为 6 平时，一方须净胜两分）。

② 首先发球员发第 1 分球，对方发第 2、3 分球，然后轮流发两分球，直到比赛结束。

③ 第 1 分球在右区发，第 2 分球在左区发，第 3 分球在右区发。

④ 每 6 分球和决胜局结束都要交换场地。

3. 短盘制的计分

① 第 1 个球（0：0），发球员 A 发 1 分球，1 分球之后换发球。

② 第 2、3 个球（报 1：0 或 0：1，不报 15：0 或 0：15）由 B 发球，B 连发两分球后

换发球，先从左区发球。

③ 第 4、5 个球（报 3：0 或 1：2、2：1，不报 40：0 或 15：30、30：15）由 A 发球，A 连发两球后换发球，先从左区发球。

④ 第 6、7 个球（报 3：3 或 2：4，4：2 或 1：5，5：1 或 6：0、0：6）由 B 发 1 分球之后交换场地，若比赛未结束，B 继续发第 7 个球。

⑤ 比分打到 5：5，6：6，7：7，8：8……时，需连胜 2 分才能决定谁为胜方。但在记分表上则统一写为 7：6。

⑥ 决胜局打完之后，双方队员交换场地。

第六章 游泳运动

游泳运动是人体在水的浮力作用下向上漂浮，并凭借浮力通过肢体有规律地运动，使身体在水中有规律运动的技能。1828 年，英国在利物浦乔治码头修造了第一个室内游泳池，而后这种泳池在英国各大城市相继出现。1837 年，在英国伦敦成立了第一个游泳组织，同时举办了英国最早的游泳比赛。1896 年，游泳被列为奥运会竞赛项目。现代游泳竞技项目种类繁多，包括自由泳、蛙泳、蝶泳、仰泳及个人混合泳等。

第一节　游泳运动基础知识

一、游泳锻炼的价值

（一）对心血管的作用

游泳对心血管系统的改善有相当重要的作用。冷水的刺激通过热量调节与新陈代谢的作用能促进血液循环。此外，游泳时水的压力和阻力还对增强心脏功能和促进血液循环起到积极的作用：长期游泳会使心脏运动性能增强，收缩有力，血管壁厚度增加，弹性加大，每搏输出血量增加。所以，游泳可以锻炼出一颗强而有力的心脏。

（二）游泳对呼吸系统的作用

在游泳时，新陈代谢和心血管系统工作的加快，都离不开大量供氧，由于水压迫胸腔和腹部而造成的呼吸困难，间接增加了呼吸肌的收缩力，从而能增强呼吸系统的功能，加大肺活量。一般健康男子的肺活量为 3000～4000mL，而经常游泳者，肺活量可以达到 5000～6000mL。因此游泳可促使人呼吸肌发达，胸围增大，肺活量增加，而且吸气时肺泡开放更多，换气顺畅，对健康极为有利。

（三）游泳可以增强抵抗力

游泳池的水温通常为 26～28℃，人体在水中浸泡时，散热快，耗能大。为尽快补充身体消耗的热量，以供冷热平衡的需要，神经系统便快速做出反应，使人体新陈代谢加快，增强人体对外界的适应能力，抵御寒冷。经常参加游泳的人，由于体温调节功能改善，就不容易伤风感冒，还能提高人体内分泌功能，使脑垂体功能提高，从而增强对疾病的抵抗力和免疫力。

（四）游泳可以改善人体形态

人在游泳时，利用水的浮力俯卧或仰卧于水中，全身松弛而舒展，因此长期游泳能使身体得到全面、匀称、协调的发展，使肌肉线条流畅。在水中运动相较于在地面运动时地对骨骼的冲击性更小，降低了骨骼的劳损概率，使骨关节不易变形。水的阻力虽可增加人的运动强度，但这种强度又有别于陆地上的器械训练，是很柔和的，训练的强度又很容易控制在有氧域之内，运动后不会长出很生硬的肌肉块，可以使全身的线条保持流畅、优美。

二、游泳运动的准备活动

（一）慢跑热身

个人可以根据以往运动的经验进行慢跑，选择适宜的时间和距离，达到身体发热、微微出汗即可。

（二）头部活动

双手叉腰站立，头部分别向前、后、左、右四个方向进行活动，每个方向完成两拍，一个八拍完成四个方向的活动，共完成四个八拍的活动。之后，头部分别按照顺时针和逆时针方向分别进行转动，两个方向依次交替进行旋转，一个八拍旋转一圈、一个方向，完成四个八拍共四圈的头部旋转。

（三）双臂体侧伸展

正常站立，双臂置于身体两侧。保持手臂伸直，双臂（掌心朝向身体外侧）侧平举过肩，尽力向上，然后由肩上位置收回到开始时的位置。每两拍双臂上下摆动一次，完成四个八拍。做这个动作时，在开始时双臂摆动可以慢些，然后逐渐加快手臂的摆动速度（注意摆臂速度不要过快）。完成之后，可以再以掌心朝向身体内侧的摆臂方式进行伸展活动，活动的时间同样是四个八拍。

（四）扩胸运动

正常站立，双臂体侧平举，掌心朝向地面（手呈掌状或握拳），然后直臂做扩胸运动，双臂一收一展为两拍，完成四个八拍。

（五）半蹲

双脚平行站立，与肩同宽，双手抱头于脑后。完成动作时，脚跟着地，保持腰背挺直，下蹲至膝关节呈 90°，然后站直。蹲下站直为两拍，完成四个八拍。注意蹲下的时候一定要蹲到位，腿部不能发软，一定要有力度感。

（六）弓步分腿

双脚并拢站立，腰背挺直，双臂于头两侧向上伸直。单腿向前迈出一步，屈膝下蹲，保持腰背挺直，每下压拉伸一次为一拍。然后略微放松，之后继续下压拉伸，完成四个八拍。最后起立站直。

（七）扶池边行走

手扶池边或池槽向前、后、两侧行走。

（八）扶池边跳跃

两手扶池边或池槽，两脚蹬池底，向上跳起。

第二节 游泳运动基本技术

学习游泳必须熟悉水性。熟悉水性阶段的主要内容是水中行走、跳跃、呼吸、水中睁眼、浮体与站立、滑行和熟悉水性游戏等。

一、水中行走、跳跃

行走、跳跃练习的目的是体会水的阻力、压力和浮力，学会水中行走、跳跃有助于维持身体平衡，消除“怕水”心理。

（一）练习方法

① 扶边行走：手扶池边或池槽向前、后、两侧行走。

② 拉手行走：集体拉手向前、后、两侧行走。

③ 划水行走：两手掌与水面垂直向前推水，向后行走；两手向后划水，向前行走；两手向侧划水，向相反的方向行走。

④ 扶边跳跃：两手扶池边或池槽，两脚蹬池底，向上跳起。

⑤ 徒手跳跃：水中站立，两臂平放水中，两手臂向下压水，两脚蹬池底，向上跳起。

⑥ 单独进行各种方向的走、跑、跳跃练习。

（二）注意事项

水中行走、跳跃时，身体应保持直立，以防身体向侧、后倾倒；练习时水深齐腰、齐胸即可，不宜过深。

二、呼吸

练习的目的是使学生掌握正确的游泳呼吸技术，防止喝水、呛水现象的出现和克服怕水心理。练习方法介绍如下。

（1）闭气练习

手扶池边（池槽）或拉同伴的手，在水面用口深吸气后，闭气下蹲将头没入水中，停留片刻（3～5 秒）后脸出水，再在水面上深吸气（图 6-1）。在练习时，水中闭气时间可逐渐增加，没入水中部位由脸部逐渐过渡至整个头部。

（2）呼气练习

动作要领同闭气练习，头部没水稍闭气后用口鼻同时缓慢、均匀地呼气，呼气的后段应边呼边抬头，当口将出水面时，应用力将气呼完。在水中不要急于将气呼完，当脸部离开水面前才需将气呼尽。练习时可先与同伴配合进行（图 6-2），或徒手单独进行（图 6-3）。

三、浮体与站立

练习的目的是体会水的浮力，初步掌握在水中浮起、维持身体平衡及由浮体至站立的方法，增强学生学习游泳的信心，进一步消除怕水的心理。练习方法介绍如下。

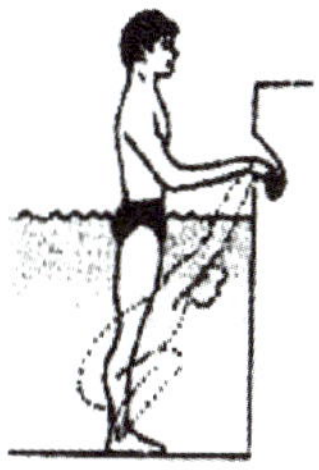

图 6-1

图 6-2

图 6-3

（1）抱膝浮体

并腿站立，深吸气后，低头含胸，同时两脚轻蹬池底，提膝、收腹、团身、抱腿，呈抱膝姿势自然漂浮于水中。站立时，两手松开，两臂前伸，手掌向下压水并抬头，同时两腿下伸，脚触池底后站立，两臂在体侧拨水维持身体平衡，如图 6-4 所示。

图 6-4

（2）展体浮体

两脚开立，两臂放松前伸，深吸气后，身体前倾并低头，屈膝下蹲，两脚轻蹬池底，两腿放松上浮成俯卧展体姿势漂浮于水中。站立时，收腹、屈膝、收腿，两臂向下压水并抬头，同时两腿下伸，脚触池底后站立，两臂在体侧拨水维持身体平衡。如图 6-5 所示。

（3）展体仰浮

并腿站立，深吸气后，头和上体后仰，并慢慢后倒于水中，同时两脚轻蹬池底，两腿放松上浮，两手前伸或平放于体侧，也可在体侧轻轻拨水，呈展体仰卧姿势，仰浮于水中。站立时，抬头、收腹、屈膝、收腿，两臂向下压水并抬头，同时两腿下伸，脚触池底后站立，两臂在体侧拨水维持身体平衡，如图 6-6 所示。

图 6-5

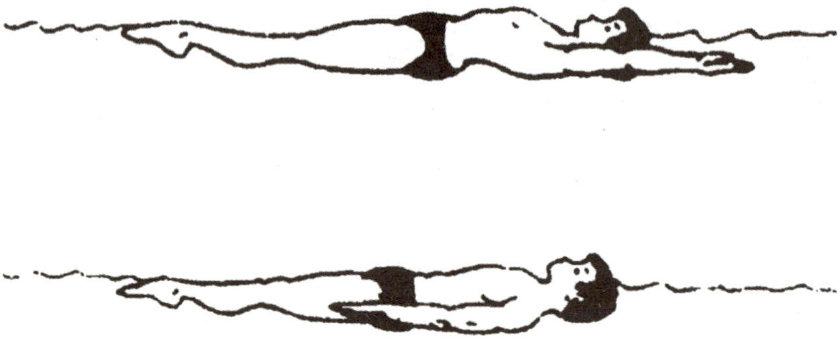

图 6-6

四、滑行

练习的目的是使学生体会和掌握游泳时身体的水平位置和流线型身体姿势，为各种泳式腿部动作的学习打好基础。练习方法介绍如下。

（1）蹬池底滑行

两脚前后开立，两臂前伸，两手并拢。深吸气后上体前倾并屈膝，当头和肩没入水中时前脚掌用力向后下蹬离池底，随后两腿并拢，使身体呈俯卧、流线型姿势在水面下向前滑行，如图 6-7 所示。

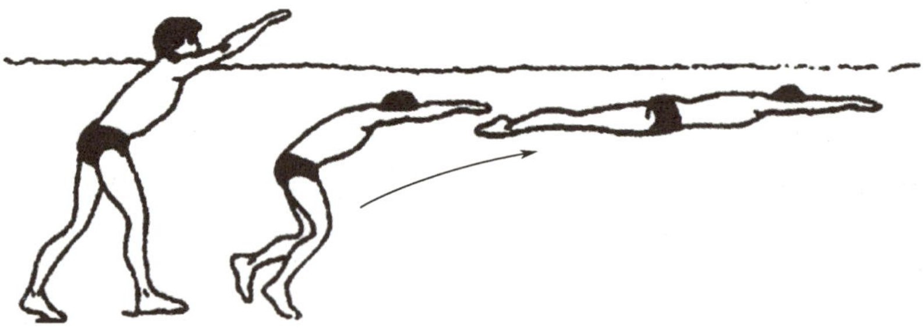

图 6-7

（2）蹬池壁滑行

背对池壁，一手拉池槽或扶池边，一臂前伸，同时一脚站立，一脚紧贴池壁。深吸气后低头，上体前倾，提臀，向上收支撑腿，两脚贴紧池壁，臀部后移，两臂前伸、并拢，头夹于两臂之间，两脚用力蹬池壁，使身体成俯卧、流线型姿势在水面下向前滑行，如图 6-8 所示。

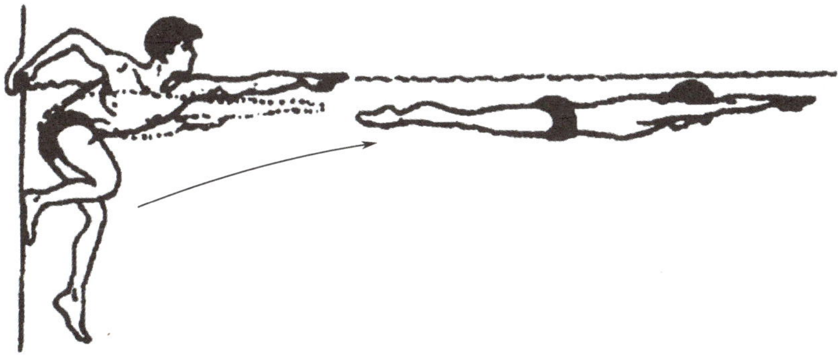

图 6-8　蹬池壁滑行

第三节　游泳运动的基本泳姿

一、蛙泳

（一）蛙泳概述

蛙泳是一种模仿青蛙游泳动作的游泳姿势，也是最古老的一种泳姿，早在 2000~4000 年前，在中国、罗马、埃及就有类似这种姿势的游泳。蛙泳是竞技游泳姿势之一。蛙泳一词在英文里是胸泳或俯泳的意思。这种游泳姿势因俯卧在水面，划水与蹬腿动作酷似青蛙在水中游进，所以在中国一直被称为蛙泳。游蛙泳时，身体姿势比较平稳，水的支撑面积大，动作省力，呼吸方便、能持久，适用于长时间、远距离游泳。采用这种姿势游泳，容易观察目标，动作隐蔽，声音小，实用价值很大，长期以来被广泛应用于水上搬运、泅渡、救护等方面。同时，蛙泳也是较适合游泳初学者学习的项目。

（二）身体姿势

滑行时，身体俯卧水中，两臂前伸并拢，头略抬，水齐发际，稍挺胸，腹部和下肢尽量处于水平姿势，身体纵轴与前进方向成 5°～10°。在游进时，身体随划臂和呼吸动作，有一定幅度的上下起伏，如图 6-9 所示。

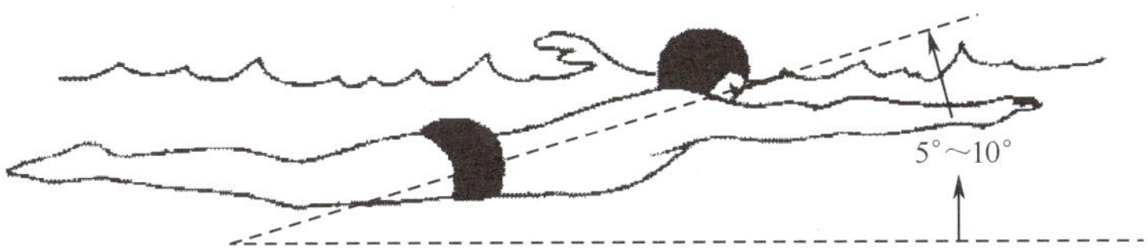

图 6-9

（三）腿部技术

蛙泳的腿部动作是推动身体前进的主要动力之一。它的主要动作环节可分为收腿、翻脚、蹬夹和滑行，这四个环节是紧密相连的完整动作。

1. 收腿和翻脚

在两腿完全伸直并稍下沉时，屈髋和屈膝，同时两小腿向大腿后折叠，与臀部靠拢，边分边收，两膝距离与肩同宽，大腿和躯干呈 130°～140°（见图 6-10）。当腿、脚跟接近臀部时，两膝稍向里扣，脚尖向两侧外翻，做翻脚动作（见图 6-11）。

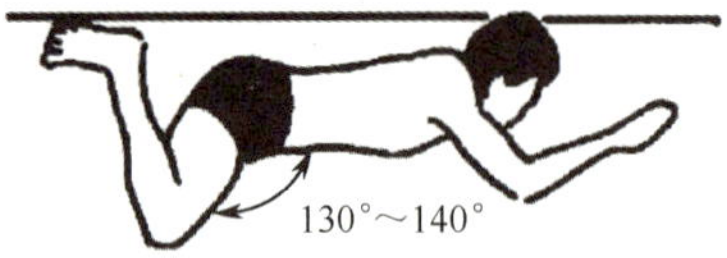

图 6-10

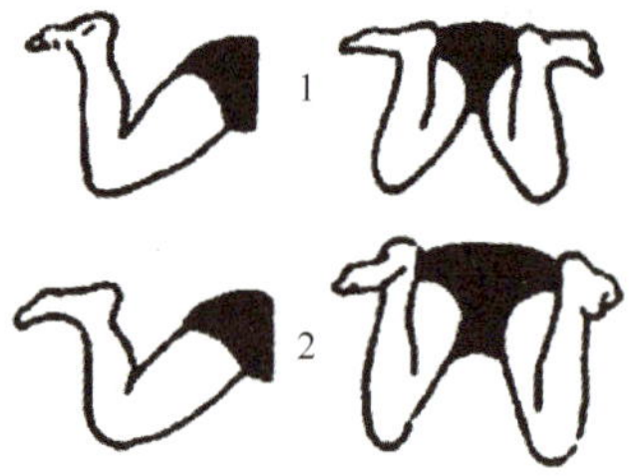

图 6-11

2. 蹬夹

腿后蹬时，边后蹬边内夹，以蹬为主，蹬夹动作先伸髋，使髋、膝和踝关节相继伸直，如图 6-12 所示。

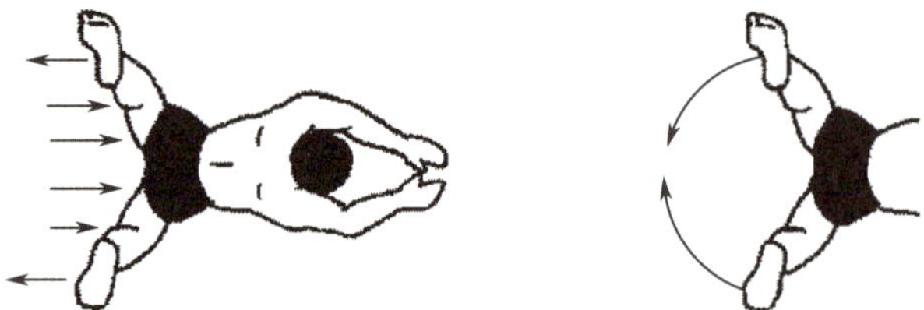

1　　2

图 6-12

3. 滑行

蹬夹结束后有一个短暂的滑行阶段，两腿应尽量伸直并拢，自然放松，为下一个动作周期做准备。初学者在滑行阶段可以先短暂休息，以便游得更远。

（四）手臂动作

手臂动作可分为抓水、划水、收手和伸臂四个部分。

1. 抓水

由水下前伸滑行开始（水下 15～20 厘米），两肩关节略内旋，手掌外转 45°，稍勾腕，直臂向外撑水。

2. 划水

当两臂成 40°～45°时，逐渐屈臂形成高肘，向两侧、后下划水，至两臂之间为 120°时，屈肘约呈 90°。

3. 收手

当两臂划至最宽处，开始向内划水，直至两前臂和手掌心相对，此时肘下降，低于手。

4. 伸臂

两臂由肩带动积极向前伸出、伸直，掌心由向内上转向下。

（四）呼吸

蛙泳配合一般是蹬腿一次，划臂一次，呼吸一次。由于腿、臂、呼吸配合时间的不同，会形成不同的技术特征。

二、仰泳

（一）仰泳概述

仰泳又称背泳，是一种人体仰卧在水中的游泳姿势。仰泳包括反蛙泳和反爬泳，因为脸部在水面上，呼吸很方便，但是游泳者看不到该往哪里游，容易游错方向。仰泳是唯一在水中准备后才能开始的姿势，其他泳姿都可跳入水中后直接开始。仰泳是竞技游泳比赛项目之一。前进时，身体仰卧，臂腿动作没有规则限制，多用交替划水和交替踢水配合技术。

仰泳技术的产生和发展有较长的历史，1794 年就有了关于仰泳技术的记载，但是直到 19 世纪初，游仰泳时仍采用两臂同时向后划水，两腿做蛙泳的蹬水动作，即“反蛙泳”。自 1902 年出现爬泳技术后，由于爬泳技术合理和速度快，就开始有人采用类似爬泳的两臂轮流向后划水的游法，但是直到 1921 年才初步形成了现在的仰泳技术。仰泳技术由于头部露出水面，呼吸方便，躺在水面上，比较省力，因此深受中老年人和体质较弱者的喜爱。

（二）仰泳基本技术

1. 入水

臂入水时，应借助于移臂动作的惯性，臂部自然放松，入水点应在身体纵轴与肩的延长线之间，或在肩的延长线上，过宽和过窄都会影响速度。臂入水时应保持直臂，肘部不要弯曲，入水时小指向下，拇指向上，掌心向侧后方，如图 6-13 所示。

图 6-13

2. 抱水

抱水是为划推水创造有利的条件。臂入水后要利用移臂时所产生的动量积极下滑到一定的深度，手掌向下、向侧移动，通过伸肩、屈肘、上臂内旋和屈腕的动作，配合身体的滚动，使手掌和前臂有压水的感觉。当完成抱水动作时，肘部微屈呈 150°～160°，手掌距水面约 40～50 厘米，肩保持较高的位置，如图 6-14 所示。

图 6-14

3. 划推水

仰泳的划水动作是推动身体前进的主要动力。整个动作由屈臂抱水开始，以肩为中心，手臂划至大腿外侧下方为止，如图 6-15 所示。

图 6-15

4. 拉水

拉水是在臂前伸抱水的基础上进行的。开始时前臂内旋，手掌上移，肘部下降，使屈肘程度加大，手掌和小臂要保持与前进方向垂直。当手掌划至肩侧时，屈臂程度最大，约为70°～110°，手掌接近水面。拉水的前半部分，手的运动为“向上→向外→向后”的三个分运动，后半部分则是“向上→向内→向后”的三个分运动；水流从大拇指流向小指。这个阶段也是身体向划水臂同侧转动最大的阶段，如图 6-16 所示。

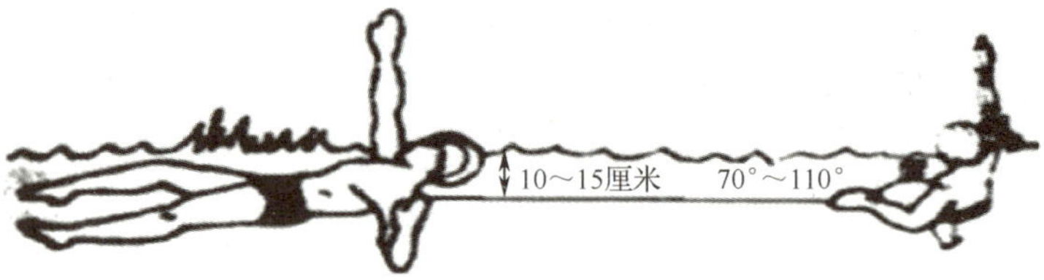

图 6-16

5. 推水

推水是从手臂划过肩侧时开始的，这时肘关节和大臂应逐渐向身体靠近，同时用力向脚的方向推水。当推水即将结束时，小臂内旋做加速转腕下压的动作，掌心由向后转向下。推水时，手的运动由“向内→向下→向后”的运动，逐渐转变为“向内→向下→向前”的运动。水流从小指流向大拇指一边。推水结束时，手臂要伸直，手掌在大腿侧下方。

6. 出水

推水结束后，借助于手掌压水的反弹力迅速提臂出水。出水时手型有多种：其一，手背先出水；其二，大拇指先出水；其三，小拇指先出水。这三种手型各有利弊，相对来说最后一种较好。无论采用哪种手型出水，都要注意使手臂自然、放松、迅速，并且要先压水后提肩，肩部露出水面后，由肩带动大臂、小臂和手依次出水。

三、自由泳

（一）自由泳概述

自由泳时，人在水中呈俯卧姿势，两腿交替上下打水，两臂轮流划水，动作很像爬行，所以被人们称为爬泳。自由泳是四种竞技游泳中速度最快的一种姿势。

自由泳从古代就开始有人使用了。在西方竞赛里第一次出现于 1844 年伦敦的一场游泳赛。当时参赛的南美洲印第安游泳运动员使用此姿势轻松地击败了使用蛙泳的英国游泳运动员。但是，因这种姿势造成了许多水波，英国人觉得此姿势太野蛮了，故英国游泳运动员继续在比赛中使用蛙泳。在 1870 年至 1890 年期间，英国游泳运动员特拉金去南美洲从印第安人那学会了自由泳。但是，当特拉金回到英国参加比赛时，他错误地使用了蛙泳的腿踢动作。此后，他做的这种姿势被称为“特拉金式”姿势。此姿势比蛙泳快，而且被英国人接受，很快成为游泳主流姿势。“特拉金式”姿势后被澳大利亚游泳运动员改善，被称为“澳大利亚爬泳”。经过了一百多年的改良，目前常见自由泳姿势同“澳大利亚爬泳”及原印第安姿势相似。

（二）自由泳基本技术

1. 身体姿势

身体俯卧水中，背部和臀部肌肉保持适当紧张，身体自然伸展呈流线型，身体纵轴与水平面呈3°～5°，头部与身体纵轴呈20°～30°，两眼正视前下方，如图6-17所示。

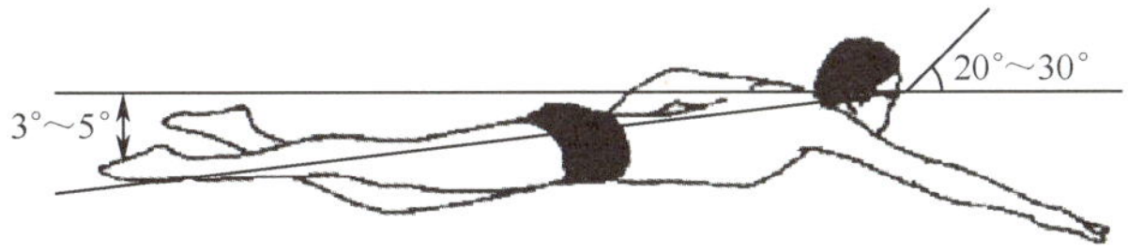

图6-17

2. 腿部动作

两腿自然伸直并拢，踝关节放松，两脚内扣，以髋为轴，由大腿带动小腿做上下鞭状打水动作，两脚尖上下幅度30～40厘米，大、小腿弯曲约160°，两腿向下发力，两腿交替向下打水，如图6-18所示。

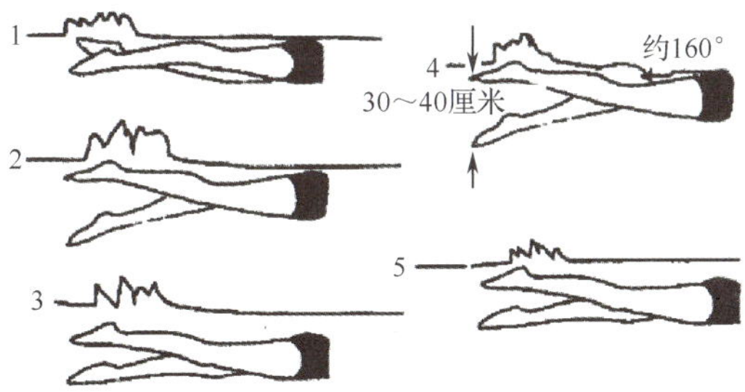

图6-18

3. 臂部动作

自由泳的两臂划水是推动身体前进的主要动力，两臂交替向前划水，整个划水周期分为入水、划水、出水和空中移臂。入水时手指自然并拢，入水点在肩的延长线上，划水至与肩垂直时屈肘，上臂内旋并带动小臂向后推水至大腿旁，掌心向后划水，划水路线呈S形。推水结束后，立即向后上方提肘把臂抽出水面，同时上臂内旋向前挥摆，肘关节高于手。

两臂的配合形式有三种：前交叉，即一臂入水时，另一臂处于肩前方；中交叉，即一臂入水时，另一臂处于肩垂直下方；后交叉，即一臂入水时，另一臂划至腹下与水面呈150°左右的夹角，如图6-19所示。

4. 自由泳臂、腿和呼吸及配合技术

自由泳时，一般是在两臂各划水一次的过程中进行一次呼吸，以向右边吸气为例，右手入水后，嘴和鼻开始慢慢呼气；右臂划水至肩下，开始向右侧转头和增大呼气量；右臂推水即将结束，则用力呼气；右臂出水时，张嘴吸气，至空中移臂的前半部为止，并开始转头还

原。然后，直至臂入水结束，有一个短暂的闭气过程，脸部转向前下。头部稳定时，右臂入水，再开始下一次慢慢呼气的过程。

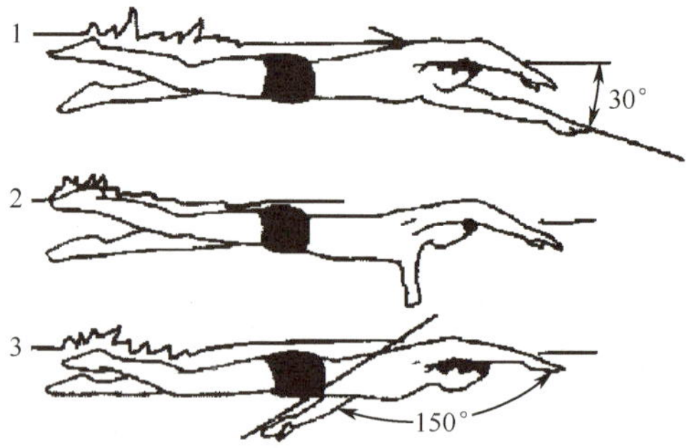

图 6-19

自由泳的呼吸与臂、腿配合，初学者一般采用“6：2：1”的方法，即呼吸一次、臂划两次、腿打六次，这种配合方法易保持平衡和协调掌握自由泳技术。

第七章 武术与健身气功

武术是我国民族体育的主要内容之一，其中有的已列入竞技运动项目，如长拳、太极拳、南拳、剑术、刀术、枪术、棍术等。武术运动的形式有套路和对抗等，习武可以强身健体，也可以防御敌人进攻，还可引领修习者进入认识人与自然、社会客观规律的传统教化（武化）中。2020 年 1 月 8 日，武术被列入第四届青年奥林匹克运动会正式比赛项目。

健身气功是我国正式开展的第 62 个体育项目。它是以自身形体活动、呼吸吐纳、心理调节相结合为主要运动形式的民族传统体育项目，是中华悠久文化的组成部分。练习健身气功对于增强人的心理素质，改善人的生理功能，提高人的生存质量，提高道德修养等，具有独特的作用。当前流行的主要健身气功有易筋经、五禽戏、八段锦等。

第一节 武术基础知识

一、武术的起源与发展

武术，从字面意思来理解，就是当代传统武学艺术的一种展示。它源于古代军事战争，发展至今，已经成为一种以中华文化为理论基础，以技击方法和动作要领为基本内容的传统体育。在中国，武术作为中国传统文化的重要组成部分，在强健国民体魄、武装国民精神上都做出了巨大的贡献，随着时代的发展，在技艺及内涵层面，都有了长足的发展和进步。

武术，要把握它的概念，首先就要从“武”和“术”下手。“武”，最早出现于商代甲骨文，是一个“持戈而立”的形象。随着社会发展，又给予了它一些伦理性解释，楚子在《左传》中提道：“夫文，止戈为武。”旨在提醒习武之人不应滥用武力。在《说文解字》中，“术”被解释为“邑中道也”，有人也将其引申为技艺。由此可见，武术的原始意义便是手持武器搏杀格斗的方法或技巧。

从语源来看，“武术”一词最早见于南朝人颜延之的《皇太子释奠会作》，其曰：“大人长物，继天接圣；时屯必亨，运蒙则正；偃闭武术，阐扬文令；庶士倾风，万流仰镜。”文中的武术，即指军事。所以兵器被称为武器，军事被称为武事，军备也被称为武备。不难看出，武术在古代最根本的作用便是抵御外族入侵，消停战事。

中国传统武术在 1949 年后，被定义为“今后谈到武术的价值时，不必强调自卫应敌等，而应该强调它对人民健康的作用，因为增强人民体质就是对国防有益，对生产有益，即便是练习枪、刀、剑、棍，也不应理解为战斗武器，而应理解为运动器械。”自此，传统武术逐渐转化为竞技项目。

现如今，根据武术运动全面发展的需要，武术可以分为以下五大类。

① 拳术类：包括各种徒手拳术，如长拳、太极拳、南拳、形意拳等。

② 器械类：器械类又分为短器械、长器械、双器械和软器械。

③ 对练类：分为徒手对练、器械对练徒手和器械对练。

④ 集体项目：各种三人以上的徒手拳术或器械的集体演练，如集体基本功、集体拳、集体剑等 。

⑤ 攻防技术：攻防技术是两人之间按照一定竞技规则而进行的相互搏击运动，如散子、推手、短兵、长兵等。

二、武术的特点和作用

（一）武术的特点

① 动作具有攻防技击性。武术动作所具有的攻防技击性是武术的本质特性。作为中国武术特有表现形式的套路运动，虽然种类不同、风格各异，但都是以踢、打、摔、拿、击、刺、劈等攻防动作构成套路的主要内容。

② 动作具有内外合一、形神兼备的特点。既讲究动作的形体规范，又要求精气神、内外合一的整体运动观，是中华武术的一大特点。套路演练在技术上特别要求把内在的精气神与外部的形体动作紧密结合，做到手到眼到，形断神连，使意识、呼吸、动作协调一致。

③ 内容丰富，具有广泛的适应性。武术的内容和练习形式丰富多样，不同类别的武术项目，其练功方法、动作结构、技术要求、运动风格和运动负荷不尽相同，可分别适应不同年龄、性格、职业和体质的需要，人们可以根据自己的条件和兴趣爱好加以选择。

（二）武术的作用

① 壮内强外的健身特点。中国人民千百年来的习武实践表明，武术注重内外兼修，对身体有着多方面的良好影响，经常练习能收到壮内强外的健身效果。

② 提高防身自卫能力。“防身自卫”在武术产生之初就是其最根本的目的。套路运动的技术方法虽然不适于搏斗，但其以技击动作为主要内容，通过练习，既可以增强体质，也可以掌握攻防格斗的技法。如果在练习套路运动的基础上，再增强攻防格斗的能力，会很快掌握搏斗运动的技法和规律，从而具备防身自卫的能力。

③ 培养道德情操。尚武与崇德是武术修炼过程中的两个重要方面。培养习武者尊师重道、讲礼守信、宽以待人、严于律己等良好的心理素质和高尚的道德情操。在习武过程中，需要能吃苦耐劳、坚持不懈，这不仅能培养习武者坚忍不拔、自强不息的意志力，还可修身养性，有益于人的全面发展。

④ 丰富文化生活。武术运动所具有的动迅静定的节奏美，踢、打、摔、拿、跌等动作巧妙结合的方法美，内外合一、形神兼备的和谐美引人入胜。搏斗对抗中双方激烈的争夺、精湛的攻防技巧、敢打敢拼的斗志，都能给人以美的享受和精神上的激励。将武术运动的技术动作和除恶扬善的侠义精神紧密结合的武侠文化，更是给人们带来了强烈的视觉震撼和精神冲击，极大地丰富了人们的文化生活。

⑤ 增进交流。群众性的武术活动讲究“以武会友”，即通过习武的共同爱好，可以切磋

技艺、扩大交流、交流思想、增进友谊。

三、武术基本功和基本动作

武术基本功是指为更好地掌握武术技法，发展某项专门素质的基础功法练习。武术功法练习内容丰富、形式多样，主要有腰功、腿功、臂功和桩功等。武术基本动作是指武术拳术中最基础、最具有代表性的动作，主要包括肩、肘、手、髋、膝和足的基本攻防方法与跳跃、平衡动作。

重视和加强基本功与基本动作的练习，对于尽快准确地掌握武术技法、全面提高武术动作质量、避免伤害事故的发生、延长运动寿命、提高专项身体素质都有着十分重要的意义。

基本功和基本动作的练习，应遵循先易后难、动静结合、循序渐进的原则，坚持“一勤、二苦、三恒”的练功态度，才能收到良好的练习效果。

（一）手形

1. 拳

动作说明：五指卷紧，拇指压于食指、中指第二指节上（见图 7-1）。

要点：拳握紧、拳面平、直腕。

2. 掌

动作说明：四指伸直并拢，拇指弯曲紧扣于虎口处（见图 7-2）。

要点：掌心开展、竖指。

3. 钩

动作说明：五指撮拢成钩，屈腕（见图 7-3）。

要点：屈腕。

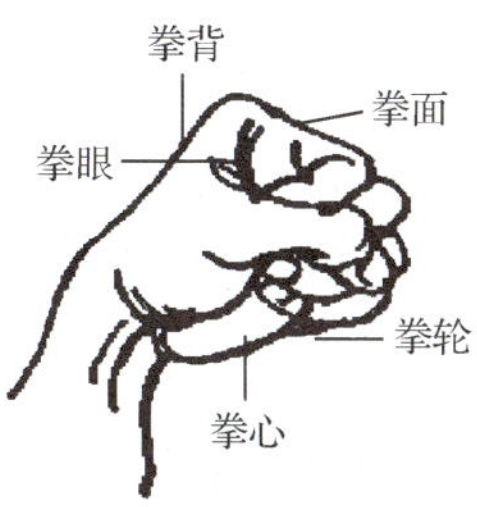

图 7-1

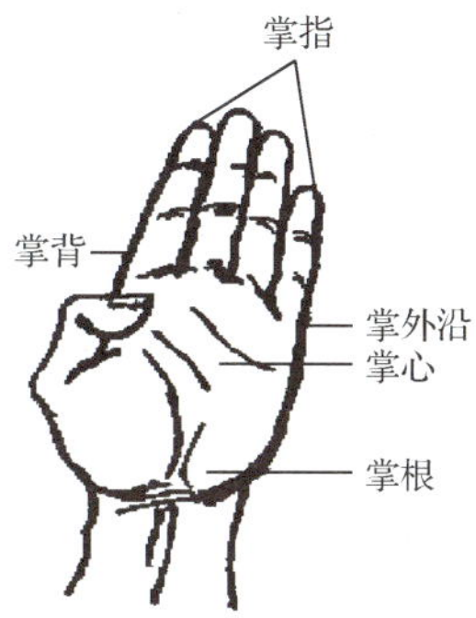

图 7-2

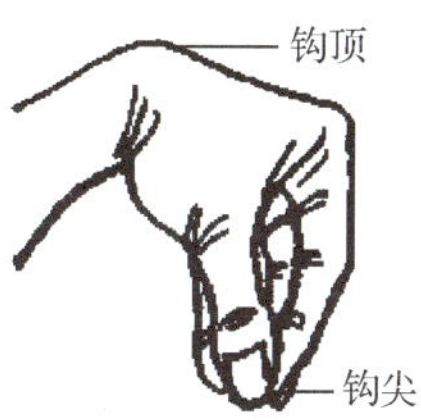

图 7-3

（二）手法

1. 冲拳

预备姿势：两脚左右开立，两拳抱于腰间，拳心朝上（见图 7-4）。

动作说明：右拳从腰间旋臂向前猛力冲出，力达拳面，目视前方；可左右拳交替进行（见图 7-5）。

要点：挺胸、收腹、直腰，出拳快速有力，做好拧腰、顺肩、急旋前臂的动作。

2. 架拳

预备姿势：同冲拳。

动作说明：右拳向右上方架起，拳眼向下，目视左方（见图 7-6、图 7-7）。

要点：松肩、肘微屈、前臂内旋，力达前臂外侧。

图 7-4

图 7-5

图 7-6

图 7-7

3. 推掌

预备姿势：同冲拳（见图 7-8，注：图 7-8 与图 7-4 同，为了保持每种拳的完整性，特保留，余同）。

动作说明：右拳变掌，以掌外沿为力点向前猛力推出，目视前方（见图 7-9）。

要点：同冲拳，注意沉腕、翘掌，力达掌外沿。

4. 亮掌

预备姿势：同冲拳。

动作说明：抖腕、亮掌，臂呈弧形举于头上方，目视左方（见图 7-10、图 7-11）。

要点：抖腕、亮掌与转头要同时完成。

图 7-8

图 7-9

图 7-10

图 7-11

（三）步型

1. 弓步

动作说明：前脚微内扣，全脚掌着地，屈膝半蹲，大腿呈水平状，膝部约与脚面垂直；另一腿挺膝伸直，脚尖里扣斜向前方，全脚掌着地，上体正对前方，两手抱拳于腰间（见图 7-12）。

要点：挺胸、立腰；前腿弓、后腿绷。

2. 马步

动作说明：两脚左右开立为脚长的 3～4 倍，脚尖正对前方，屈膝半蹲，大腿呈水平状，目视前方，两手抱拳于腰间（见图 7-13）。

要点：头正、挺胸、立腰、扣足。

3 虚步

动作说明：后脚尖斜向前，屈膝半蹲，大腿接近水平，全脚掌着地；前腿微屈，脚面绷紧，脚尖虚点地面（见图 7-14）。

要点：挺胸、立腰、虚实分明。

图 7-12

图 7-13

图 7-14

4. 仆步

动作说明：一腿全蹲，大腿和小腿靠紧，臀部接近小腿，全脚掌着地，膝与脚尖稍外展；另一腿平铺接近地面，全脚掌着地，脚尖内扣（见图 7-15）。

要点：挺胸、立腰、开髋，全脚掌着地。

5. 歇步

动作说明：两腿交叉屈膝全蹲，前脚全脚掌着地，脚尖外展；后脚脚跟离地，臀部外侧紧贴后腿小腿（见图 7-16）。

要点：挺胸、立腰、两腿贴紧。

6. 丁步

动作说明：两腿半蹲并拢，一脚全脚掌着地支撑，另一脚停在支撑脚内侧相靠，脚尖点地（见图 7-17）。

要点：同虚步。

图 7-15

图 7-16

图 7-17

（四）步法

1. 插步

预备姿势：开步站立，两手叉腰（见图 7-18）。

动作说明：右脚向左脚后横插一步，两腿交叉（见图 7-19）。

2. 击步

预备姿势：两脚前后开立，双手叉腰（见图 7-20）。

图 7-18

图 7-19

图 7-20

动作说明：前脚蹬离地面，后脚向前以脚弓碰击前脚脚跟（见图 7-21）；后、前脚依次落地；眼睛平视前方（见图 7-22）。

要点：腾空跳起时，保持上体正直并侧对前方。

3. 垫步

预备姿势：同击步。

动作说明：后脚提起向前脚处落步（见图 7-23）；前脚以脚掌蹬地前跳落步，眼睛向前平视（见图 7-24）。

要点：同击步。

图 7-21

图 7-22

图 7-23

图 7-24

（五）腿法

1. 直摆性腿法

（1）正踢腿

预备姿势：并步站立，两臂侧平举（见图 7-25）。

动作说明：左脚上步直立，右腿挺膝，脚尖勾起向前额处猛踢；眼睛平视前方（见图 7-26）。

要点：挺胸、收腹、立腰。踢腿时，迅速收髋、收腹，脚尖勾起绷落，过腰后动作加快，要有寸劲。

（2）外摆腿

预备姿势：同正踢腿。

动作说明：右脚上步；左脚尖勾紧，向右侧上方踢起，经面前向左侧上方摆动，直腿落在右脚旁；眼睛向前平视，可用掌在面前依次迎击脚面（见图 7-27）。

要点：展髋，腿呈扇形外摆，幅度要大。

图 7-25

图 7-26

（a）　（b）

图 7-27

（3）里合腿

预备姿势：同正踢腿。

动作说明：同外摆腿，只是腿要由外向内合（见图 7-28）。

要点：同外摆腿。

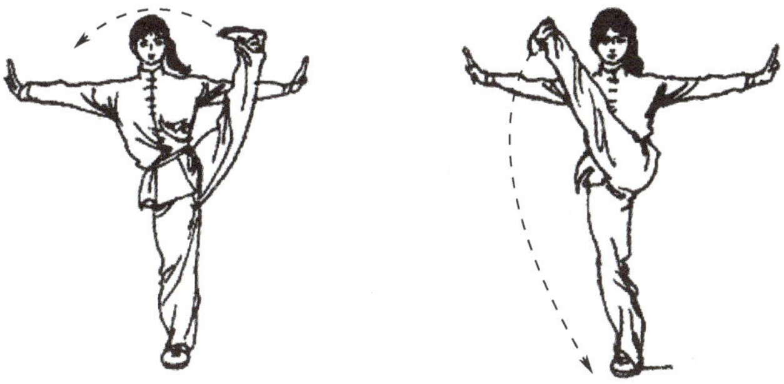

（a）　（b）

图 7-28

2. 屈伸性腿法

（1）弹腿

预备姿势：并步站立，两拳抱于腰间。

动作说明：支撑腿直立或稍屈，另一腿由屈到伸向前弹出；脚面绷直，力达脚尖（见图 7-29）。

要点：收髋，弹击有寸劲，力达脚尖。

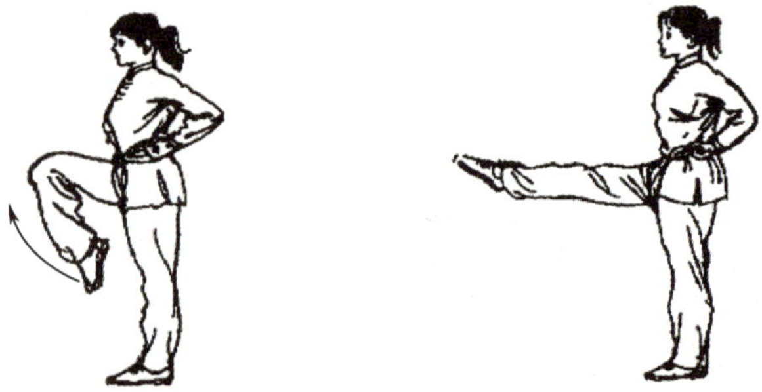

（a） （b）

图 7-29

（2）蹬腿

预备姿势：并步站立，两拳抱于腰间。

动作说明：同弹腿；只是脚尖要勾起，力达脚尖（见图 7-30）。

要点：同弹腿。

（a） （b）

图 7-30

第二节 拳 术

一、五步拳

（一）动作名称

弓步冲拳、弹腿冲拳、马步架打、歇步盖冲拳、提膝仆步穿掌、虚步挑掌和并步抱拳。

（二）动作方法

预备姿势：并步抱拳（图 7-31-a）。

① 弓步冲拳：成左弓步，左手向左平搂收回腰间抱拳；冲右拳；目视前方（图 7-31-b）。

② 弹腿冲拳：重心前移，右腿向前弹踢，同时冲左拳，收右拳；目视前方（图 7-31-c）。

③ 马步架打：右脚落地，向左转体 90°，下蹲成马步，同时左拳变掌，屈臂上架，冲右拳；目视右方（图 7-31-d）。

④ 歇步盖冲拳：左脚向右脚后插一步，同时右拳变掌向左下盖，掌外沿向前，身体左转 90°，收左拳；目视右掌（图 7-31-e）；上动不停，两腿屈膝下蹲成歇步，同时冲左拳，收右拳；目视左拳（图 7-31-f）。

⑤ 提膝仆步穿掌：两腿起立，身体左转。随即左拳变掌，顺势收至右腋下；右拳变掌，由左手背上穿出，手心向上。同时左腿屈膝提起，目视右掌（图 7-31-g）。左脚落地成仆步；左手掌指朝前，沿左腿内侧穿至左脚面，目视左掌（图 7-31-h）。

⑥ 虚步挑掌：左腿屈膝前弓，右脚上前成右虚步。同时左手向后划弧成勾手，右手顺右腿外侧向上挑掌，目视前方（图 7-31-i）。

⑦ 并步抱拳：左脚向右脚靠拢成并步。同时左勾手和右掌变拳，回收抱于腰间。目视前方（图 7-31-j）。

图 7-31

二、二十四式太极拳

（一）太极拳介绍

二十四式太极拳，即简化太极拳，是由国家体委（今国家体育总局）于1956年组织太极拳专家以杨式太极拳为蓝本编创的。相比于传统的太极拳，二十四式太极拳既能充分体现传统太极拳的运动特点，又因其动作少而精练、更加规范，具有易学易练性而深受大众的欢迎。

（二）姿势动作

这套拳共分八个组，包括从“起势”到“收势”的共二十四个姿势动作。

1. 起势（见图7-32）

两脚开立→两臂前举→屈腿按掌。

图7-32

2. 野马分鬃（见图7-33、图7-34）

（1）左野马分鬃

抱手收脚→转体上步→弓步分手。

图7-33

（2）右野马分鬃

转体撇脚→抱手收脚→转体上步→弓步分手。

图7-34

（3）左野马分鬃

转体撇脚→抱手收脚→转体上步→弓步分手。

3. 白鹤亮翅（见图 7-35）

跟步抱手→后坐转体→虚步分手。

图 7-35

4. 搂膝拗步（见图 7-36 ~ 图 7-38）

（1）左搂膝拗步

转体摆臂→摆臂收脚→上步屈肘→弓步搂推。

图 7-36

（2）右搂膝拗步

转体撇脚→摆臂收脚→上步屈肘→弓步搂推。

图 7-37

（3）左搂膝拗步

转体摆臂→摆臂收脚→上步屈肘→弓步搂推。

图 7-38

5. 手挥琵琶（见图 7-39）

跟步展臂→后坐引手→虚手合手。

图 7-39

6. 倒卷肱（见图 7-40 ~ 图 7-43）

（1）右倒卷肱

转体撤手→退步卷肱→虚步推掌。

图 7-40

（2）左倒卷肱

转体撤手→退步卷肱→虚步推掌。

图 7-41

（3）右倒卷肱

转体撤手→退步卷肱→虚步推掌。

（4）左倒卷肱

转体撤手→退步卷肱→虚步推掌。

图 7-42

图 7-43

7. 左揽雀尾（见图 7-44、图 7-45）

转体撤手→抱手收脚→转体上步→弓步棚臂→转体摆臂→转体后捋。

图 7-44

转体搭手→弓步前挤→后坐引手→弓步前按。

图 7-45

8. 右揽雀尾（见图 7-46、图 7-47）

转体分手→抱手收脚→转体上步→弓步绷臂→转体摆臂→转体后捋→转体搭手→弓步前挤→后坐引手→弓步前按。

图 7-46

图 7-47

9. 单鞭（见图 7-48）

转体运臂→勾手收脚→转体上步→弓步推掌。

图 7-48

10. 云手（见图 7-49）

转体松钩→云手收步→云手开步→云手收步→云手开步→云手收步。

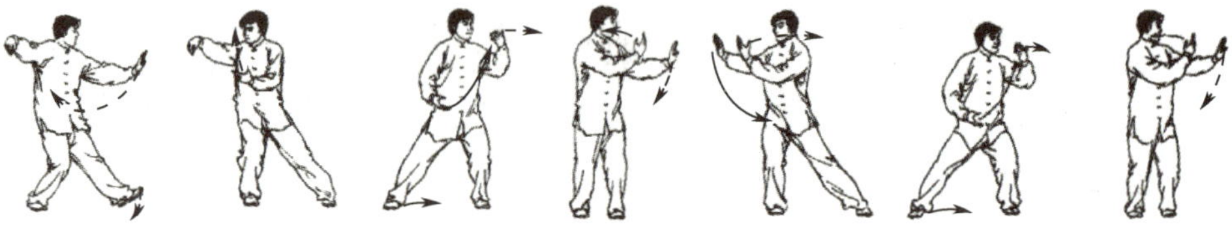

图 7-49

11. 单鞭（见图 7-50）

转体勾手→转体上步→弓步推掌。

图 7-50

12. 高探马（见图 7-51）

后脚跟步→后坐翻手→虚步推掌。

图 7-51

13. 右蹬腿（见图 7-52）

穿手提脚→上步翻手→分手弓腿→抱收手脚→翻手提腿→分手蹬脚。

图 7-52

14. 双峰贯耳（见图 7-53）

屈膝并手→上步落→弓步贯拳。

图 7-53

15. 转身右蹬脚（见图 7-54）

转体分手→收脚合抱→提膝翻手→分手蹬脚。

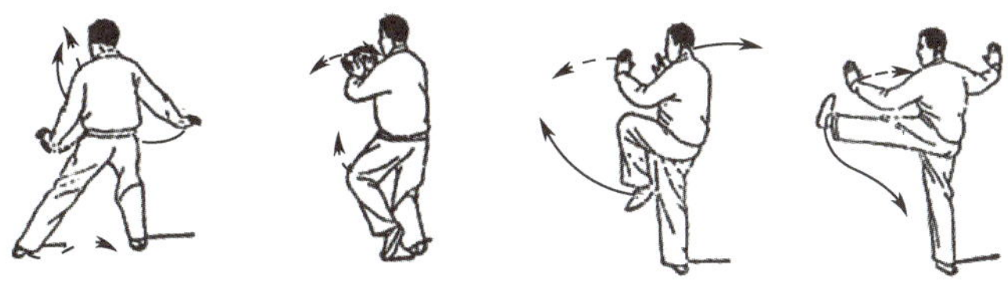

图 7-54

16. 左下势独立（见图 7-55）

收腿勾手→屈蹲开步→仆步穿掌→弓腿起身→独立挑掌。

图 7-55

17. 右下势独立（见图 7-56）

落脚勾手→屈蹲开步→仆步穿掌→弓腿起身→独立挑掌。

图 7-56

18. 左右穿梭（见图 7-57）

（1）右穿梭

落脚转体→抱手收脚→上步错手→弓步架推。

图 7-57

（2）左穿梭

转体撇脚→抱手收脚→上步错手→弓步架推。

19. 海底针（见图 7-58）

后脚跟步→后坐提手→虚步插掌。

图 7-58

20. 闪通臂（见图 7-59）

提手收脚→上步分手→弓步推掌。

图 7-59

21. 转身搬拦捶（见图 7-60）

转身扣脚→转体握拳→垫步搬拳→转体收拳→上步拦掌→弓步打拳。

图 7-60

22. 如封似闭（见图 7-61）

穿手翻掌→后坐引收→弓步按掌。

图 7-61

23. 十字手（见图 7-62）

转体扣脚→弓腿分手→转体落手→收脚合抱。

24. 收势

翻掌分手→垂臂落手→并脚还原。

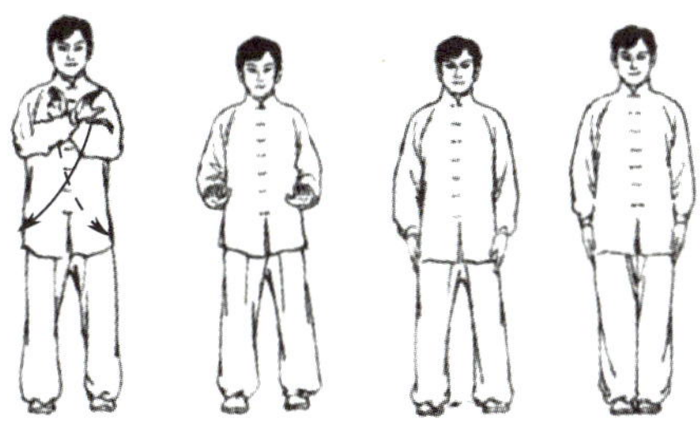

图 7-62

第三节　健身气功

一、八段锦

八段锦是一套独立而完整的健身功法，起源于北宋。古人把这套动作比喻为“锦”，意为五颜六色，美而华贵！除此之外，“锦”字还可理解为单个导引术式的汇集，如丝锦那样连绵不断，是一套完整的健身方法。

关于健身，现代人更加注重形体，在意有没有腹肌和小蛮腰；而古人则更注重筋骨是否健壮，因为筋骨与身体脏腑有直接关系。筋骨锻炼得好，五脏六腑都能正常运行。其中，八段锦就是一种能够起到养生保健作用的健身方法，不仅在古代流行，现在也有很多养生达人在练习。

现代的八段锦在内容与名称上均有所改变，此功法分为八段，每段一个动作，故名为“八段锦”，练习无须器械，不受场地局限，简单易学，节省时间，作用极其显著。

八段锦动静相兼、松静自然，柔和缓慢、圆活连贯，适合不同人群的健身锻炼。长期习练有助于改善呼吸系统、神经系统及循环系统的功能，增强细胞免疫功能和机体抗衰老能力，改善心理健康。

（一）预备势

（1）两脚并步站立；两臂自然垂于体侧；身体中正，目视前方。

（2）随着松腰沉髋，身体重心移至右腿；左脚向左开步，脚尖朝前，约与肩同宽；目视前方。

（3）两臂内旋，两掌分别向两侧摆起，约与髋同高，掌心向后；目视前方。

（4）两腿膝关节稍屈；同时，两臂外旋，向前合抱于腹前呈圆弧形，与脐同高，掌心向内，两掌指尖距约 10cm；目视前方。

要点：头向上顶，下颌微收，舌抵上腭，双唇轻闭；沉肩坠肘，腋下虚掩；胸部宽舒，腹部松沉；收髋敛臀，上体中正。呼吸徐缓，气沉丹田，调息 6～9 次。

（二）第一式　两手托天理三焦

图 7-63

（1）接上式。两臂外旋下落，两掌五指分开在腹前交叉，掌心向上；目视前方（见图 7-63）。

（2）上动不停。两腿徐缓挺膝伸直；同时，两掌上托至胸前，随之两臂内旋向上托起，掌心向上；抬头，目视两掌。

（3）上动不停。两臂继续上托，肘关节伸直；同时，下颌内收，动作略停；目视前方。

（4）身体重心缓缓下降；两腿膝关节微屈；同时，十指慢慢分开，两臂分别向身体两侧下落，两掌捧于腹前，掌心向上；目视前方。此式托举、下落为 1 遍，共做 6 遍。

要点：两掌上托要舒胸展体，略有停顿，保持拉伸；两掌下落，松腰沉髋，沉肩坠肘，松腕舒指，上体中正。

（三）第二式　左右开弓似射雕

图 7-64

（1）接上式。身体重心右移；左脚左侧开步站立，两腿膝关节自然伸直；同时，两掌向上交叉于胸前，左掌在外，两掌心向内；目视前方。

（2）上动不停。两腿徐缓屈膝半蹲成马步；同时，右掌屈指成“爪”，向右拉至肩前；左掌成八字掌，左臂内旋，向左侧推出，与肩同高，坐腕，掌心向左，犹如拉弓射箭之势；动作略停；目视左掌方向（见图 7-64）。

（3）身体重心右移；同时，右手五指伸开成掌，向上、向右画弧，与肩同高，指尖朝上，掌心斜向前；左手指伸开成掌，掌心斜向后；目视右掌。

（4）上动不停。重心继续右移；左脚回收成并步站立；同时，两掌分别由两侧下落，捧于腹前，指尖相对，掌心向上；目视前方。

动作（5）～（8）同动作（1）～（4），只是左右相反。

此式一左一右为1遍，共做3遍。第3遍最后一动时，身体重心继续左移；右脚回收成开步站立，与肩同宽，膝关节微屈；同时，两掌分别由两侧下落，捧于腹前，指尖相对，掌心向上；目视前方。

要点：侧拉之手五指要并拢屈紧，肩臂放平。八字掌侧撑需沉肩坠肘，屈腕，竖指，掌心涵空。年老或体弱者可自行调整马步高度。

（四）第三式　调理脾胃须单举

（1）接上式。两腿徐缓挺膝伸直；同时，左掌上托，左臂外旋上穿经面前，随之臂内旋上举至头左上方（见图7-65），肘关节微屈，力达掌根，掌心向下，掌指向前，动作略停；目视前方。

图 7-65

（2）松腰沉髋，身体重心缓缓下降；两腿膝关节微屈；同时，左臂屈肘外旋，左掌经面前下落于腹前，掌心向上；右臂外旋，右掌向上捧于腹前，两掌指尖相对，相距约10 cm，掌心向上；目视前方。

动作（3）、（4）同动作（1）、（2），只是左右相反。

此式一左一右为1遍，共做3遍。第3遍最后一动时，两腿膝关节微屈；同时，右臂屈肘，右掌下按于髋旁，掌心向下，掌指向前；目视前方。

要点：力在掌根，上撑下按，舒胸展体，拔长腰脊。

（五）第四式　五劳七伤往后瞧

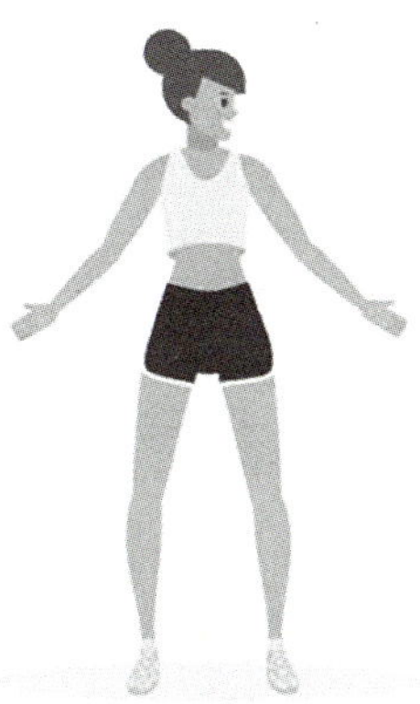

图 7-66

（1）接上式。两腿挺膝伸直；同时，两臂伸直，掌心向后，指尖向下，目视前方。然后上动不停。两臂充分外旋，掌心向外；头向左后转，动作略停；目视左斜后方（见图7-66）。

（2）松腰沉髋，身体重心缓缓下降；两腿膝关节微屈；同时，两臂内旋按于髋旁，掌心向下，指尖向前；目视前方。

动作（3）同动作（1），唯左右相反。

动作（4）同动作（2）。

此式一左一右为1遍，共做3遍。第3遍最后一动时，两腿膝关节微屈；同时两掌捧于腹前，指尖相对，掌心向上；目视前方。

要点：头向上顶，肩下沉。转头不转体，旋臂，两肩后张。

（六）第五式　摇头摆尾去心火

（1）接上式。身体重心左移，右脚向右开步站立；同时，两掌上托与胸同高时，两臂内旋，两掌继续上托至头上方，肘关节微屈，掌心向上，指尖相对；目视前方。

图 7-67

（2）上动不停。两腿徐缓屈膝半蹲成马步；同时，两臂向两侧下落。两掌扶于膝关节上方，肘关节微屈，小指向前；目视前方（见图 7-67）。

（3）身体重心向上稍升起，而后右移；上体先向后右倾，随之俯身；目视右脚。

（4）上动不停。身体重心左移；同时，上体向前、向左旋转；目视右脚。

（5）身体重心右移成马步；同时，头向后摇，上体立起，随之下颌微收；目视前方。

动作（6）～（8）同动作（3）～（5），只是左右相反。

此式一左一右为 1 遍，共做 3 遍。

做完 3 遍后，身体重心左移，右脚回收成开步站立，与肩同宽；同时，两掌向外两侧上举，掌心相对；目视前方。随后松腰沉髋，身体重心缓缓下降。两腿膝关节微屈；同时屈肘，两掌经面前下按至腹前，掌心向下，指尖相对；目视前方。

要点：马步下蹲要收髋敛臀，上体中正。摇转时，颈部与尾闾对拉伸长，好似两个轴在运转，速度应柔和缓慢，动作圆活连贯。年老或体弱者要注意动作幅度，不可强求。

（七）第六式　两手攀足固腰肾

（1）接上式。两腿挺膝伸直站立；同时，两手掌指尖向前，两臂向前、向上举起，肘关节伸直，掌心向前；目视前方。

（2）两臂外旋至掌心相对，屈肘两掌下按于胸前，掌心向下，指尖相对；目视前方。

（3）上动不停。两臂外旋，两掌心向上，随之两掌掌指顺腋下向后插；目视前方。

（4）两掌心向内继续沿脊柱两侧向下至臀部；随之上体前俯，两掌继续沿腿后向下，经脚两侧置于脚面；抬头，动作略停；目视前下方。

此式上下为 1 遍，共做 6 遍。

做完 6 遍后，上体立起；同时，两臂向前、向上举起，肘关节伸直，掌心向前；目视前方。随后松腰沉髋，身体重心缓缓下降；两腿膝关节微屈；同时，两掌向前下按至腹前，掌心向下，指尖向前；目视前方。

要点：两掌反穿要适当用力，至足背时松腰沉肩，两膝挺直，向上起身时手臂主动上举，带动上体立起。年老或体弱者可根据身体状况自行调整动作幅度，不可强求。

（八）第七式　攒拳怒目增气力

（1）接上式。身体重心右移，左脚向左开步；两腿徐缓屈膝半蹲成马步；同时，两掌握固，抱于腰侧，拳眼向上；目视前方（见图 7-68）。

（2）左拳缓慢用力向前冲出，与肩同高，拳眼向上；瞪目，视左拳冲出方向。

（3）左臂内旋，左拳变掌，虎口朝下；目视左掌。左臂外旋，肘关节微屈；同时，左掌向左缠绕，变掌心向上后握固；目视左拳。

图 7-68

（4）屈肘，回收左拳至腰侧，拳眼朝上；目视前方。

动作（5）～（8）同动作（1）～（4），只是左右相反。

此式一左一右为 1 遍，共做 3 遍。做完 3 遍后，身体重心右移，左脚回收成并步站立；同时，两拳变两掌，自然垂于体侧；目视前方。

要点：马步的高低可根据自己的腿部力量灵活掌握。冲拳时要怒目瞪眼，脚趾抓地，拧腰顺肩，力达拳面；拳回收时要旋腕，五指用力抓握。

（九）第八式　背后七颠百病消

接上式。两脚跟提起；头上顶，动作略停；目视前方。两脚跟下落，轻震地面；目视前方（见图 7-69）。此式一起一落为 1 遍，共做 7 遍。

要点：上提时脚趾要抓地，脚跟尽力抬起，两腿并拢，百会穴上顶，略有停顿，要掌握好平衡。脚跟下落时，咬牙，轻震地面，动作不要过急。沉肩舒臂，周身放松。

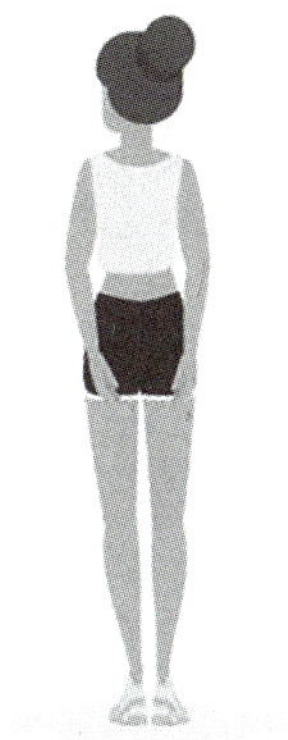

图 7-69

（十）收势

接上式。两臂内旋，向两侧摆起，与髋同高，掌心向后；目视前方。两臂屈肘，两掌相叠置于丹田处（男性左手在内，女性右手在内）；目视前方。两臂自然下落，两掌轻贴于腿外侧；目视前方。

要点：体态安详，周身放松，呼吸自然，气沉丹田。

二、易筋经

易筋经，源于我国古代中医导引术，具有强健体魄、预防疾病的效果，长期在道家、佛家及民间习武人士之间广为流传。易筋经产生于秦汉时期术士的导引之术，于唐宋年间传入少林，成为僧人们打坐参禅之余活血化瘀的健身功法。“易”是变通、改换、脱换之意，“筋”指筋骨、筋膜，“经”则带有指南、法典之意。易筋经就是改变筋骨，通过修炼丹田真气打通全身经络的内功方法。

易筋经是一套完整的套路式锻炼功法，练习中也可以根据自身的健康状况和身体素质，进行全套完整练习，或有选择性地进行单个动作的练习。

根据易筋经原文的要求：初练者，“日行三次”为宜，即早、中、晚三次。

预备式两腿开立，头端平，目前视，口微闭，调呼吸。含胸，直腰，蓄腹，松肩，全身自然放松。

第一势：韦驮献杵

（1）口诀：立身期正下，环拱手当胸，气定神皆敛，心澄貌亦恭。

（2）动作姿势。

① 预备桩功：两脚平行站立，与肩等宽，双膝微屈，两臂自然下垂于身体两侧，五指自然并拢微屈，两眼平视前方，继而放松，轻轻闭合，眼若垂帘（图 7-70、图 7-71）。心平气和，神能安详，洗心涤虑，心澄貌恭。全身自上而下头颈、肩、臂、平、胸、腹、臀、大腿、小腿、脚依次放松，躯体各关节及内脏放松，做到身无紧处，心无杂念，神意内收。

图 7-70

图 7-71

继而再做内观放松，神意内收，导引气血内观泥丸，自觉头脑清新，清莹如晨露。

引气下行，内观咽喉，自觉颈项放松。

引气下行，内观小丹田，自觉心胸开阔，神清气爽。

引气下行，内观脾骨，自觉中焦温健，胃脘舒适。

引气下行，内观下丹田，自觉命门相火温煦，元气充沛，腹内暖意融之。

引气下行，内观会阴，自觉会阴放松。

引气沿两腿内侧下行，内观涌泉，自觉无限生机自足下涌出。

② 拱手当胸：两臂徐徐前手举，掌心相对于肩等宽，两臂平直，再屈肘，肘节自然向下提坠，两手慢慢内收，距胸约一拳后，两手指尖相叠，拇指轻触，掌心向内（图 7-72～图 7-75）。此时要求沉肩坠时，含胸拔背，气沉丹田，舌抵上腭，面带微笑。

图 7-72

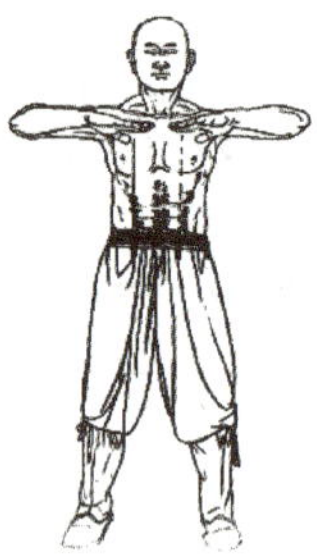

图 7-73

图 7-74

图 7-75

第二势：韦驮献杵

（1）口诀：足趾挂地，两手平开，心平气静，目瞪口呆。

（2）动作姿势

① 接上势，翻转掌心向下，指尖相对，在体前缓缓下接至小腹前，同时引气下导。两掌左右分开，翻转掌心朝上，缓慢上抬呈侧平举意念在无限远处。两手微高于肩，两眼平视前方，极目远眺，舌尖放下平铺，松腰松胯，两足趾抓地，似要生根之状，全身放松，心平气和，排除杂念，摒弃诸缘（图 7-76～图 7-81）。

图 7-76

图 7-77

图 7-78

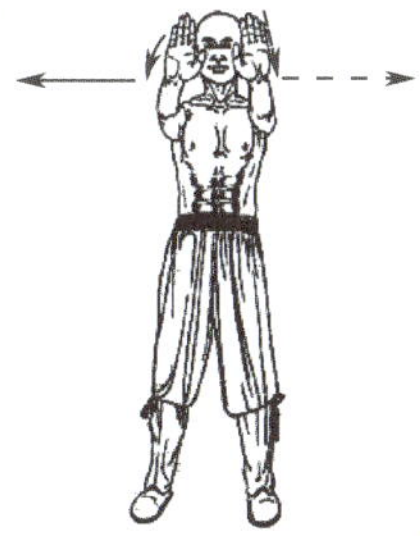

图 7-79

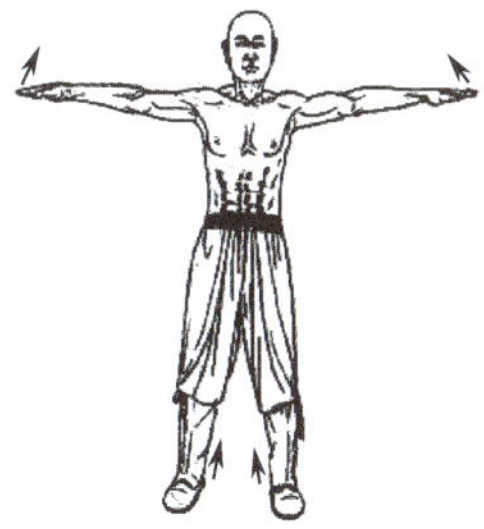

图 7-80

图 7-81

第三势：韦驮献杵

（1）口诀：掌托天门目上观，足尖着地立身端，力周腿胁浑如植，咬紧牙关不放宽；舌可生津将腭抵，鼻能调息觉心安，两拳缓缓收回处，用力还将挟重看。

（2）动作姿势。

① 掌托天门目上举：接上势，两臂上举，掌心相对，翻转掌心向上，十指相对，舌抵上腭，仰面观天，眼看九天之外，脚跟提起，足尖着地（图 7-82～图 7-83）。

② 俯掌贯气：两掌心翻转朝下，肘微屈，头正，眼平视前方，舌尖放下，两身在身前缓缓下按至小腹前，神意自九天之外收回，自头顶白会穴透入，经咽喉，脊髓至尾闾，沿两腿直达涌泉。下导时，足跟随之着地（图 7-84、图 7-85）。

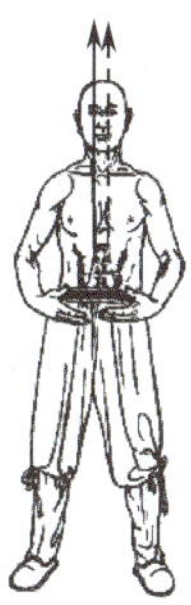

图 7-82

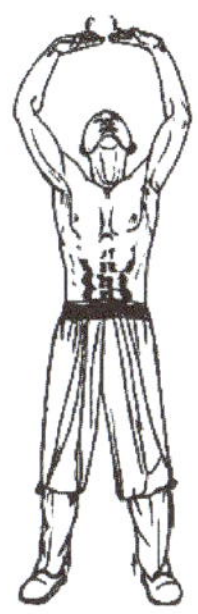

图 7-83

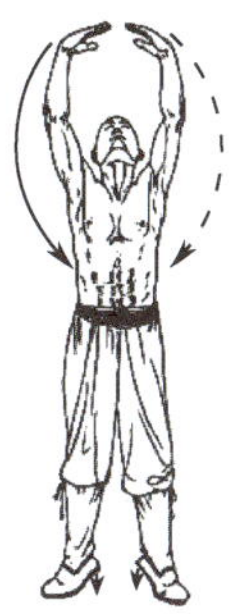

图 7-84

图 7-85

第四势：摘星换斗势

（1）口诀：双手擎天掌覆头，再从掌内注双眸，鼻端吸气频调息，用力收回左右眸。

（2）动作姿势。

① 双手擎天掌覆头：右手经身体右侧缓缓向上举起，掌心朝天，五指朝左弓，松肩直臂左手臂外劳宫紧贴命门。舌抵上腭，仰面上观手背，透过手背看九天之上，身体自命门起上下双向伸展（图 7-86、图 7-87）。

② 俯首贯气：右掌翻转向下，生屈肘，头正，舌尖自上腭自然放下，眼平视前方或轻闭，同时“神返身中”。久练后与双手擎天掌覆头连续练习时有“人在气中，气在人内”，内外一气的感觉。松腰，则左掌劳宫穴发气，与上式“俯掌贯气”同，可参阅（图 7-88、图 7-89）。

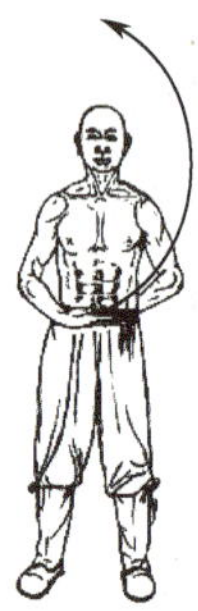

图 7-86

图 7-87

图 7-88

图 7-89

左手动作与右手动作相同，唯左右相反。

第五势：倒拽九牛尾势

（1）口诀：两腿后伸前屈，小腹运气放松，用力在于两膀，观拳须注双瞳。

（2）动作姿势（图 7-90～图 7-92）。

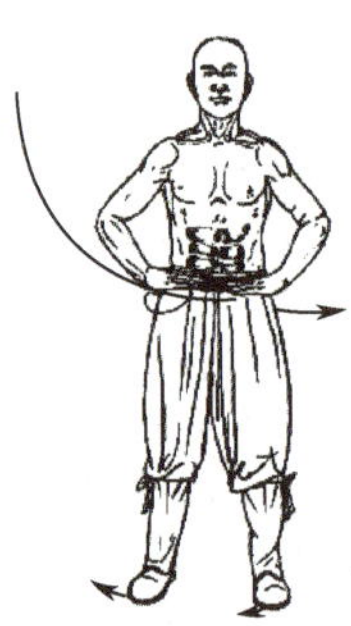

图 7-90

图 7-91

图 7-92

① 左脚向左侧迈出一步成左弓步。同时，左手握拳上举，拳稍过头顶，拳心向内，屈肘。前臂与上臂所成角度略大于直角。肘不过膝，膝不过足，成半圆形，两腿观左拳。右手握拳，直肘向后伸展，拳心向后，前后两拳成绞绳状，称为螺旋颈。松肩，两肩要平而顺达。

背直，塌腰收臀，胸略内含，藏气于小腹，鼻息调匀，舌尖轻抵上腭。

② 导气下达，两拳放松成半握拳状。舌尖自上腭放下，肩、腰放松，左手劳宫穴发气，闭目。气自天目穴遂入，依次贯穿脑髓，脊髓、两腿骨髓，直达两脚涌泉穴。

③ 转身向右，与前式相同，唯左右相反。

第六势：出爪亮翅式

（1）口诀：挺身兼怒目，握手向当前，用力收回处，功须七次全。

（2）动作姿势（图 7-93～图 7-99）。

① 握拳护腰由第一势预备桩功，上身前俯，两臂在身前松垂，两手握拳，由身前缓缓提起，置于腰间，拳心朝上。同时配合顺气，身直胸展，舌尖轻抵上腭，青少年，年轻力壮或以增强力量为目的者，提起握紧拳。

图 7-93　　图 7-94　　图 7-95

② 两拳变掌，缓缓向前推出，至终点时掌心朝前，左腕屈指，高与肩平，两眼平视指端，延展及远。

③ 松腕，虚掌，十指微屈，屈肘，两手缓缓向胸胁收回，势落海水还潮，两眼轻闭，舌尖轻抵上腭，配以缓缓吸气。

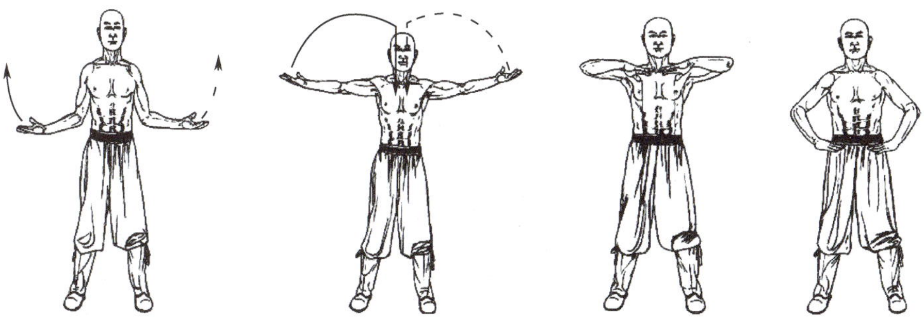

图 7-96　　图 7-97　　图 7-98　　图 7-99

第七势：九鬼拔马刀势

（1）口诀：侧道弯肱，抱顶及颈，自头收回，弗嫌力猛，左右相轮，身直气静。

（2）动作姿势（图 7-100～图 7-104）。

① 右手后背，掌心朝外，置于腰部。左手上举过头，屈肘贴枕部抱头，手指压拉右耳，

左腋张开。同时头颈腰背拧转向左后方，眼看右足跟。舌尖轻抵上腭，稍停片刻。

② 拧身复正，侧头上观。两眼延展及远。舌尖轻抵上腭，身直气静。两手沿体前缓慢下落，恢复预备桩功。动作 3、4 与 1、2 同，唯左右相反。

图 7-100

图 7-101

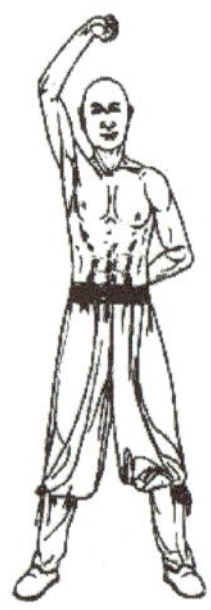

图 7-102

图 7-103

图 7-104

第八势：三盘落地势

（1）口诀：上腭坚撑舌，张眸意注牙，足开蹲似踞，手按猛如拿，两掌各翻起，瞪睛兼闭口，起立足无斜。

（2）动作姿势（图 7-105～图 7-110）。

① 同第一式预备柱功，屈腰下蹲，同时两掌分向身侧胯旁，指尖朝向左右侧方（微微偏前），虎口撑圆，眼看前方，延展及远。上虚下实，空胸实腹，松腰敛臀，气蓄小腹。要做到顶平、肩平、心平气静。练虚静功者可闭目敛神，铜钟气功即脱胎于此式，故亦可做单独桩法练之。两腿伸直，翻掌托起，如托千斤。同时吸气，舌抵上腭，眼向前平视，全身放松。

俯掌屈膝下按（恢复马步蹲按），配以呼吸，如此反复蹲起 3 次。年轻体壮者则宜全蹲，站起进宜缓，同时握拳上提。

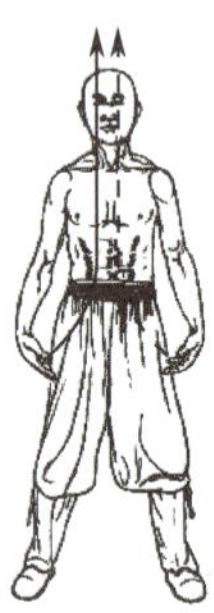

图 7-105

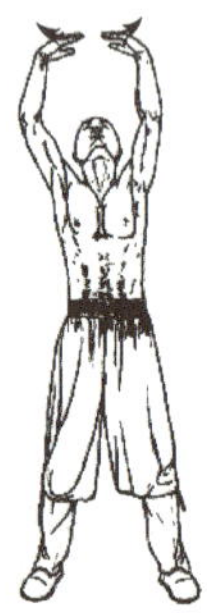

图 7-106

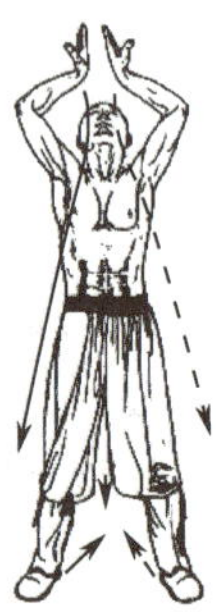

图 7-107

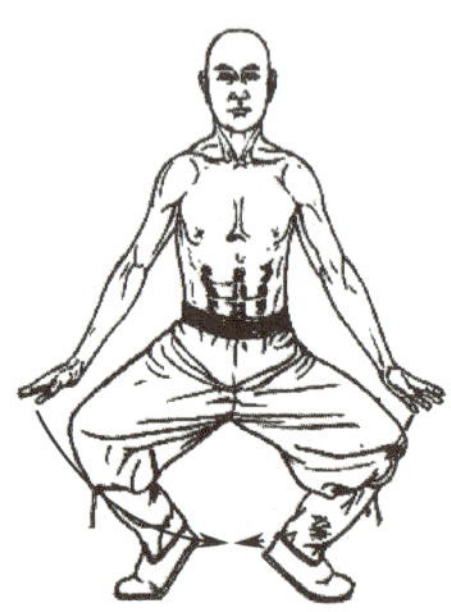

图 7-108

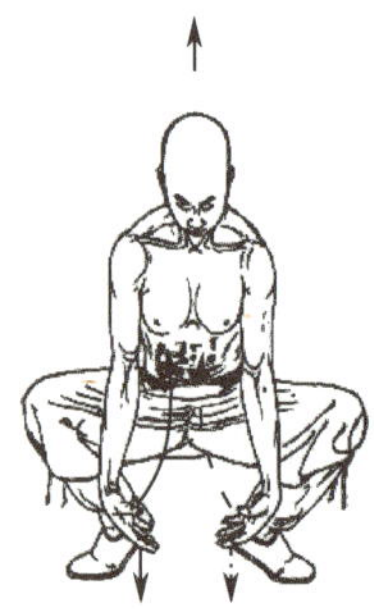

图 7-109

图 7-110

第九势：青龙探爪势

（1）口诀：青龙探爪，左从右出，修士效之，掌平气实，力周肩背，围收过膝，两目平注，息调必谧。

（2）动作姿势（图 7-111～图 7-114）。

①上身微俯，两手握拳，缓缓自身前提起，置于腰间，拳心朝上，同时配合吸气。舌尖轻抵上腭。右拳以拳面抵于章门穴，左拳变掌上举过头，腰身缓缓屈向左侧，使左腰充分收缩，右腰极度伸展。掌心朝下，舌尖轻抵上腭，自然呼吸，眼看左掌。

② 屈膝下蹲，左手翻转掌心朝上，手背离地面少许，沿地面自左方，向前方划弧至左脚外侧；右拳变掌落下，同时身体亦随之转正，两握拳。直立，左掌同时提置左章门穴。右手动作与左手动作同，唯左右相反。

图 7-111

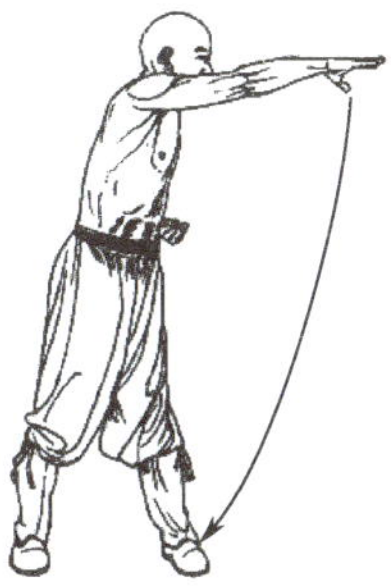
图 7-112

图 7-113

图 7-114

第十势：卧虎扑食势

（1）口诀：两足分蹲身似倾，屈伸左腿相更，昂头胸作探前势，偃背腰还似砥平，息息调远均出入，指尖着地赖支撑，降龙伏虎神仙事，学得直形也卫生。

（2）动作姿势（图 7-115～图 7-117）。

① 上身微俯，两手握拳，缓缓自身前提起，径腰间肘掌心朝上，身直胸展。不停，两拳顺着胸部向上伸至口手，拳心转向里，同时屈膝、屈胯、微蹲蓄势，配以深长吸气。

② 左脚踏前一步，顺势成左弓步，同时臂内旋变掌向前下扑伸，掌高与胸齐，眼视两手。在扑伸的同时发“哈”声吐气。不停，身体前倾，腰部平直，将胸中余气呼尽，顺势两手分按至左脚两侧。头向上略抬，两眼平视及远。极目远眺。

③ 前两个动作要协调一致。两脚不动，起身后坐同时两手握拳，沿左腿上提。其他动作与前述之动作同。如此共扑伸 3 次，左脚收回，右弓步动作与左弓步同，唯左右相反。

图 7-115

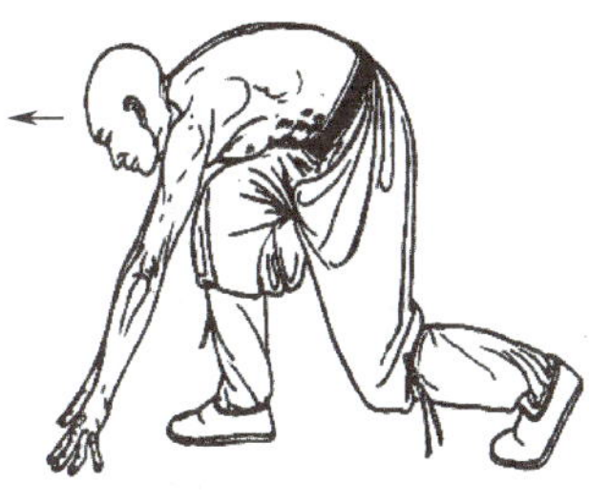
图 7-116

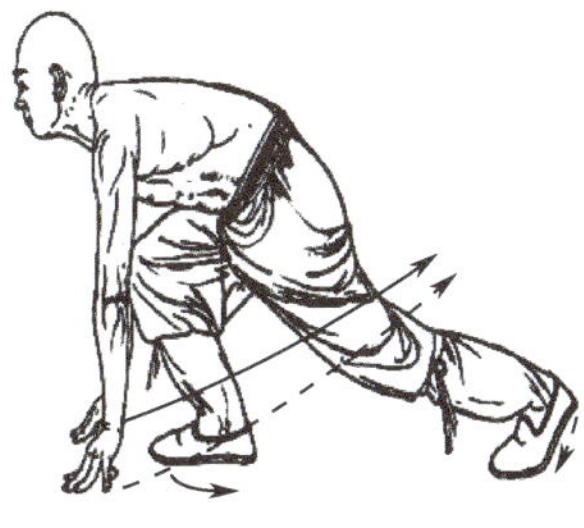
图 7-117

第十一势：打躬势

（1）口诀：两手齐持脑，垂腰直膝间，头唯探胯下，口更啮牙关，掩耳听散寒，调元气自闲，舌尖还抵腰，力在肘双弯。

（2）动作姿势（图 7-118～图 7-121）。

①两臂展直，自身侧高举过头，仰面观天，头颈正直，屈肘两手抱后脑，掌心掩耳，两肘张开，与肩平行。

② 上身前俯成打躬状，头部低垂，大约至两膝前方。两膝勿屈，微微呼吸，掌心掩耳。两手以指（食、中、无名指）交替轻弹后脑（风池穴附近）各 36 次。缓缓伸腰站直，先左侧拧腰侧转，再向右侧拧腰侧转，往返 7 次，两脚勿移，腰直目松，膝直不僵，舌尖自然放下，面带微笑。

③ 在身体转至正中后，抬起脚跟，同时两手自脑后高举过头，仰掌呈擎天状，躯体充分舒展，并配合吸气。

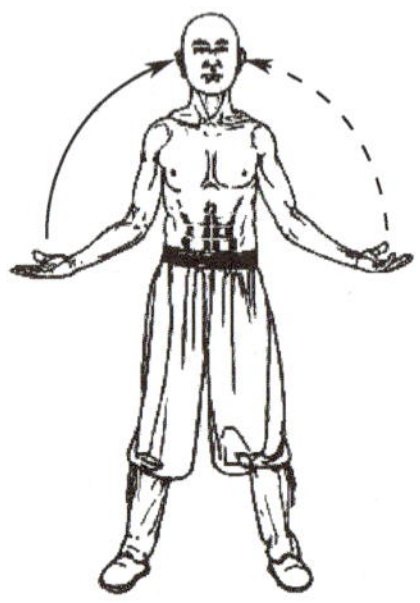
图 7-118

图 7-119

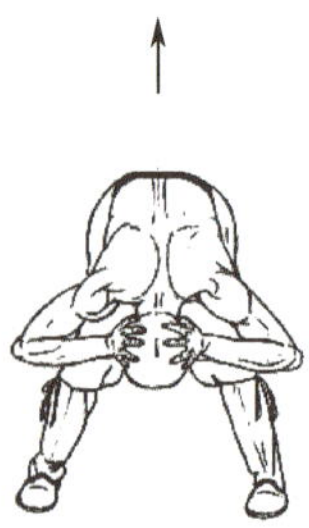
图 7-120

图 7-121

第十二势：掉尾势

（1）口诀：膝直膀伸，推手自地。瞪目昂头，凝神一志，起而顿足，21 次，左右伸脑，以七为志，更坐做功，盘膝重眦，口注于心，息调于鼻，定静乃起，厥功准备。

（2）动作姿势（图 7-112、图 7-123）。

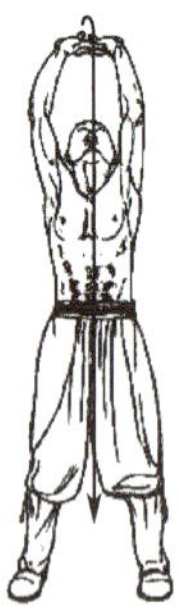
图 7-122

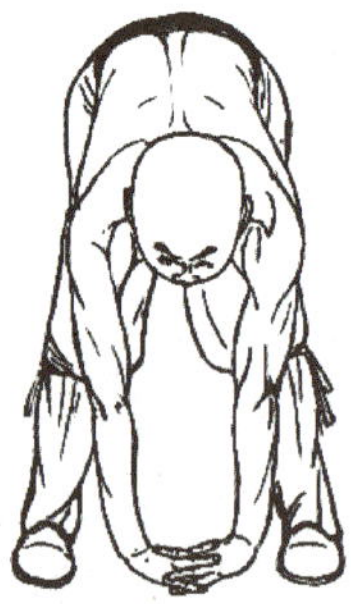
图 7-123

① 两手分别自身侧高举过头。两掌相合，提顶、伸腰、展臂、提起脚跟极力高举。

② 脚跟落地，两脚踏实，同时两掌落至胸前。十指交叉翻转，掌心朝外，两臂也随之前伸，展直。翻掌朝下，在身前徐徐下降至裆的部位后，弯腰前俯，继续下按至地。膝不可屈，如有未达，不可勉强。下按至终点时，昂头，舌抵上腭。如此俯仰躬身重复举按 3～5 次。天长日久，掌可逐渐靠近地面，则腰身柔若童子。

③ 转腰向左方，两脚不移，仅左脚步变虚，右腿变实，右膝微屈。同时两手保持交叉状态，沿地面划弧移至左脚外侧。两臂保持伸展，自左方高举转头，掌心朝上，仰面观天，拧腰 180 度转向右方，徐徐弯腰右方俯身，下按至右脚步外侧，如未达到，不可勉强，可继续俯仰 3～5 次，以后逐渐靠近地面。

④ 最后一次下按右脚外侧时，伸舒腰身两臂随之高举过头。继之拧腰转身至正前方。两掌相合，徐徐降至胸前。两掌缓缓分开，十指相对，下按，两手分开，自然下垂于两胯旁，恢复成预备桩功势。两脚跟起落顿地 3～21 次。

第八章 时尚健身运动

健身运动是一项通过徒手或利用各种器械，运用专门的动作方式和方法进行锻炼，以发达肌肉、增长体力、改善形体和陶冶情操为目的的运动项目。

健身运动可以采用各种徒手练习，如各种徒手健美操、韵律操、形体操以及各种自抗力动作，也可以采用各种不同的运动器械进行各种练习，如哑铃、杠铃、壶铃等举重器械，单杠、双杠、绳、杆等体操器械，以及弹簧拉力器、滑轮拉力器、橡筋带和各种特制的综合力量练习架等力量训练器械，还有功率自行车、台阶器、平跑机、划船器等有氧训练器材。

健身运动简单易行，适当运动能有效地增强人们的体质，增进人们的健康，发达全身肌力，增强力量，提高生产劳动效率；还能改善人们的体型、体态、陶冶人们的美好情操，所以深受大众的喜爱。在开展全民健身运动的今天，健身运动有很强的吸引力，它可以使瘦弱者变强壮，使肥胖者变结实，使少儿健康成长，使老年人健康长寿。这一章我们主要了解一下几种比较常见的时尚健身运动。

第一节 啦 啦 操

啦啦操，指在音乐伴奏下，通过运动员集体参与完成复杂、高难度的基本手位与舞蹈动作、过渡配合等动作内容，展示团队高超的运动技巧，体现青春活力、积极向上的团队精神，是努力追求最高团队荣誉感的一项体育运动。

啦啦操是一项兼具竞技性与表演性的新兴团体型体育运动，啦啦操多元文化的表演令人目不暇接，而且更注重团队协作、奋发向上的精神品质，集自信热情于一身，代表着张扬热烈、朝气蓬勃的精神力量。啦啦操作为校园最普及的社团项目，遍布橄榄球、棒球、游泳、田径等比赛现场，至今已经有 100 多年的历史。

一、舞蹈啦啦操分类

舞蹈啦啦操分为集体花球、集体街舞、集体爵士、集体高踢腿、双人舞蹈和比赛日舞蹈。

（一）花球啦啦操

① 成套全程要求使用花球。花球的重点有一致性、视觉效果、正确的花球手位及技术。动作必须干净、有力、准确。队员的同步性应做到整齐划一。

② 成套的视觉效果非常重要，包括层次变化、团队配合和队形变化等。

③ 花球啦啦操成套动作保留更多传统的啦啦操元素，但可融入街舞和爵士的元素。

（二）爵士啦啦操

① 爵士啦啦操融合并展现了传统且具有爵士风格的动作和组合，富有力度、冲击力、表现力，并含有队形变化、团队配合及技术技巧等元素。

② 爵士的重点有正确的技术完成、延伸、控制、身体姿态、风格性、对音乐的诠释、动作的连贯性及团队一致性。

③ 爵士啦啦操成套动作总体应有效利用音乐，展现出快节奏的、生动的、能量充沛的、积极的、与音乐协和的动作。

（三）街舞啦啦操

① 街舞啦啦操融合了受街头风格影响的动作和律动，重点有完成度、风格性、创意性、身体各部位的分离和控制、律动感、一致性和对音乐的诠释。

成套全程中，所有一致的动作应与音乐节奏和律动相配合。

② 其他重点有运动水平和技能的展现，如跳跃、定格、地板动作和其他技巧。

③ 需要穿着能明显体现出街舞文化的服饰。

二、花球啦啦操动作技术要领

啦啦操是一项鼓舞人心的运动，其中基本手位动作充满了创造性，“V”字形源于单词 victory，寓意胜利；“H”字形源于单词 hero，寓意英雄；“T”字形源于单词 team，寓意团队；“W”字形源于单词 win，寓意赢得；“A”字形源于单词 active，寓意积极的；“L”字形源于单词 light，寓意光明；“M”字形源于单词 majesty，寓意音雄伟的；“R”字形源于单词 running，寓意奔跑；“K”字形源于单词 kind，寓意友好的。

啦啦操 32 个基本手位（视频截图）（见表 8-1、表 8-2）

图片提供：安阳阳光运动平台——花球啦啦操 32 个手位动作示范

示范教师：喻丹

示范队员：钟丽婷

表 8-1

类别	动　作
上举类	高 V、高 X、X、上 A、上 H、L
下举类	倒 V、低 V、下 A、下 H、倒 L
平举类	T、前 X
斜举类	斜线、K、侧 K
屈臂类	上 M、下 M、W、短 T、小 H、屈臂 X、弓箭、小弓箭、加油、R、短剑
冲拳类	高冲拳、侧下冲拳、侧上冲拳、斜上冲拳、斜下冲拳

表 8-2

上 A 技术要领：锁肩、手臂控制 动作规格：双臂斜上举，分别与脊柱形成 30 度夹角，拳心紧贴相对	下 A 技术要领：锁肩、手臂控制 动作规格：双臂斜下举，分别与脊柱形成 30 度夹角，拳心紧贴相对

上 H 技术要领：锁肩、手臂控制 动作规格：双臂前上举与肩同宽，分别与脊柱形成 30 度夹角，拳心相对	下 H 技术要领：锁肩、手臂控制 动作规格：双臂前下举，分别与脊柱形成 30 度夹角，拳心相对

小 H 技术要领：锁肩、手臂控制 动作规格：一臂前上举，与脊柱形成 30 度夹角，拳心朝；另一臂胸前平屈，肘关节朝下，拳心朝内	K 技术要领：锁肩、手臂控制 动作规格：一臂前上举，与脊柱形成 45 度夹角，拳心朝内；另一臂前下举，与脊柱形成 45 度夹角，拳心朝内，两拳拳眼对

续表

侧 K 技术要领：锁肩、手臂控制、脚下控制 动作规格：双腿弓步开立，后脚脚跟起，重心在后脚。手臂一臂前上举，与脊柱形成 45 度夹角，拳心朝内；另一臂前下举，与脊柱形成 45 度夹角，拳心朝内，两拳拳眼相对	L 技术要领：锁肩、手臂控制 动作规格：一臂前上举，与脊柱形成 30 度夹角，拳心朝内；另一臂侧平举，与肩形成 30 度夹角，拳心朝下

下 L 技术要领：锁肩、手臂控制 动作规格：一臂前平举，略低于肩，拳心朝下；另一臂侧平举，与肩形成 30 度夹角，拳心朝下	上 M 技术要领：锁肩、手臂控制 动作规格：双臂侧上举，肩上平屈，肘关节朝外，手腕向下屈，指尖触肩

下 M 技术要领：锁肩、手臂控制 动作规格：双手握拳叉腰于髋部，双臂与肩形成 30 度夹角，拳心朝后	R 技术要领：锁肩、手臂控制 动作规格：一臂斜下举，与脊柱形成 30 度夹角，拳心朝下；另一臂侧上举，头后屈肘，肘关节朝外，拳心紧贴后脑勺

续表

T 技术要领：锁肩、手臂控制 动作规格：双臂侧平举，但没有完全张开，分别与肩形成 30 度夹角，拳心朝下	短 T 技术要领：锁肩、手臂控制 动作规格：双臂侧平举，胸前平屈，小臂略低于肩，两拳相对，拳心朝下

上 X 技术要领：锁肩、手臂控制 动作规格：双臂交叉斜上举于额头前上方，分别与脊柱形成 30 度夹角，拳心朝前	X 技术要领：锁肩、手臂控制 动作规格：双臂侧上举，头后平屈，肘关节朝外，两拳相对，拳心紧贴后脑勺

屈臂 X 技术要领：锁肩、手臂控制 动作规格：双臂屈肘交叉于胸前，拳心朝内	前 X 技术要领：锁肩、手臂控制 动作规格：双臂交叉前平举，略低于肩，拳心朝下

下 X 技术要领：锁肩、手臂控制 动作规格：双臂交叉斜下举，分别与脊柱形成 30 度夹角，拳心朝下	上 V 技术要领：锁肩、手臂控制 动作规格：双臂侧上举，分别与脊柱形成 45 度夹角，但不能完全张开，应置于双耳斜前方 45 度，拳心朝外

续表

下 V 技术要领：锁肩、手臂控制 动作规格：双臂侧下举，分别与脊柱形成 45 度夹角，且与肩形成 45 度夹角，拳心朝下	W 技术要领：锁肩、手臂控制 动作规格：双臂侧上举，肩上平屈，大小臂成 90 度夹角，拳心相对

加油 技术要领：锁肩、手臂控制 动作规格：双手握拳式胸前击掌，肘关节朝下，双拳略低于下颚	斜线 技术要领：锁肩、手臂控制 动作规格：一臂侧上举，与脊柱形成 45 度夹角，拳心朝外；另一臂侧下举，与脊柱形成 45 度夹角，拳心朝下，但双臂不能完全打开，略小于肩

弓箭 技术要领：锁肩、手臂控制 动作规格：一臂胸前平屈，肘关节朝外，小臂略低于肩；另一臂侧平举，与肩形成 30 度夹角，拳心朝下	小弓箭 技术要领：锁肩、手臂控制 动作规格：一臂侧平举，与肩形成 30 度夹角，拳心朝下；另一臂胸前屈，肘关节朝下，拳心朝内

续表

短剑 技术要领：锁肩、手臂控制 动作规格：一手握拳叉腰，手臂与肩形成 30 度夹角，拳心朝后；另一臂胸前屈，肘关节朝下，拳心朝内	高冲拳 技术要领：锁肩、手臂控制 动作规格：一臂前上举，与脊柱形成 30 度夹角，拳心朝内；另一手握拳叉腰，手臂与肩形成 30 度夹角，拳心朝后

侧上冲拳 技术要领：锁肩、手臂控制 动作规格：一手握拳叉腰，手臂与肩形成 30 度夹角，拳心朝后；另一臂侧上举，与脊柱形成 45 度夹角，拳心朝前	侧下冲拳 技术要领：锁肩、手臂控制 动作规格：一手握拳叉腰，手臂与肩形成 30 度夹角，拳心朝后；另一臂侧下举，与脊柱形成 45 度夹角，拳心朝下

斜上冲拳 技术要领：锁肩、手臂控制 动作规格：一手握拳叉腰，手臂与肩形成 30 度夹角，拳心朝后；另一臂斜上冲拳，与脊柱形成 30 度夹角，拳心朝外	斜下冲拳 技术要领：锁肩、手臂控制 动作规格：一手握拳叉腰，手臂与肩形成 30 度夹角，拳心朝后；另一臂斜下举，与脊柱形成 30 度夹角，拳心朝下

续表

第二节　健　美　操

一、健美操运动概述

（一）健美操的起源

健美操起源于两千多年前的古希腊。古希腊人认为，在世界万物之中，只有人体的健美才是最匀称、最和谐、最庄重、最有生气和最完美的。他们提出“健美操锻炼身体，音乐陶冶精神”的主张，并利用跑、跳、投掷、柔软体操和健身舞蹈等各种体育项目进行人体美的锻炼。

19 世纪末 20 世纪初，欧洲出现了许多体操流派，他们在理论和实践上的创新对健美操的发展起到了积极推动作用。20 世纪 60 年代初则是健美操的萌芽时期。健美最早是由美国太空总署的医生库帕博士为宇航员设计的体能训练内容。美国影视明星简·方达根据自己的健身体会和经验，撰写了《简·方达健美术》一书，促进了健美操在世界范围内的推广。与此同时，自 1985 年起，美国开始举办一年一度的健美操锦标赛，并确定了竞赛项目和规则，使健美操发展成为竞技性运动项目。

健美操不仅在美、英、法等国家迅速发展，而且在一些发展中的国家和地区也得到不同程度的发展。在我国，1981～1983 年，不少学校教师陆续在报纸杂志上刊登了一些介绍健美操和探讨美育教育的文章，并编排了一些健美操成套动作。从此，追求人体健与美的“健美操”一词迅速被广大体育工作者所采用。

（二）健美操的作用

通过参加健美操的锻炼可促进肌肉、骨骼、关节的匀称发展，提高心肺功能，促进血液循环，提高新陈代谢的能力，增加神经的灵敏度，有利于形成匀称的体态和健美的体形，使身体向着和谐、健美的方向发展。同时，在参加锻炼时可以使身心得到全面调节，从而排除心里的紧张与烦恼，也增强神经中枢系统的机能，提高神经系统的强度、集中能力、均衡能力和灵活性。

（三）健美操运动的分类

根据进行健美操运动锻炼的目的，可以把健美操分成以健身为目的的一般性健美操、以竞赛为目的的竞技健美操和表演健美操三大类。

1. 一般性健美操

（1）按年龄结构：分为老年健美操、中年健美操、青年健美操、少年儿童健美操等。

（2）按目的任务：分为姿态健美操、形体健美操、医疗健美操等。

（3）按性别：分为男子健美操、女子健美操、男女混合健美操等。

（4）按人体解剖机构：分为颈部健美操、肩部健美操、胸部健美操、腹部健美操、髋部健美操、臀部健美操以及腿部的健美操等。

（5）按练习形式：分为徒手健美操、持轻器械健美操和专门器械上练习的健美操等。

（6）按人数：分为单人健美操、双人健美操和集体健美操等。

2. 表演健美操

表演健美操是专门为观看和欣赏而编排的健美操，表现形式多属于集体表演，强调艺术性和审美性。

表演健美操以在表演中展示自己的价值和魅力，在观赏中陶冶情操、净化心灵，满足人们自我表现为目的，在特定的活动、场合或节日庆典中进行表演，集观赏、娱乐于一体的体育节目。

3. 竞技健美操

竞技健美操是根据竞技健美操特定的规则与规程的要求组编的，是以比赛为目的的健美操。竞技健美操要按照规定的要求组织运动员进行训练和参加比赛，其特点是节奏快、力度感强、动作流畅舒展，并要求有一定的难度动作。

竞技健美操可分为男子单人操、女子单人操、混合双人操、三人操（男子三人、女子三人、混合三人）、六人混合健美操（三男和三女）。

4. 健美操音乐的选用

健美操可以选用纯音乐或歌曲作伴奏。由于纯音乐比歌曲容易理解，一般选用纯音乐较多。如果选用外文歌曲，最好能懂得歌词的含义，以免出现动作与音乐内涵不符的情况。在选用民族音乐时，必须注意音乐本身的气氛和效果，在使用时还要注意动作与音乐风格上的协调。在速度上，竞技健美操要求音乐速度为 10 秒 26 拍以上，一般性健美操为 10 秒 23 拍左右。音乐节奏的快慢和强弱、音乐的优美和谐，直接关系到动作节奏的快慢、幅度的大小、动作的高低起伏及运动负荷的大小等。因此，选曲的时候应尽量使音乐节奏与动作的进行相吻合。成套健美操音乐还可以采用慢板音乐作为开始或结尾，这样利于更好地表现快板音乐的速度和力量，尤其用于结束时，可以给人一种松弛和宁静的感觉。

二、健美操运动的基本动作

健美操基本动作是健美操运动的基础，是最小单位的元素动作。千姿百态的健美操组合动作都是在基本动作的基础上演化而来的，正确的健美操基本动作是培养良好动作姿态和身体姿态的前提保障。

（一）基本手型

（1）掌：包括分掌、合掌。

① 分掌：五指用力分开，手腕保持一定的紧张程度，如图 8-1 所示。

② 合掌：五指自然伸直并拢，如图 8-2 所示。

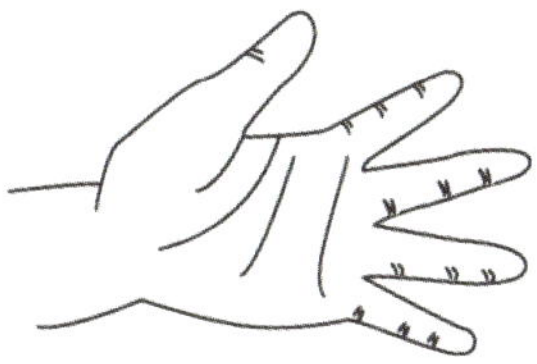
图 8-1

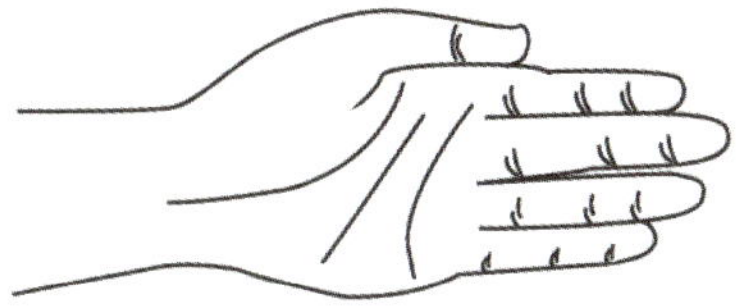
图 8-2

③ 立掌：手腕后仰，手掌立起，掌心向前，五指弯曲并拢，如图 8-3 所示。

④ 芭蕾式手型：五指微屈，拇指内扣，食指微抬起，其他三个手指靠拢在一起，如图 8-4 所示。

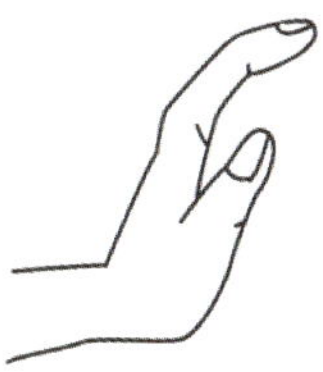
图 8-3

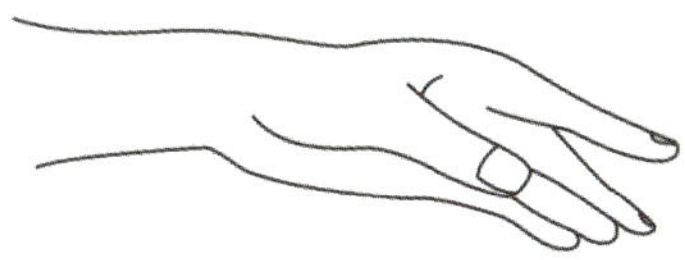
图 8-4

⑤ 西班牙式手型：五指用力张开，中指、无名指，小手指在指根处弯曲，如图 8-5 所示。

（2）实心拳：四指握实，拇指压在食指、中指的第二关节处，如图 8-6 所示。

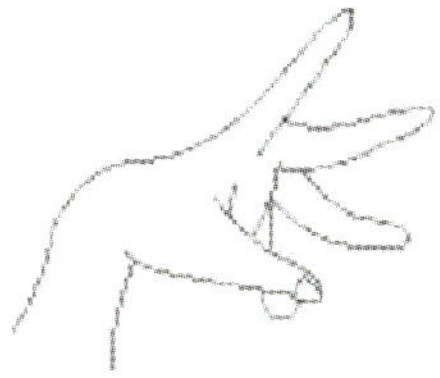
图 8-5

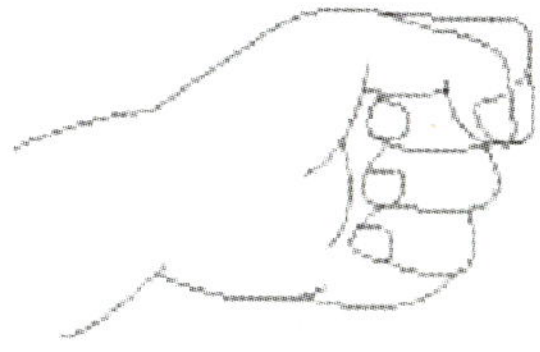
图 8-6

（二）头、颈部动作

（1）屈：指头颈关节角度的弯曲，包括向前、后、左、右的屈，如图 8-7 所示。

图 8-7

① 前屈：两手臂自然下垂放在体侧或双手叉于腰部，下颌抵准胸部低头。

② 后屈：两手臂自然下垂放在体侧或双手叉于腰部，头向后仰起。

③ 侧屈：两手臂自然下垂放在体侧或双手叉于腰部，头向一侧倾斜，同侧耳朵对准同侧的肩。

（2）转：指头颈部以颈部为轴绕身体垂直轴向左或向右转动 90°，如图 8-8 所示。

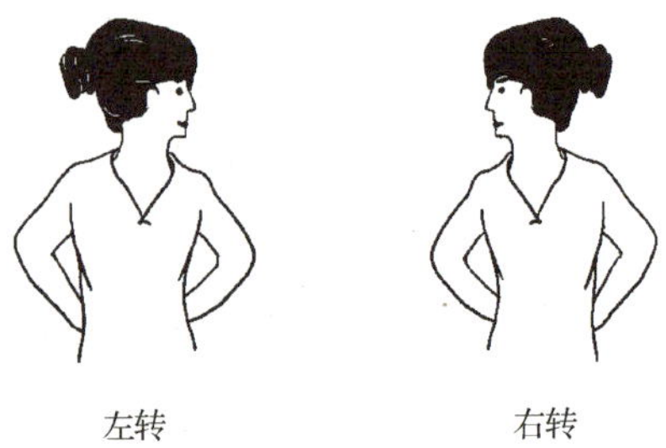

图 8-8

（3）绕和绕环：指头以颈部为轴绕身体垂直轴向左或向右做弧形或圆周运动，如图 8-9 所示。

动作要求：在做头颈部位运动时，要慢速完成动作，在做动作时上体保持正直，头颈运动的方向要准确，充分伸展颈部的被动肌群。

图 8-9

（三）肩部动作

（1）提肩：两手臂自然下垂在体侧，肩胛骨做向上提的动作。动作可以是单肩上提、双肩同时上提和两肩交替上提，如图 8-10 所示。

（2）沉肩：两手臂自然下垂在体侧，肩胛骨做向下沉的动作。动作可以是单肩下沉、双肩同时下沉和两肩交替下沉，如图 8-11 所示。

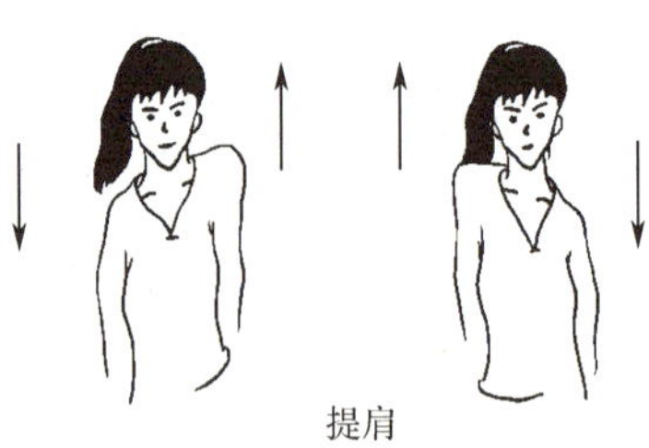

图 8-10

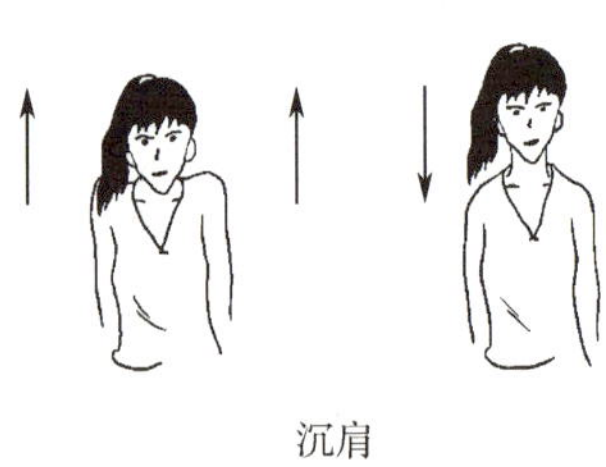

图 8-11

（3）展肩：两手臂自然下垂在体侧或双手叉腰，两肩做向外展开的动作。

（4）收肩：两手臂自然下垂在体侧或双手叉腰，两肩做向内收的动作。

（5）绕肩：两手臂自然下垂于体侧，以肩关节为轴做 360°以内的弧形运动。动作可以是单肩向前、向后绕肩，双肩同时向前、向后绕肩，也可以是两肩交替向前、后绕，如图 8-12 所示。

（6）肩绕环：两手臂自然下垂于体侧，以肩关节为轴做 360°或 360°以上的圆周运动。动作可以是单肩向前、后绕环，双肩同时向前、向后绕环或两肩交替向前、后绕环，如图 8-13 所示。

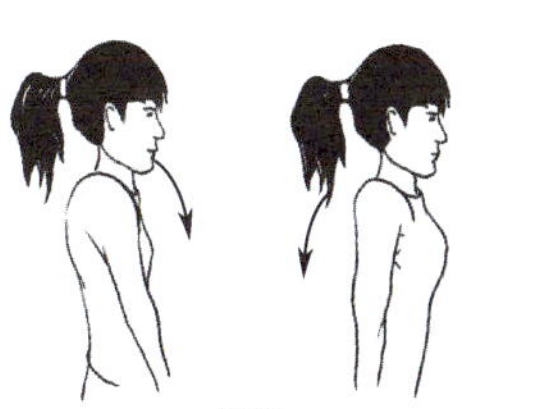

图 8-12

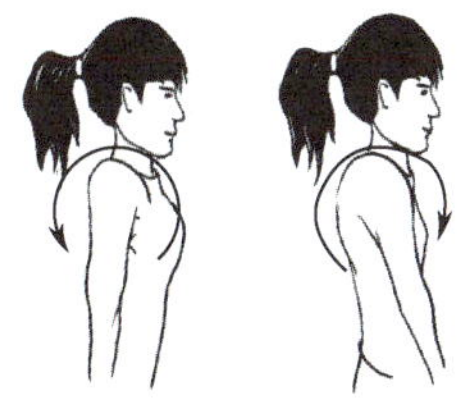

图 8-13

（7）振肩：两手叉腰，上体保持不动，肩部做快速的内收或外展的摆动。动作包括双肩同时前、后振动和两肩交替前、后振动。

（四）上肢运动

（1）举臂：手臂保持伸直向某一方向抬起，如图 8-14 所示。

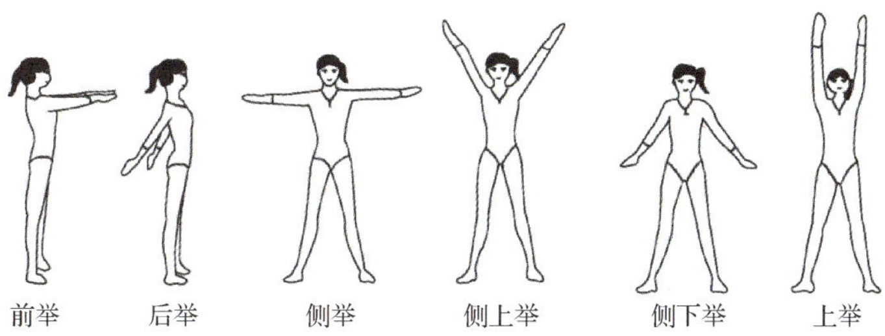

图 8-14

（2）摆臂：手臂以肩关节为轴，在 180°的范围内来回移动，如图 8-15 所示。

图 8-15

（3）屈伸臂：以肘关节为轴，前臂和上臂做开合运动，如图 8-16 所示。

图 8-16

（4）绕臂和绕环：以肩关节为轴，手臂的活动范围在 180°～360°之间的动作，叫作绕臂动作；当手臂的活动范围超过 360°，则叫作手臂的绕环动作，如图 8-17 所示。

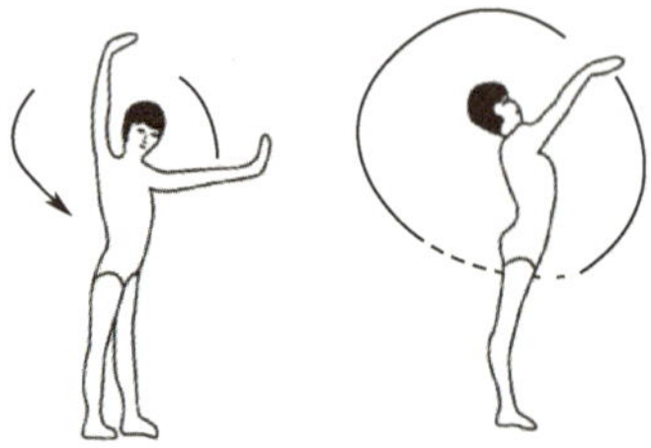

图 8-17

（5）屈臂摆动：手臂以肩关节为轴摆动时，保持肘关节弯曲。

（6）手臂上提：保持手臂伸直或屈肘状态向上提起，如图 8-18 所示。

（7）手臂下拉：手臂由原来的上举或斜上举移动到体侧。

（8）胸前推臂：手臂在肩部保持屈肘，然后向前推出，在推出手臂时，手掌保持立掌掌心向前，如图 8-19 所示。

图 8-18

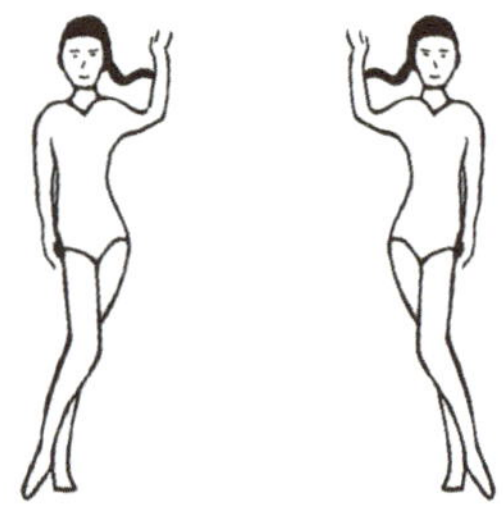

图 8-19

（9）冲拳：两手握拳，从腰部向前冲出，两臂屈肘向上抬起的同时向前伸直。

（10）肩上推：两手臂在肩上保持屈肘，然后向上推出。

（11）交叉摆：两手臂在摆动时形成交叉状态的摆动方法叫交叉摆。

二、健美操基本站立

（1）直立：指头颈、躯干和脚的纵轴保持在一条直线上，如图 8-20 所示。

（2）开立：指两脚左右分开与肩同宽或宽于肩，如图 8-21 所示。

图 8-20

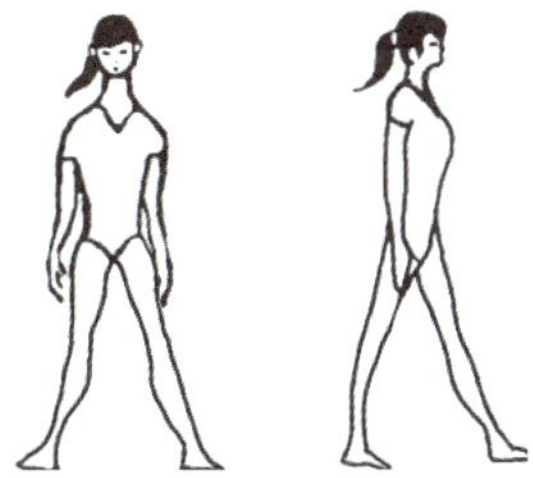

图 8-21

（3）点地立：指一腿直立（重心在站立脚上），另一腿向各方向伸直，脚尖点地，包括前点立、侧点立、后点立，如图 8-22 所示。

（4）提踵立：指两脚跟提起，用前脚掌站立，如图 8-23 所示。

图 8-22

图 8-23

三、健美操运动的基本步法

（一）踏步动作

（1）踏步：两脚交替进行动作，大腿抬起与地面平行，小腿自然下垂，然后踏地。落地时，由脚尖先着地过渡到全脚掌着地；屈膝时，胯部微收。两臂前后自然摆动，上体保持正直，挺胸抬头。

（2）走步：区别于正常的走步，向前迈步时，脚跟先着地然后过渡到全脚掌着地；向后迈步时，脚尖先着地然后过渡到全脚掌着地。在迈步脚着地时，依靠踝关节和膝关节的缓冲力量，两腿有弹性地做动作。

（3）V 字步：两腿迈出分开，一条腿向身侧的前侧方迈出，另一条腿也向同侧的前侧方迈出，两腿分开后屈膝半蹲，重心保持在两腿之间。动作过程中始终保持膝关节、踝关节有弹性的运动状态，如图 8-24 所示。

（4）漫步：一条腿向前或向后迈出，中心随之向前或向后移动，另一条腿抬起使脚稍微离开地面；然后原地落下，向前或向后迈出的脚也做离地抬起原地落下的动作，两脚交替运动，保持重心在两腿之间，如图 8-25 所示。

（5）跑步：两腿做跑步动作，区别于正常的跑步姿势，要求脚跟着地，做动作时依靠膝关节缓冲力量，如图 8-26 所示。

图 8-24

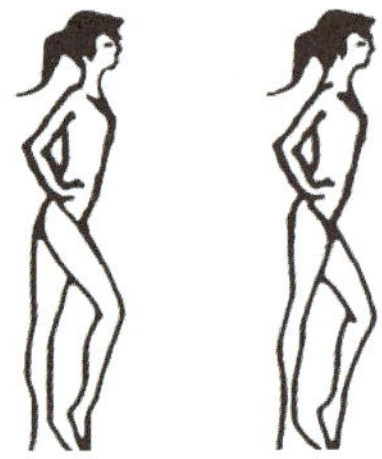

图 8-25

图 8-26

（二）迈步动作

（1）并步：一条腿侧向迈出，另一条腿跟上，同时屈膝用脚尖点地；然后向另一侧迈出做相同的动作，只是动作方向相反，在做动作时两膝关节保持弹性运动，如图 8-27 所示。

（2）迈步点地：一条腿向同侧迈出一步，在迈出脚落地后，两腿同时屈膝，重心向迈出腿上移动，另一条腿用脚尖或脚跟在身体周围做点地动作，如图 8-28 所示。

（3）交叉步：以向右侧交叉步为例，右腿向右侧迈出一步，左脚也向右侧移动经右腿后侧在右脚外侧脚着地，然后右脚回收到左脚内侧着地，两脚靠拢，脚在腿屈膝时做点地的动作，如图 8-29 所示。

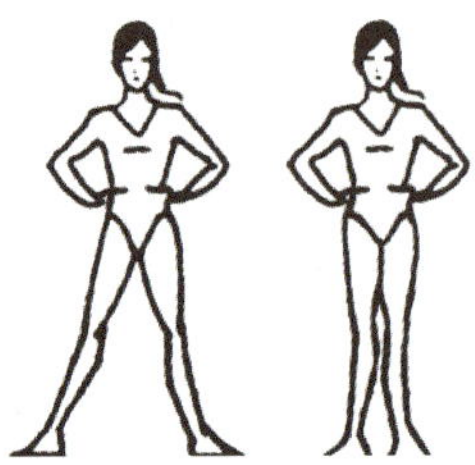

图 8-27

图 8-28

图 8-29

（三）点地动作

（1）脚尖点地：并腿站立，一条腿屈膝支撑，另一条腿伸出脚尖点地，然后收回，两脚并拢。在脚点地的同时，支撑腿膝关节始终保持有弹性的屈伸动作。

（2）脚跟点地：并腿站立，支撑腿屈膝，另一条腿向前或向侧伸出并用脚跟点地，然后收回靠拢支撑脚，在脚点地的同时支撑腿膝关节做弹性运动。

（四）抬腿动作

（1）吸腿：支撑腿屈膝支撑，另一条腿屈膝抬起，大腿稍高于水平面，然后落下，上体保持正直，如图 8-30 所示。

（2）踢腿：支撑腿屈膝支撑，另一条腿在力量的控制下抬起，形成踢腿的动作，如图 8-31 所示。

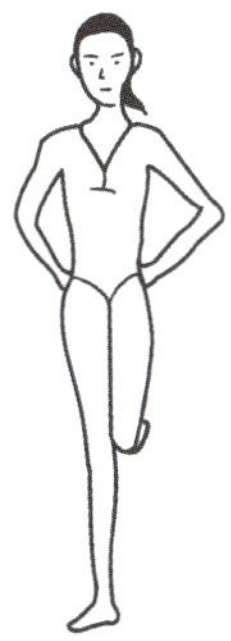

图 8-30

图 8-31

（3）弹踢腿：支撑腿屈膝支撑，另一条腿以膝关节为轴小腿向后屈，然后小腿在力量的控制下快速向前下方踢出，恢复开始姿态，如图 8-32 所示。

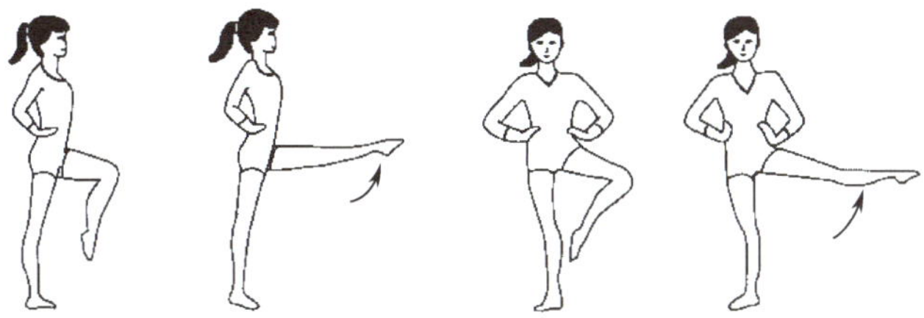

图 8-32

（4）后屈腿：支撑腿做支撑，另一条腿以膝关节为轴小腿向后屈，用脚跟向臀部靠拢，然后还原成开始姿态。

（五）双腿动作

（1）并腿跳：两条腿并拢，脚用力蹬地跳起，脚落地时依靠膝关节缓冲力量，如图 8-33 所示。

（2）分腿跳：两腿屈膝分开站立，保持大腿与小腿的夹角大于 90°，两脚蹬地跳起，落地时保持两腿分开，用膝关节缓冲力量，如图 8-34 所示。

（3）吸腿跳：一条腿跳起，另一腿屈膝向前侧方向上提起；提起时大腿用力上提与地面平行，小腿自然下垂；脚落地时先用脚尖着地然后过渡到全脚掌着地。做动作时上体保持正直。

图 8-33

图 8-34

（4）踢腿跳：一条腿蹬地跳起，同时另一腿向前侧方向踢出，伸直膝关节。在踢腿时，上体保持正直，如图 8-35 所示。

（5）后踢腿跳：两腿交替进行动作，屈膝以膝关节为轴小腿向后摆动，在做动作时保持髋和膝在一条线上，充分利用膝关节和踝关节缓冲，两手臂体侧自然摆动，如图 8-36 所示。

（6）弹踢腿跳：一条腿蹬地跳起，另一腿屈膝向前侧方踢出并伸直膝关节。在做动作时大腿抬起至一定角度后，小腿自然向前摆出使腿伸直，膝关节、髋关节在伸展时稍有控制，两腿膝关节靠拢，如图 8-37 所示。

图 8-35

图 8-36

图 8-37

（7）开合跳：两腿并拢直立开始，两腿蹬地跳起向体侧分开。分腿时，两腿自然外开，脚落地时脚尖外展，膝关节弯屈伸膝的方向与脚尖的弯屈一致；在跳起与落地时，依靠膝关节的屈膝动作缓冲，如图 8-38 所示。

（8）弓步跳：两腿并拢直立开始，两腿蹬地跳起；一条腿向后摆动，脚尖先着地过渡到前脚掌着地，脚尖正对身体面向的方向；另一只脚全脚掌着地，最后落地时呈前（侧、后）弓步，上体稍微前倾，保持立腰同时收腹，依靠膝关节缓冲，如图 8-39 所示。

图 8-38

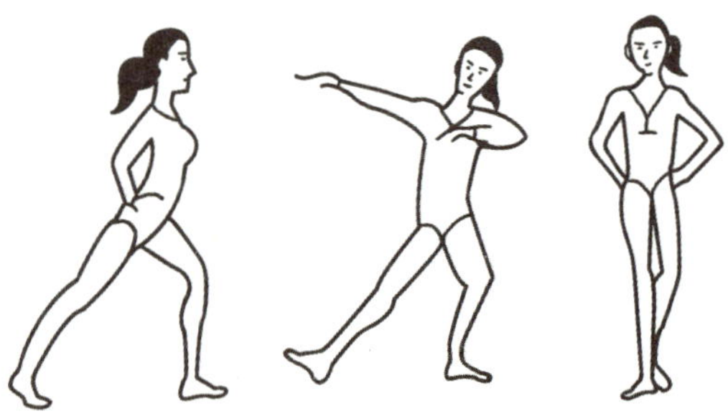

图 8-39

四、健美操比赛规则

（1）竞赛项目分为：男子单人、女子单人、男女混合双人、男子三人、女子三人、男女混合六人（男三人女三人）。

（2）运动员年龄：参加成年组竞赛的运动员在参加竞赛当年不小于 18 岁，不大于 40 岁。参加少年组竞赛的运动员在参加竞赛当年不小于 12 岁，不大于 18 岁。

（3）运动员服装：男运动员为背心、短裤；女运动员为背心式健美裤、泳装或紧身裤。男、女运动员均穿旅游式运动鞋，可加护腿或护腕。运动员除发带、发卡外，不准带任何装饰品（首饰）或手表。

（4）时间：健美操只进行自选动作比赛，自选动作必须符合规则要求。六人项目整套动作比赛时间为 90～120 秒。

（5）音乐：运动员必须自备录音带或 CD。运动员采用的各项比赛的录音带或 CD 盘，必须事先在录音带盒的端面或 CD 盘的正面标明运动员所属队的队名，运动员姓名和竞赛项目的名称，在报到时将登记卡交给组委会。

（6）竞赛程序和计分方法。

竞赛程序：健美操竞赛分为“预赛”和“决赛”两种。

计分方法：报名参加比赛的运动员，均需要参加预赛。预赛中取得前 6 名成绩的运动员可参加决赛。预赛中团体总分为各单项成绩之和。得分多者，名次列前；总分相等时，以单项中高分多者名次列前；成绩再相等，名次并列，下一名为空额。

决赛：参加决赛的前 6 名运动员所获得的预赛得分和决赛得分之和，为决赛总分。如果分数相同，以预赛总分多者，名次列前；成绩再相等，名次并列，下一名次为空额。

（7）参加比赛队的人数要求：每队 6 人（男 3 人、女 3 人），每个运动员兼项最多不得超过三项。

（8）男子三人、女子三人、混合六人竞赛场地要求：场地为 12 米×12 米的地板或地毯，并用 5 厘米宽的白色标志带固定（该带宽计算在场地面积之内）。

（9）男子单人、女子单人、混合双人竞赛场地要求：场地为 9 米×9 米的地板或地毯，并用 5 厘米宽的白色标志带固定（该带宽计算在场地面积之内）。

第三节　瑜　伽

“瑜伽”，来自古老的印度，是梵文“Yoga”译音，源自两个字根“yuj”“gham”的组合，原意是加法、融合，意旨把精神和肉体结合到最佳状态，使得内心平和与身体健康更为和谐统一，从而把生命和自然结合到最完美的境界。

瑜伽发源于印度北部的喜马拉雅山麓地带，在数千年前的古印度，高僧们为追求进入天人合一的最高境界，经常僻居原始森林，静坐冥想。在长时间单纯生活之后，高僧们从观察生物中体悟了不少大自然法则，再从生物的生存法则，验证到人的身上，逐步地去感应身体内部的微妙变化，于是人类懂得了和自己的身体对话，从而知道探索自己的身体，开始进行健康的维护和调理，以及对疾病创痛的医治本能。几千年的钻研归纳下来，逐步衍生出一套理论完整、确切实用的养生健身体系，这就是瑜伽。

一、瑜伽锻炼的作用

不同类型的瑜伽体式不仅对身体产生不同的作用，而且，对情感和心灵也同样会产生影响。站立体式系列可以在情绪上提升一个人的稳定感和力量感。坐姿体式系列和前曲体式系列令人平静而有冷却安神的作用。扭转体式系列让脊柱变得更有弹性。后弯（屈）体式系列可以抗抑郁和提高情绪。倒立体式系列则有助提升能量并且使人趋于镇定自如。仰卧体式系列可以放松身体。

1. 改善形体

瑜伽动作讲究姿态的平衡，坚持练习，身体线条就更突出。如果臀部、腹部、大腿、小腿有赘肉，都可以练瑜伽。

2. 缓解压力

练习瑜伽需要保持平静，如果心情烦躁，不妨试试，以此排解不良情绪，释放压力。瑜伽能够促进免疫系统功能完善，也能刺激身体排出毒素。

3. 消除疲劳

瑜伽是一种运动，在练习过程中，人全身心放松，持续做伸展运动，能消除一天的疲劳感。

4. 防止慢性病

慢性病不是一朝一夕形成的，如果人体长期处于疲劳状态，就很容易得慢性病，而练习瑜伽，能促进身体血液循环，缓解疲劳，预防慢性病找上门。

二、瑜伽锻炼的准备

（1）尽可能找一个安静、温度适宜的地方，能够经常在同一个地方练习最为理想。在地上铺一块垫子或毯子，以免身体损伤。周边尽量没有家具或其他遮挡物，否则会妨碍自己身体的自由。

（2）穿着宽松的天然面料的服装，赤脚最佳。首饰、手表最好摘掉，不穿紧身束形衣。在冬天的这个季节可穿软底布鞋。

（3）任何运动前都应做热身，以避免运动损伤，瑜伽也不例外，可以做瑜伽拜日式。

（4）练习时伴随健身瑜伽音乐或轻音乐，可以提高练习者的兴趣，也可使神经更加安宁，心灵更加祥和。当然练习时要注意放低音量。

（5）理想的练习瑜伽的时间是起床后或是就寝前，当然，只要自己方便什么时间练习都可以。练习前至少 3～4 小时、练习后 1 小时进食对瑜伽练习者比较适宜，也比较科学，但如需要，喝杯流质食物也是可以的。

三、瑜伽锻炼的几种体式

练瑜伽，经常会有人问：我是初学者练什么体式好？事实上，对于初学者来说，做一些基础的简单的瑜伽体式，就是最好的。今天给大家推荐 10 个适合初学者练习的基础瑜伽体式，一起来看看吧。

图 8-40

1. 幻椅式（图 8-40）

- 山式站立双脚分开与髋同宽；
- 也可以双脚并拢，双手向上举过头顶；
- 吸气延展脊柱，呼气屈髋屈膝；
- 感觉像坐在一把椅子上；
- 保持 5～8 个呼吸。

2. 鹰式（图 8-41）

- 山式站立，右手在下；
- 双手臂相互缠绕，大臂与地面平行；
- 将右脚向上抬起，微屈左膝；
- 右大腿绕过左大腿缠绕在小腿上；
- 吸气延展脊柱，呼气慢慢地屈膝向下；
- 保持 5～8 个呼吸，换另一侧。

图 8-41

3. 女神式（图 8-42）

- 山式站立，双脚打开约两个髋部的距离；
- 脚尖向外大概 45 度，吸气延展脊柱；
- 呼气屈髋屈膝向下，双手侧平举；
- 曲手肘，掌心超前，大臂与地面平行；
- 保持 5～8 个呼吸。

图 8-42

4. 战士 2 式（图 8-43）

- 山式站立，双脚打开约大于一腿长；
- 转右脚向外 90 度，左脚微内扣；
- 右脚脚后跟与左脚足弓一条直线；
- 吸气延展脊柱，双手侧平举；
- 呼气屈右膝向下，大小腿 90 度；
- 保持 5～8 个呼吸，换另一侧。

图 8-43

5. 侧角式（图 8-44）

- 在战士 2 式的基础上，身体向右侧弯；
- 将右手放在右脚的外侧；
- 左手大臂贴耳，转头眼睛看上方；
- 保持 5～8 个呼吸，换另一侧。

图 8-44

6. 战士 1 式（图 8-45）

- 山式站立，双脚打开约大于一腿长；
- 转右脚向外 90 度，左脚微内扣；
- 髋部转向正右方，吸气延展脊柱；
- 双手臂向上举过头顶，呼气躯干微微后弯；
- 保持 5～8 个呼吸，换另一侧。

图 8-45

7. 战士 3 式（图 8-46）

- 在战士 1 式的基础上，吸气延展脊柱；
- 呼气躯干向前向下，左脚向前一小步；
- 慢慢地抬起左腿向上同时伸直右膝；
- 保持手臂、躯干、左腿一条直线；
- 下方腿用力收紧，身体稳定；
- 保持 5～8 个呼吸，换另一侧。

8. 站立手抓大脚趾（图 8-47）

- 山式站立，屈右膝靠近腹部；

- 右手食指和中指抓住右脚大脚趾；
- 慢慢地伸直膝盖，保持髋部中正；
- 左脚用力踩地面，大腿收紧；
- 保持5～8个呼吸，换另一侧。

图8-46

图8-47

9. 下犬式（图8-48）
- 俯卧在垫面上，双脚打开与髋同宽；
- 双手放在胸部的两侧；
- 吸气延展脊柱，呼气臀部向上；
- 伸直双腿和手臂，保持5～8个呼吸。

10. 半臂下犬式（图8-49）
- 在下犬式的基础上，慢慢地屈膝屈手肘；
- 小臂贴地面，臀部向上；
- 然后慢慢地伸直双腿，延展脊柱；
- 保持5～8个呼吸。

图8-48

图8-49

四、瑜伽锻炼的几种体式

不管是瑜伽初学者，还是瑜伽达人，正确练习每一个瑜伽体式都非常重要。瑜伽体式不正确，不仅影响训练效果，还可能伤了背部、腰部、颈部，造成韧带拉伤、软骨撕裂、关节炎症、神经痛等“瑜伽病”。

下面列举了一些瑜伽动作正确和错误的对比，正确的动作会让你的瑜伽体式非常得稳，不会晃来晃去。

1. 站立后仰式（图 8-50）

图 8-50

左边丨错误动作：在做这个动作时过于塌腰了，腰椎受到挤压，很容易腰痛，甚至导致腰椎间盘突出。

右边丨正确动作：上身不要前倾；从侧面看，上身在身体的后方；胸腔尽量上提，保持腹部收紧有力。

训练效果：能帮助你提升勇气，防止抑郁，缓解肩腰酸痛。

2. 斜板式（图 8-51）

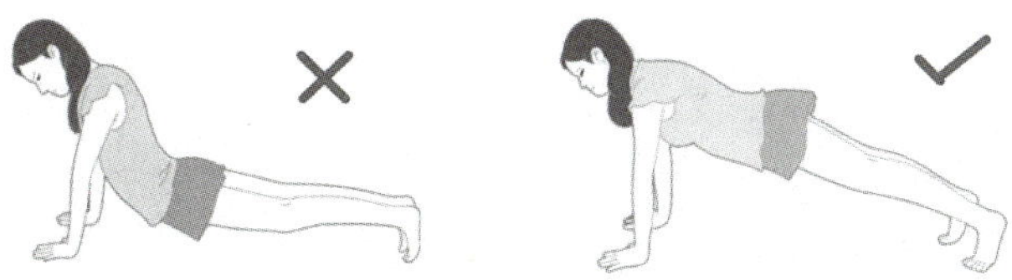

图 8-51

左边丨错误动作：上半身下侧未伸展，上半身太过于前倾。

右边丨正确动作：上半身两侧腰均衡伸展，身体后侧在一个平面之内。

训练效果：伸展整个背部，塑造腿部线条。

3. 三角式（图 8-52）

图 8-52

左边丨错误动作：腿没力而导致严重塌腰，容易造成腰疼，严重者腰椎间盘突出。

右边丨正确动作：脚用力地向后推，双腿内侧用力向内收，腹部收紧向上。

训练效果：可以瘦全身，尤其是小肚腩。

4. 坐立扭转式（图 8-53）

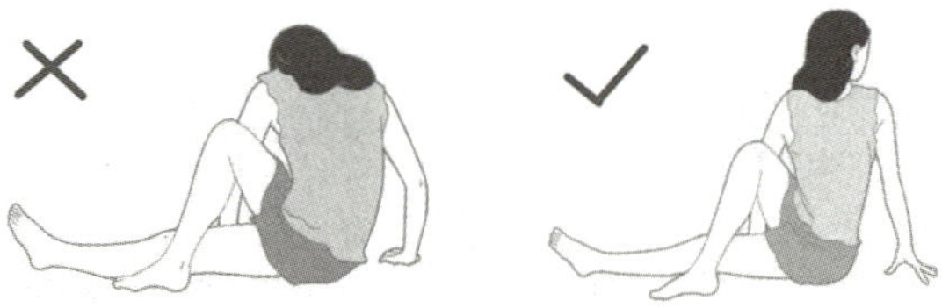

图 8-53

左边丨错误动作：重心放在手上，并拱背。

右边丨正确动作：重心均匀地放在臀部上，将背部尽量伸展。

训练效果：帮助身体排毒，减少腰部赘肉。

5. 坐立前屈式（图 8-54）

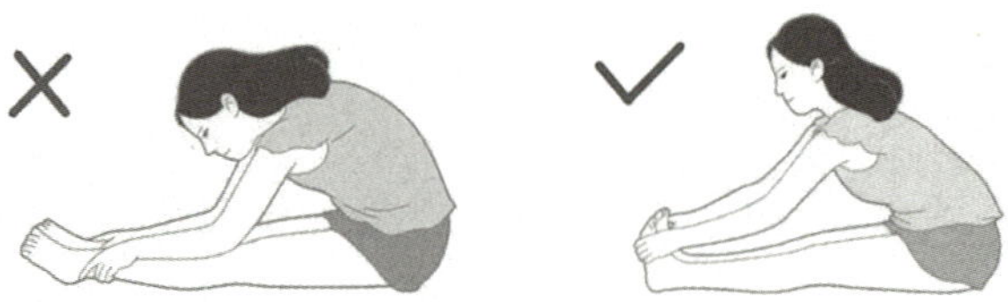

图 8-54

左边丨错误动作：训练者在做这个动作时拱背了。

右边丨正确动作：尽量伸展脊柱，将胸腔向上提。

训练效果：平静人的情绪。

6. 眼镜蛇式（图 8-55）

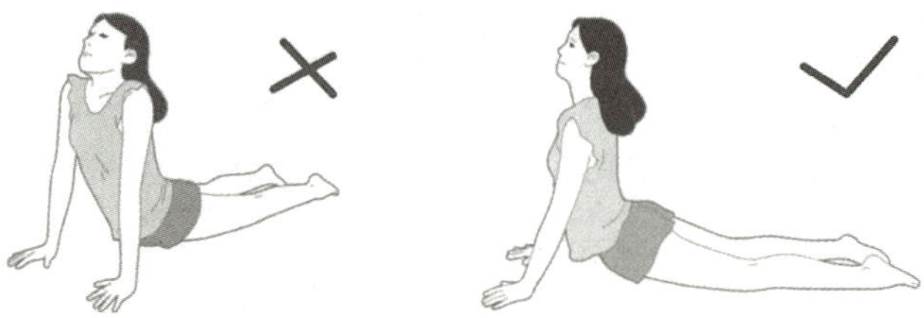

图 8-55

左边丨错误动作：手肘过于伸展，耸肩。

右边丨正确动作：手肘微微弯屈，肩膀下沉，胸腔尽量上提。

训练效果：帮助缓解腰部酸痛、腰部劳损，防止驼背。

7. 风吹树式（图 8-56）

左边丨错误动作：推动髋部朝向一侧，并含胸驼背。

右边丨正确动作：保持骨盆中立不动，只是上半身向一侧倾斜、尽量伸展。

训练效果：帮助减少两侧腰的赘肉，消除肩颈酸痛。

图 8-56

8. 下犬式（图 8-57）

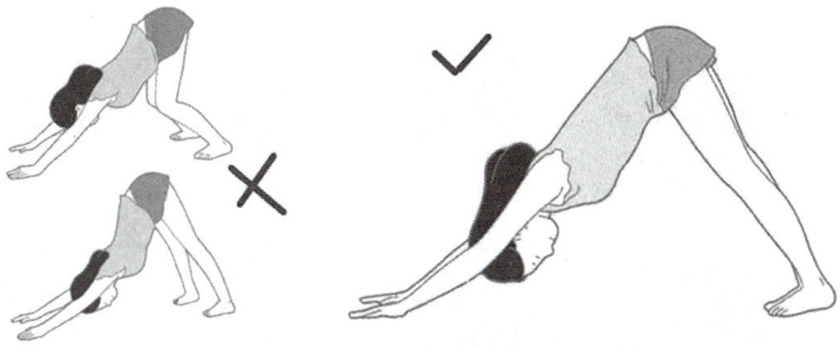

图 8-57

左边丨错误动作：整个背部处于拱背状态，或者是腿没有伸直。
右边丨正确动作：让整个背部处于伸展状态。
训练效果：伸展整个腿部，提升身体形态。

第四节　体育舞蹈

一、体育舞蹈概述

体育舞蹈也称“国际标准交谊舞”（以下简称国标舞），它集娱乐、运动、艺术于一体，是以男女为伴的一种步行式双人舞。

体育舞蹈的发展经历了原始舞、公众舞、民间舞、宫廷舞、交际舞、新旧国标舞等演变过程。19 世纪 20 年代后，英国皇家舞蹈教师协会对原舞种、舞步、舞姿等进行了规范整理，制定了比赛方法，形成了现在的国标舞。1847 年，在德国柏林举行了第一届世界标准交谊舞锦标赛。1992 年，国标舞曾被列为奥运会表演项目。

（一）舞程线

舞程线是指舞蹈运行的动向，舞者必须沿逆时针方向围绕着舞池中央做连续发展式运动。舞池长 23 米，宽 15 米，习惯上把靠近主席台一侧的那条线称为 A 线，依次是 B 线、C

线、D 线，如图 8-58 所示。在跳国际标准舞时，为了防止和避免舞者在跳舞时彼此碰撞，必须按照规定的路线有序行进，特别是在舞步连续行进和旋转时。

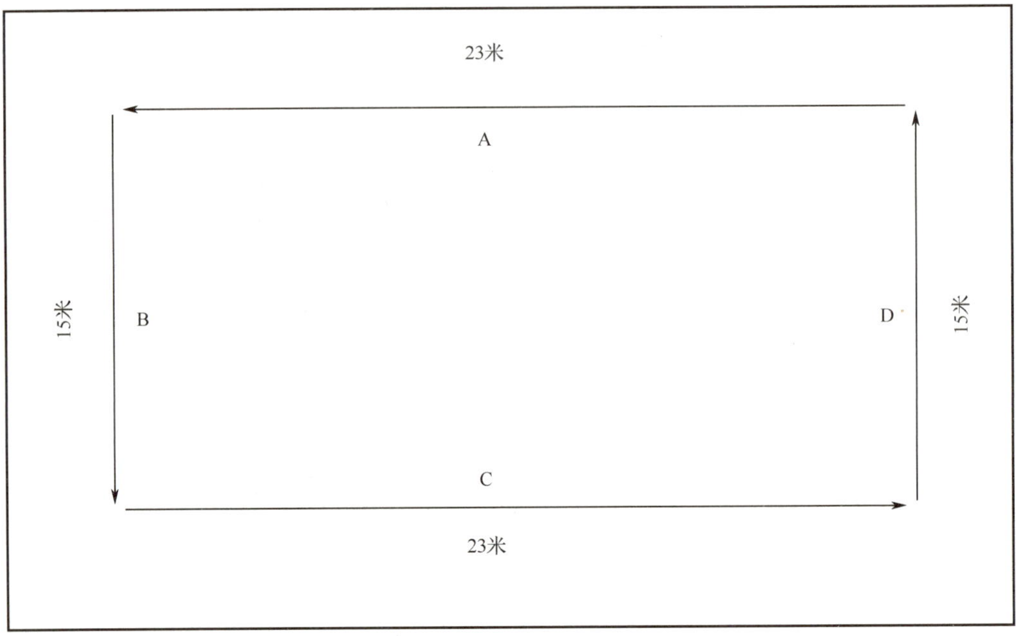

图 8-58

（二）方位

以舞程线方向和它的逆方向为一直线，再以舞池中央方向和观众方向为另一直线，两线交叉点构成一个十字形坐标。于是，运动中的方位，就出现了相对静止的固定关系——舞程线的左边永远是中央，而其右边则永远是墙（观众）。无论运行至哪一条线，这种运动中的静止关系都不会发生变化。为了便于旋转度的计算，在十字坐标的基础上，又以 45° 夹角确定了四个斜方向，并以舞程线顺逆的总概念，分别以斜和逆斜的界定区别。这样，便形成舞程线、逆舞程线、壁线、中央线、壁斜线、中央斜线、逆壁斜线、逆中央斜线八个标准方位。

需要说明的是，男女舞伴面对的方向是完全相反的，但舞步和方位的标示只以男伴为准。比如，在面墙位上进行的动作，意味着女伴必须面对中央，依此类推。此外，说面对某某方位，是指身体正面和脚尖的朝向，它与运动前进的方向及脸面和视点的朝向无关。这几点需要加以注意，体育舞蹈的方位如图 8-59 所示。

在图 8-59 中，1 为面对舞程线，2 为面对壁斜线，3 为面对壁线，4 为面对逆壁斜线，5 为面对逆舞程线，6 为面对中央斜线，7 为面对中央线，8 为面对中央斜线。

二、体育舞蹈基本动作

体育舞蹈每个舞种的基本动作各不相同，这里只介绍华尔兹基本步法和组合套路。

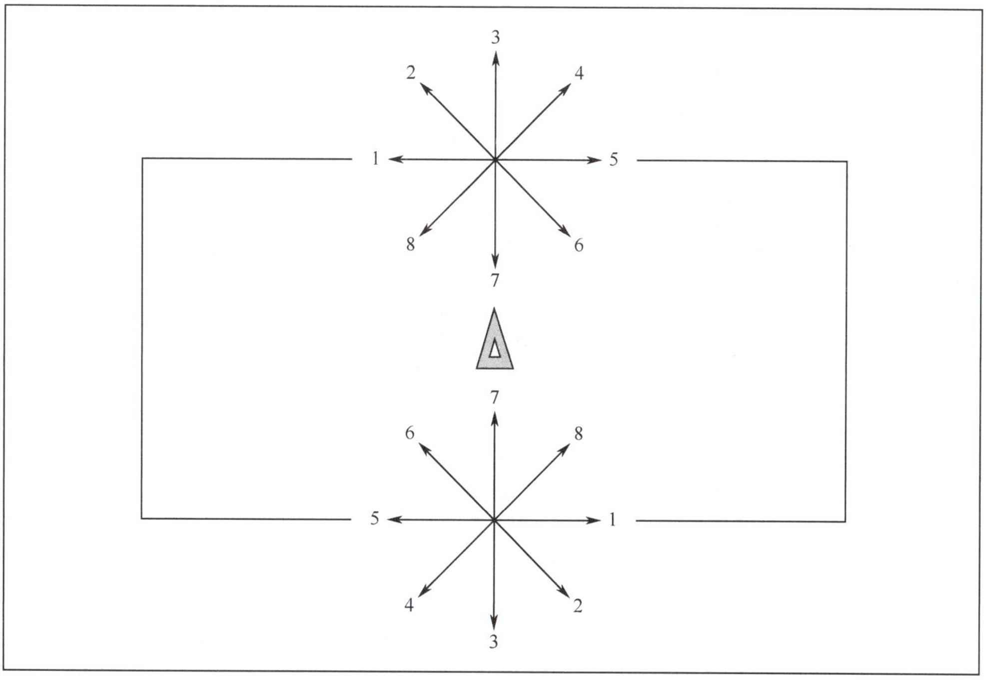

图 8-59

（一）华尔兹的基本步法

1. 直进、直退（见图 8-60）

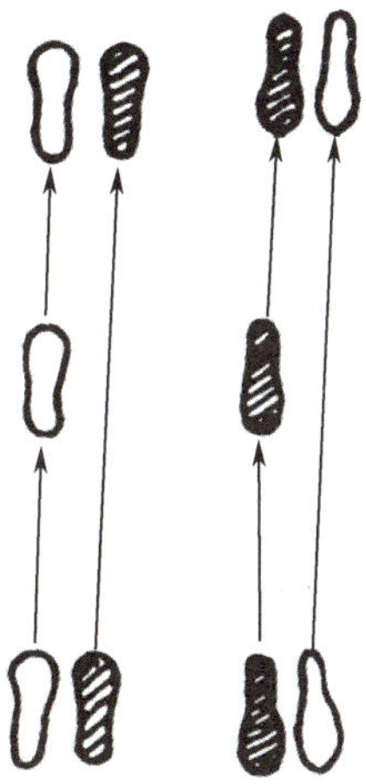

图 8-60

准备：闭式姿势。

舞步说明：正直进、直退跳法如表 8-3 所示。

表 8-3

步序	男	节奏	女
1	左脚向前一大步，重心移到左脚上	强（蹦）	右脚向后退一大步，重心移到右脚上
2	右脚向前进一步，重心移到右脚上	次强（喳）	左脚向后退一步，重心移到左脚上
3	左脚向前进一步，重心移到左脚上	弱（喳）	右脚向后退一大步，重心移到右脚上

2. 交叉斜进、斜退步（见图 8-61）

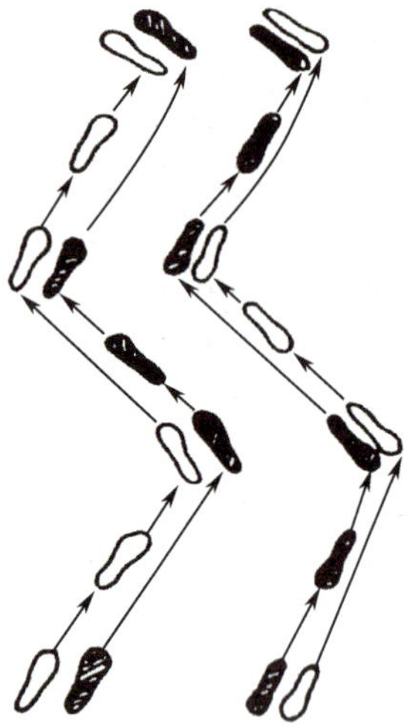

图 8-61

准备：闭式姿势。

舞步说明：交叉斜进、斜退步跳法如表 8-4 所示。

表 8-4

步序	男	节奏	女
1	双脚前脚掌支撑向右转 45°，同时左脚向前进一大步，重心移到左脚上	强(蹦)	双脚前脚掌支撑向右转 45°，同时右脚向后退一大步，重心移到右脚上
2	右脚向前进一小步，同时向左 45°，重心移到右脚上，男、女面相对	强(喳)	左脚向后退一小步，同时向左转 45°，重心移到左脚上
3	左脚向右并步，重心移到左脚，男、女成闭式舞姿	弱(喳)	右脚向左脚并拢成正步
4	双脚前脚掌支撑向左转体 45°，同时右脚向前进一大步，重心移到右脚上，女在右侧	强(蹦)	双脚前脚掌支持向左转体 45°，同时左脚向后退一大步，重心移到左脚上，男在右侧
5	左脚向前进一小步，同时向右转 45°，重心落在左脚上，男、女面相对	强(喳)	右脚向后退一小步，同时向右转 45°，重心移到右脚上，男、女面相对
6	右脚向左脚并拢成正步，重心移到右脚上	弱(喳)	左脚向右脚靠拢并步变成正步，重心移到左脚上

3. 左足并换步（见图 8-62）

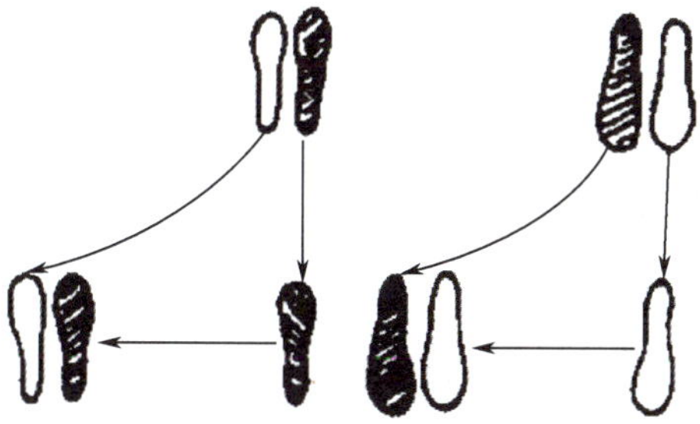

图 8-62

准备：正步、闭式姿势。

舞步说明：左足并换步跳法如表 8-5 所示。

表 8-5

步序	男	节奏	女
1	左脚向前进一大步，重心移到左脚上	强（蹦）	右脚向后退一大步，重心移到右脚上
2	右脚向前、向侧划一个弧进一步，重心移到右脚上	次强（喳）	左脚向后、向侧划一弧退一步，重心移到左脚上
3	左脚向右脚靠拢，重心移到左脚上	弱（喳）	右脚向左脚并拢成正步

4. 右足并换步（见图 8-63）

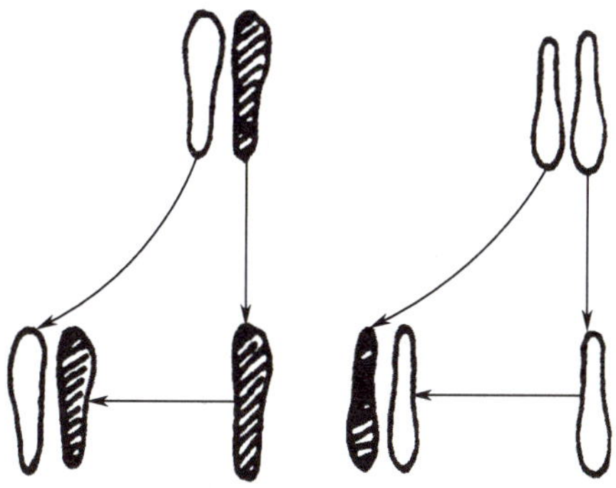

图 8-63

准备：正步、闭式姿势。

舞步说明：右足并换步跳法，如表 8-6 所示。

表 8-6

步序	男	节奏	女
1	右脚向后退一大步，重心移到右脚上	强（蹦）	左脚向前进一大步，重心移到左脚上
2	左脚向后侧退一步，重心移到左脚上	次强（喳）	右脚向前侧进一步，重心移到右脚上
3	右脚向左脚靠拢，形成正步闭式舞姿，重心移到右脚上	弱（喳）	左脚向右脚靠拢并形成正步，闭式舞姿，重心移到左脚上

5. 左转体 90°（见图 8-64）

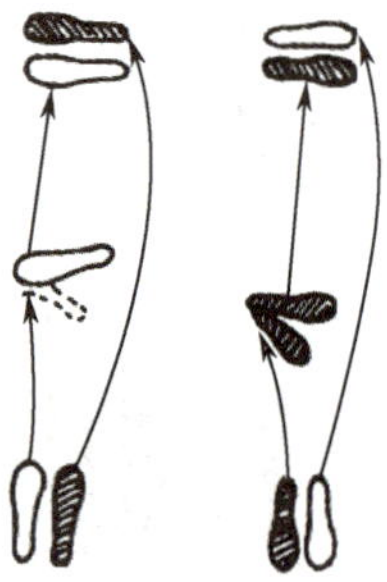

图 8-64

准备：正步、闭式姿势。
舞步说明：左转体 90°跳法，如表 8-7 所示。

表 8-7

步序	男	节奏	女
1	左脚向前进一大步，重心移到左脚上	强（蹦）	右脚向后退一大步，重心移到右脚上
2	右脚向前进一步，同时以左脚前脚掌为轴向左转 90°，重心移到右脚上	强（喳）	左脚向后退一步，同时以右脚为前脚掌为轴左转体 90°，重心移到左脚上
3	左脚向右脚侧靠拢成并步，重心移到左脚上	弱（喳）	右脚向左脚侧靠拢成并步，重心移到右脚上

6. 右转体 90°（见图 8-65）

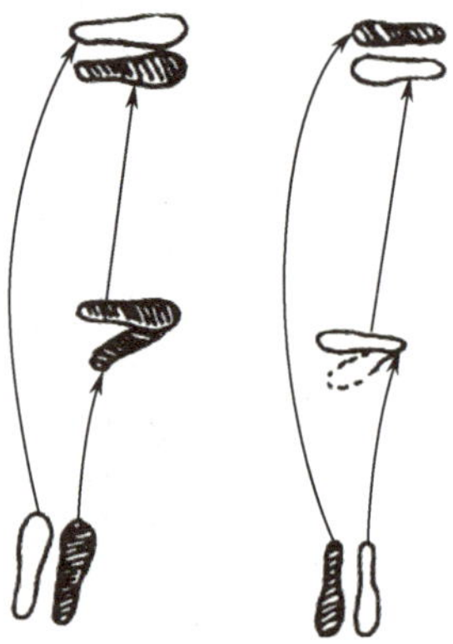

图 8-65

准备：正步、闭式姿势。
舞步说明：右转体 90°跳法，如表 8-8 所示。

表 8-8

步序	男	节奏	女
1	右脚向前进一大步，重心移到右脚上	强（蹦）	左脚向后退一大步，重心移到左脚上
2	左脚向前进一步，同时以右脚前脚掌为轴右转 90°，重心移到左脚上	强（喳）	右脚向后退一步，同时以左脚前脚掌为轴左转 90°，重心移到右脚上
3	右脚向左脚侧靠拢成正步，重心移到右脚上	弱（喳）	左脚向右脚侧靠拢成正步，重心移到左脚上

7. 左转体 180°（见图 8-66）

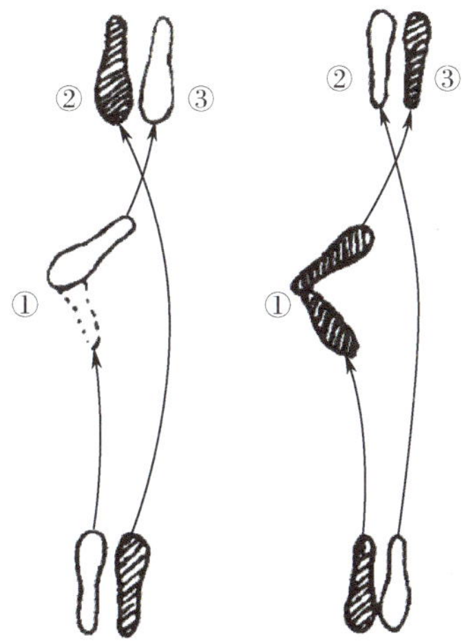

图 8-66

准备：正步、闭式姿势。

舞步说明：左转体 180°跳法，如表 8-9 所示。

表 8-9

步序	男	节奏	女
1	左脚向前进一大步，重心移到左脚上	强(蹦)	右脚向后退一大步，重心移到右脚上
2	右脚向前进一步，同时以左脚前脚掌为辅向左转 180°，重心移到右脚上	强(喳)	左脚向后退一步，同时以右脚前脚掌为轴左转体 180°，重心移到左脚上
3	左脚向右脚侧靠拢成并步，重心移到左脚上	弱(喳)	右脚向左脚侧靠拢成并步，重心移到右脚上

8. 右转体 180°（见图 8-67）

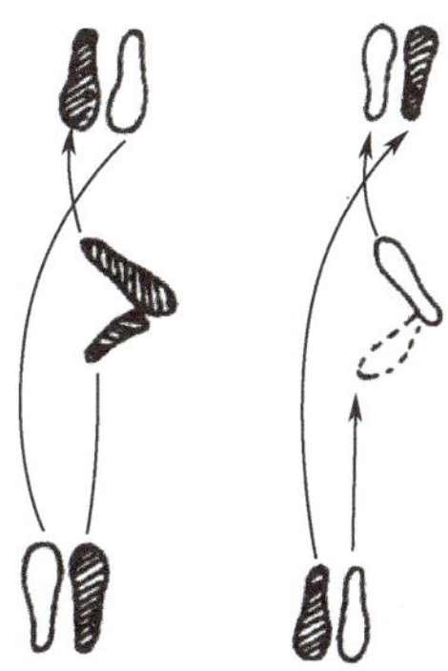

图 8-67

准备：正步、闭式姿势。

舞步说明：右转体 180°跳法，如表 8-10 所示。

表 8-10

步序	男	节奏	女
1	右脚向前进一大步，重心移到右脚上	强（蹦）	左脚向后退一大步，重心移到左脚上
2	左脚向前进一步，同时以右脚前脚掌为轴向左转 180°，重心移到左脚上	强（喳）	右脚向后退一步，同时以左脚前脚掌为轴右转体 180°，重心移到右脚上
3	右脚向左脚侧靠拢成并步，重心移到右脚上	弱（喳）	左脚向右脚侧靠拢成并步，重心移到左脚上

（二）华尔兹组合套路

1. 前进步（见图 8-68）

①　②　③

图 8-68

2. 后退步（见图 8-69）

①　②　③

图 8-69

3. 左足并换步（见图 8-70）

①　②　③　④　⑤

图 8-70

4. 右足并换步（见图 8-71）

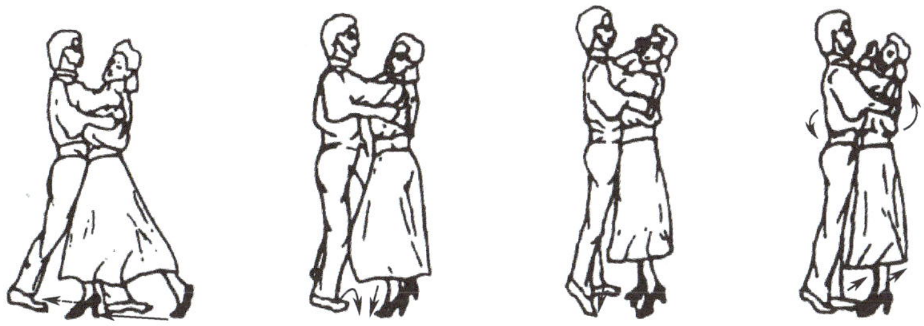

① ② ③ ④

图 8-71

5. 前进左旋转（见图 8-72）

6. 后退右旋转（见图 8-73）

① ② ③

图 8-72

① ②

图 8-73

7. 打开交叉步（见图 8-74）

① ② ③ ④

图 8-74

8. 退交叉步（见图 8-75）

① ② ③

图 8-75

9. 变换方向（见图 8-76）

① ② ③

图 8-76

10. 进交叉步（见图 8-77）

① ② ③

图 8-77

11. 交换方向（见图 8-78）

① ② ③

图 8-78

三、体育舞蹈竞赛规则要点

体育舞蹈竞赛规则要点有以下几点。

（1）团体舞锦标赛有两种形式：标准舞和拉丁舞。

（2）比赛着装要求。标准舞比赛时，男子服装必须为黑色或藏蓝色；拉丁舞的比赛，允许男子穿彩色的服装，但每队的所有男队员必须服装颜色统一，不允许使用道具。

（3）标准舞比赛队的动作编排必须是基于华尔兹、探戈、维也纳华尔兹、慢狐步舞和快步舞，并最多可选 16 小节包括拉丁舞在内的其他任何舞。

（4）拉丁舞比赛队的动作编排必须是基于桑巴、恰恰、伦巴、斗牛舞、牛仔舞和任何其他拉丁节奏，并最多可选 16 小节包括标准舞在内的其他任何舞。

（5）标准舞的每段独舞将严格限制在 8 小节以内，在整个舞蹈编排中最多 24 小节；此规则不适用于拉丁舞，在拉丁舞中独舞通常作为一部分。两种舞中都不允许有托举动作（一名舞者在舞伴的协助或支持下双脚同时离地的动作）。

（6）在所有比赛中，参赛队应由 6 对或 8 对选手组成。在同一比赛中，任何人不得参加超过一队的比赛。

（7）在比赛中的任何阶段，各队队员最多可以有 4 名替补。

（8）包括入场和出场，每队的表演不得超过 6 分钟。在此 6 分钟内，将评判不超过 4 分半钟的表演，表演的开始和结束应有明确的指示。未遵守这些要求的队可由主席裁定是否取消其比赛资格。

（9）比赛必须安排来自不同国家的不少于 7 名有团体舞经验的裁判。

（10）比赛时应使用磁带或其他音响设备。

（11）必须为各队的彩排做充足的安排，为各队在舞厅安排充足的时间带音乐排练。

（12）必须任命一名主席。主席必须参加彩排并警告违反规则的队。如有参赛队在比赛中违反规则，他有权和裁判们协商后取消该队的比赛资格。

（13）在比赛时只允许使用彩排时的动作编排和音乐，比赛时不允许更换服装。

（14）当比赛参赛队超过 5 支时，必须举行第二轮比赛。

第五节　跆　拳　道

一、跆拳道运动概述

（一）跆拳道的起源

跆拳道的前身是“花郎道”，起源于 1500 年前的朝鲜民间武艺。花郎道的劈掌结合了中国功夫及日本空手道的技术，经过不断的演变、完善、创新、发展，形成一种独特的武艺——跆拳道。

668 年，新罗王国统一了朝鲜。这是朝鲜发展的黄金时代，也是“跆拳道”大力推行的时代。935 年，新罗王国被推翻，王朝建立。高丽王朝军队英勇善战，士兵们常以拳撞击墙壁或木块，以磨炼手部的攻击能力。后来，勇敢过人的士兵金振郗进宫廷进行拳击表演，使跆拳道的声望大振。

1392 年，高丽王朝灭亡，跆拳道随之衰落。取代高丽王朝的李氏朝鲜重文轻武，儒家思想取代了佛教的地位，武功及跆拳道得不到重视。1910 年日本侵占朝鲜，禁止跆拳道训练，跆拳道于此时几乎灭迹。大部分人被迫服从，但仍有部分人在荒郊野外偷偷练习，还有很多朝鲜人因生活所迫到中国和日本谋生。通过他们，跆拳道不仅被保留下来，而且与中国武术和日本空手道等搏击技术相融合。

（二）跆拳道的特点、作用

跆拳道因相对比较简单易学，且能达到防身自卫、强身健体的作用，所以深得人们的喜爱。随着跆拳道在世界范围内的传播和发展，跆拳道已基本形成两个发展方向。一种是国际跆拳道联盟倡导的以跆拳道品势演练为主；另一种是世界跆拳道联盟倡导的竞赛跆拳道，即通常所说的跆拳道，它通过实战的不断发展，完善为现代竞技体育运动，并成了奥运会的正式比赛项目。

1. 跆拳道的特点

（1）手脚并用，以腿为主。

（2）功力测试，方法独特。

（3）强调发声，以气促力。

（4）礼始礼终，谦和恭让。

（5）以刚制刚，直来直往。

（6）内外兼修，身心合一。

2. 跆拳道的作用

跆拳道具有健身、防身、修身、娱乐观赏等多方面的作用，是人们增强体质、磨炼意志，培养高尚品格以及提高防身自卫能力的有效途径。

二、跆拳道运动基本技术

（一）基本技术动作

跆拳道运动以其变幻莫测、优美潇洒的进攻腿法著称于世，被格斗界称为踢的艺术，这也是跆拳道运动区别于其他格斗术的一个重要特点。跆拳道的腿法讲究变化多端、放长击远，对参与者的柔韧性、反应的灵敏性、身体运动的稳定性都有较高的要求，它是对人体体能、智力和意志品质的综合考验。

跆拳道实战中腿法进攻的使用部位包括脚前掌、脚趾、脚背、足刀、脚后跟和脚后掌（脚跟底部）。利用这些部位可以完成站立踢、跳动踢、助跑踢、转身踢和飞踢等不同形式的多种踢法进攻。在实战过程中，运用腿法要根据具体情况而定，如对方所处位置、暴露的空当、防守的习惯以及彼此之间的距离等。

在跆拳道的品式演练中会出现较多的手法，如正拳、平拳、手刀、贯手等，而在竞技比赛中规则允许的攻击手法中只有“正拳”技法，而品式中的腿法和实战竞技中的腿法并无太大差异。这里主要介绍实战竞技中使用的对抗技术。

1. 准备姿势（以右式为例）

跆拳道的准备姿势又称为实战姿势或预备姿势，是进行实战对抗技术运用的基本技术，也是支持其他跆拳道技术使用的基础技术。

两脚前后站立，左脚在前，两脚开立比肩稍宽，两脚尖方向约与两脚连线成45°；重心稍靠前，右脚脚跟稍离地面，双膝微屈；两手握拳，两大臂自然贴躯干垂放，左拳稍向前伸出，高度约齐肩，右拳放在下颌的侧前方，如图8-79所示。

2. 进攻技术（均以右式为例）

（1）正拳

右脚蹬地，转髋、送肩，右手沿直线击打目标，接触部位为拳峰；重心前移，左拳收到下颌左侧前方。技术完成后，迅速回到准备姿势。

根据竞赛规则，正拳可以击打对手躯干被护具包裹的部位。

（2）前踢

右脚蹬地，髋关节向左旋转，双拳自然置于体侧；同时，右腿以髋关节为轴屈膝上提。当大腿抬至水平或稍高时，髋关节前送，小腿以膝关节为轴，快速向前上方踢出，力达腿尖，整条腿踢直。踢击后迅速放松，右腿沿原路线弹回，将右脚放置在左脚前面呈反向的实战姿势，再调整回右架准备姿势，如图 8-80 所示。

图 8-79

图 8-80

动作要领：膝关节夹紧，小腿放松，要有弹性；髋往前送，注意膝盖的高度；小腿回收与前踢时同样要保持速度。主要攻击部位有面部、胸腹部、裆部。前踢亦可用于防守，将前踢发力部位由脚前掌改换为脚跟时，前踢动作就变为前蹬动作。前蹬动作方法要点与前蹬相同，只是脚的接触部位发生了变化。

（3）横踢

右脚蹬地，重心前移至左脚，右脚屈膝上提，两拳置于胸前。以左脚前脚掌为轴做逆时针旋转，髋关节左转，左膝外展，随即左脚掌逆时针旋转约 180°；右腿膝关节前提并扣膝，使右腿至水平状态，小腿快速向左前横向踢出，击打目标后迅速放松收回小腿。右腿落在左脚前，调节回右架准备姿势，如图 8-81 所示。

图 8-81

动作要领：右腿膝关节夹紧，向前提膝，尽量走直线，支撑脚外旋约 180°，髋关节往前顶，使躯干与大腿、小腿成直线。注意击打的力点在正脚背，击打时踝关节要放松，感觉腿脚如“鞭梢”一样击打“面团”。横踢攻击的主要部位有头部、胸腹部和肋部。

（4）侧踢

右脚蹬地，右腿以髋关节为轴屈膝提起，两拳自然置于体侧；随即左脚以前脚掌为轴逆时针旋转约 180°，髋关节向左旋转，右腿以膝关节为轴向前蹬伸；右脚快速向右前方直线踢出，力点在脚跟。发力后沿起腿路线收腿，放松，成反向准备姿势，再调整回右架准备姿势，如图 8-82 所示。

图 8-82

动作要领：起腿时右腿大腿、小腿夹紧；踢出发力时头肩、腰、髋、膝、腿和踝成一直线；大小腿直线踢出，原路线收回。侧踢动作的主要攻击部位有膝部、腹部、肋部、胸部和头面部。

（5）下劈

右脚蹬地，重心前移至左脚，同时，右腿以髋关节为轴屈膝上提，两手握拳置于胸前；随即充分送髋，上提膝关节至胸部，右小腿以膝关节为轴向上伸直，将右腿伸直举于体前，右脚过头；然后迅速向下以右脚后跟（或脚掌）为力点劈击，放松落于地面，呈反向准备姿势，如图 8-83 所示。

图 8-83

动作要领：右腿尽量向上、向头后举，向上送右髋，重心往高起；脚加力往前落，落地要有控制；起腿要快速、果断；踝关节要放松。劈腿的主要攻击部位有头顶、脸部和锁骨。

（6）后踢

实战姿势开始。转身，后腿后撤背对对方；重心后移至左脚，右脚蹬地后屈膝提起，右脚贴近左膝，两手握拳置于胸前；随即左脚用力蹬地，右脚自左大腿内侧向后方直线踢出，力达脚跟。踢击后，右脚沿原路线快速收回，呈反向准备姿势，再调整回右架准备姿势，如图 8-84 所示。

图 8-84

动作要领：起腿后，上体和大小腿折叠收紧；后踢时动作延伸要长，用力蹬伸；转身、提腿、出脚动作连续一次性完成，不能停顿；击打目标在正后方。后踢动作的主要攻击部位是胸腹部和头部。

（7）后旋踢

实战姿势开始。两脚以两脚掌为轴，顺时针旋转约 180°，身体随之右转约 90°；两拳置于胸前。上体右转，与双腿拧成一定角度。右脚蹬地，将蹬地的力量与上体拧转的力量合在一起；右腿继续向右后旋摆鞭打，同时上体向右转，带动右腿弧形摆至身体右侧；右腿屈膝回收，右脚落到右后呈实战姿势，如图 8-85 所示。

图 8-85

动作要领：转身旋转，踢腿连贯进行，一气呵成，中间没有停顿；击打点在正前方，呈水平弧线；屈膝起腿的旋转速度要快，重心在原地旋转 360°。后旋踢攻击的主要部位是面颊和胸部。

（8）双飞踢

重心移至左腿，提右膝使用右腿横踢，在右腿完成横踢回收动作的同时，立即提起左膝使用横踢，也就是一次腾空完成一右一左两次横踢。完成击打动作后，自然下落，成左架准备姿势，再调整回右架准备姿势，如图 8-86 所示。

图 8-86

动作要领：中、远距离是使用双飞踢的对抗时机，第一个横踢通常是用来干扰对方防守和测量双方距离的，第二个横踢是进攻的主要动作；使用第一个横踢时，躯干稍后倾，方便第二个横踢的使用；注意转髋发力，紧密衔接。

跆拳道其他腿法几乎都是从以上基本腿法中演化和发展而来的。

（二）防守技术

跆拳道注重以快制快，以攻代守。防守基本依靠步法完成，辅之以格挡技术。

1. 格挡

（1）向上格挡

用前臂向上架格挡，大臂带动小臂向上拨动对方来袭的拳或脚；接触瞬间站稳脚步，握紧拳头。左右臂皆可使用。

（2）向左（或右）格挡

用小臂外侧受力，大臂带动小臂向左或向右格挡，身体瞬时有顺着对方攻击动作方向移动的动作，减小对方的攻击力量，稳定重心，握紧拳头。

2. 贴靠

贴靠技术是只在实战对抗中使用的技术，主要用于在对抗中躲避对方进攻动作，或是我方完成进攻动作后突然进入对方的近距离范围时，可以此使对方的腿法难以使用。其动作要求是：两臂伸直，向斜下方伸出，将对手身体置于身体正面、两臂之间，身体紧贴对方躯干部位。

（三）品势

跆拳道的品势主要有太极一章至八章、高丽、金刚、太白、平原、十进、地跆、天拳、汉水、一如等。按照跆拳道“十级九段”的技术等级规范，一段以内的初学者练习品势内容为太极八章。在这里向大家介绍最为基础的太极一章。

乾，意为天。太极一章为学习跆拳道品势的入门，动作主要由前屈立、正拳、中段和下段防御以及前踢等基础动作构成。学习演练此品势时，要集中精力、气势坚定，通过进、退、攻击、防守、转体等一系列动作体现演练者的内心信念和阳刚之美。其演练路线为乾卦的符号，如图 8-87 所示；共 18 个动作，见表 8-11。

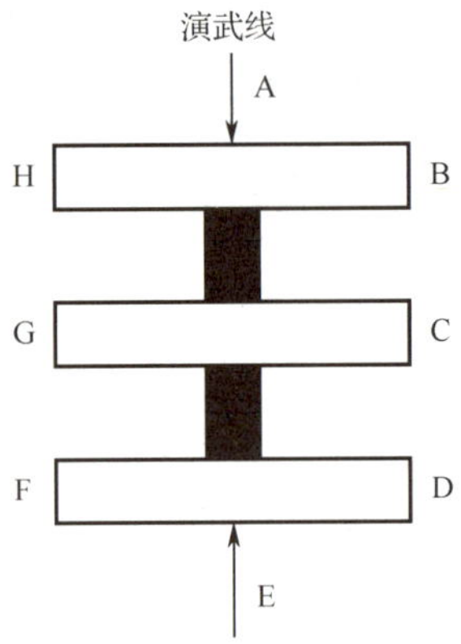

图 8-87

表 8-11　太极一章的 18 个动作

动作数	方向	站位	手位
1	左脚向左平移一步，面向 E 方向	自然立	预备姿势
2	身体左转，左脚在 B 线	左高前屈立	左手顺位下段防
3	右脚向前一步，落在 B 线	右高前屈立	右手顺位攻中段
4	左脚为轴右后转，右脚落在 H 线	右高前屈立	右手顺位下段防
5	右脚为轴左转，左脚迈向 E 方向	左前屈立	左手顺位下段防
6	身体姿势不变	左前屈立	右手逆位攻中段

续表

动作数	方向	站位	手位
7	左脚为轴右转，右脚落在 G 线	右高前屈立	左手逆位中段防
8	左脚向前一步，落在 G 线	左高前屈立	右手逆位攻中段
9	右脚为轴后转，左脚落在 C 线	左高前屈立	右手逆位中段防
10	右脚向前一步，在 C 线	右高前屈立	左手逆位攻中段
11	左脚为轴右转，右脚落向 E 方向	右前屈立	右手顺位下段防
12	身体姿势不变	右前屈立	左手逆位攻中段
13	右脚为轴左转，左脚移向 D 线	左高前屈立	左手顺位上段防
14	右脚前踢，落向 D 线	右高前屈立	右手逆位攻中段
15	左脚为轴后转，右脚移向 F 线	右高前屈立	右手顺位上段防
16	左脚前踢，落向 E 线	左高前屈立	左手顺位攻中段
17	右脚为轴右转，左脚移向 A 方向	左前屈立	左手顺位下段防
18	右脚向前一步，落向 A 方向	右前屈立	右手顺位攻中段
收势	右脚为轴后转，收左脚，面向 E 方向	自然立	预备姿势

三、跆拳道运动基本战术

（一）主动进攻攻略

主动进攻是指比赛双方在最佳距离对峙时，一方根据临场形势突然以快速的步法或逼真的假动作接近对方并发动攻势的实战攻略。它的主要表现形式有强攻、抢攻、假动作虚晃调动等。

1. 启动突然

双方在对峙时，防守意识加强，双方任何一个细小动作的变化都可能引起对方的高度警觉而带来一连串的反应。因此，在发动攻势之前严禁出现“顶兆”“预摆”等不良习惯动作，并尽可能地在移动时用看似随意的动作来隐藏自己的攻击意图和攻击前的准备。一旦时机成熟，迅速发起攻势，出其不意，攻其不备，使对方措手不及。

2. 迅速连贯

一旦发起攻击，须快速敏捷。速度是跆拳道比赛制胜的法宝，从动作的启动、击打、收回及攻防间的转换，无不需要速度来支撑。攻击一旦开始，连续不断的组合击打将不会给对方丝毫的喘息机会，这就要求整个动作过程和动作间的转换必须以最快的速度来完成，任何的停顿与犹豫不决都将无功而返，甚至招来对方的反击，使自己陷于被动。

3. 真假结合

双方在对峙中均保持着高度的警觉性，大部分注意力都放在防守上。直接的进攻往往不能取得预期效果，且容易给对方反击的机会。利用假动作来调动、迷惑对方，是主动进攻中寻找进攻时机的攻略之一。使用假动作时，须注意真假结合，真真假假，假假真真，扰乱对方的判断，使对方真假难辨，无所适从，在犹豫中被击中。

（二）防守反击攻略

防守反击是指一方进攻时，另一方利用各种防守技术进行有效防守后，及时予以反击的实战攻略。良好的防守反击能破坏对方的攻势，使自己由防守转入进攻，扭转自己的被动局面，掌握比赛的主动权。它的主要表现形式有先防守后反击、防守的同时施以反击、以攻代防等。

1. 意识先导

防守反击战术运用的成功不仅需要熟练地掌握正确的防守与进攻技术，而且需要培养防守反击的意识。在瞬息万变的比赛中，如果不能抓住稍纵即逝的时机，再好的技战术也无法取得良好的攻击效果。对方暴露将要进攻迹象但尚未启动，或者对方进攻落空尚未转入防守的瞬间等，都可视为我方反击的最佳时机。

2. 判断准确

在比赛中，当对方进攻时，如何判断其进攻的真伪以避免上当至关重要。准确的判断是确保击打效果的关键，因此要充分了解对手，洞察先机，预先防范，掌握主动，控制对方，快速反击，做到“防中有攻，以攻代防，以攻破攻”。

3. 以攻代防

在对方进攻的同时，防守者可使用进攻的动作，即以攻代守，这在当今的跆拳道比赛中被广泛使用。对方在进攻时，身体重心发生了移动，就必然有一个调整身体重心的阶段，防守者此时抓住时机实施进攻，往往会使得进攻者无法快速回撤身体而陷于被动或者失分。此时防守者的进攻动作属于后发制人的动作，与平常使用的进攻动作在移动方向或身体姿势上有一定的差别。如双方闭式战立，对方使用横踢进攻，自己使用横踢反击，由于对方先动，自己后动，要想自己不失分而又能有效击打对方，就必须在向后撤的同时做出横踢动作。

4. 转换迅速

在实战中，单个动作技术水平的高低并无显著的差异，而两动作之间的衔接与转换就显现出双方水平的差异了，而这差异则影响着防守反击的效果。在保证动作结构大致完整的原则下，始终将防守动作的结束视作反击动作的开始，减少中间环节，就能有效缩短衔接时间，加快动作转换速度。因此，平时储备大量娴熟的防守反击组合技术动作并加以练习，可确保实战时动作间衔接得流畅顺达，无停滞现象，使反击动作能以组合的形式出现。在一动又一动的快速连续击打中，寻求最佳时机给对手以致命的打击。

（三）不同类型对手的应对策略

1. 长打反击的对手

（1）不急躁，多利用前脚调动，并及时采取合理策略应对。

（2）从形式上积极逼压对手，使对手后撤，让裁判判罚对手消极。

（3）要多组织连续进攻。

2. 冲击型对手

（1）积极采取变线、贴靠、破坏、迎击头部的方式应对。

（2）与对手保持合理距离，坚决不给对手连续进攻的机会。

（3）可以用直拳迎击，并在靠近的瞬间近距离得分。

3. 以进攻状态打反击的对手

（1）利用假动作或步法的调动变换，调出对手反击技术，及时采取连续进攻进行果断应对。

（2）在没有充分准备好的情况下，要及时撤出对手的击打距离。

（3）明确对手反击的技术以后，可以故意与对手进行互动换点，再跟上二次进攻。

4. 比自己弱的对手

（1）端正心态，以结果论输赢，不要过分注重华而不实过程。

（2）轻敌是兵家大忌，认真对待每一位对手，拿出最佳状态，尽可能地在短时间内结束本场实战，为后面的实战节省体能。

（3）在大比分领先时，可以让自己有目的地使用难度技术或击头技术，以扩大比分，增强后面使用此技术的信心。

5. 有经验的对手

（1）积极运用心理战术，首先在心理上战胜自己，不要紧张，抓住对手急于求成的心态，稳扎稳打。

（2）以防守不失分为主，尽可能缩小与对手的比分，在心理上要顶得住。

（3）要在气势上故意挑衅对手，打乱对手节奏，在对手失误中寻找得分机会。

6. 比自己矮的对手

（1）控制自己的距离，不让对手进到自己的控制范围内。

（2）以打迎击和抢攻为主，避免与对手近身连续拼打周旋。

（3）要有强烈的击头意识。

7. 比自己高的对手

（1）破坏对手的距离，朝对手肚子底下打。

（2）利用移动快、连续进攻能力强的特点，积极得分。

四、跆拳道运动竞赛规则

（一）跆拳道比赛场地

跆拳道比赛区是 8m×8m 大小的水平、无障碍物的正方形场地，或由中国跆协批准使用的其他规格的比赛场地。

比赛区应铺设经中国跆协监制或指定的专用比赛垫。必要时，比赛区可根据实际需要置于一定高度的平台上。为保证运动员的安全，比赛场地边线外有与地面夹角小于 30°的斜坡，边界线以外也需铺设比赛垫，尺寸大小可根据比赛实际情况确定，宽度为 1～2m。

（二）比赛时间

每场比赛为 3 局，每局比赛 2 分钟，局间休息 1 分钟。青少年比赛的时间可根据情况适当调整。

（三）比赛中的有效得分

1. 允许使用的技术

（1）拳的技术：紧握拳头并正确使用正拳进行正面攻击的技术。

（2）脚的技术：使用踝关节以下脚的部位进行攻击的技术。

2. 允许攻击的部位

（1）躯干：允许使用拳和脚的技术攻击对方躯干部位被护胸包裹的部分，但禁止攻击后背脊柱。

（2）头部：锁骨以上的部位，只允许使用脚的技术攻击。

3. 有效得分部位

（1）胸腹部和两肋。

（2）头部。

4. 有效得分

使用允许的技术，准确、有力地击中有效得分部位称为有效得分。有效击中躯干计 1 分；旋转踢技术击中躯干计 2 分；有效击中头部计 3 分；一方运动员每被判 2 次“警告”或 1 次“扣分”，另一方运动员得 1 分。

（四）比赛中的犯规行为

对犯规行为通常有三种处理方式：口头提醒、警告和扣分。

一般来说，运动员在非主观故意的情况下出现了犯规行为，且没有造成不良后果的，由主裁判员口头提醒。警告和扣分是处罚手段，是对可能影响比赛结果的犯规行为进行严肃处罚的方式。警告两次，扣被警告方运动员 1 分；警告数为奇数时，最后一次不计。扣分一次，扣被扣分方运动员 1 分。犯规累计扣 4 分者，判其“犯规败”，警告和扣分按三局累计。

1. 判罚警告的犯规行为

（1）接触行为：抓住对手、搂抱对手等。

（2）消极行为：故意跑出比赛场地、背向对手逃避进攻、假装受伤拖延时间等。

（3）攻击行为：用膝部顶撞对手、故意攻击对方面部等。

（4）不当行为：教练员或运动员示意得分或扣分，说脏话等。

2. 判罚扣分的犯规行为

（1）接触行为：抓住对方的脚故意将其摔倒等。

（2）消极行为：长时间躲避交手、跑出比赛场地等。

（3）攻击行为：攻击倒地的对手，故意击打对方后脑或裆部等。

（五）比赛获胜方式

（1）击倒胜（KO）：比赛中使用有效的技术击倒对手获胜。

（2）主裁判终止比赛胜（RSC）：比赛中，一方实力明显高于另一方，为了保护运动员，可直接宣布实力强的一方获胜。

（3）比分或优势胜：根据双方的得分判定胜负。当双方得分相同时，参照运动员在三局中的表现，局数优势多的一方获胜。

（4）对方弃权胜。

（5）对方失格胜。

（6）主裁判判罚犯规胜。

第九章 休闲户外运动

第一节 轮滑运动

一、轮滑概述

轮滑又称滚轴溜冰、滑旱冰，是穿着带滚轮的特制鞋在坚硬的场地上滑行的运动。轮滑运动是从滑冰运动演变而来的。据有关资料记载，轮滑在 18 世纪由荷兰人发明。最初有位荷兰的滑冰运动员，为了在不结冰的季节继续进行训练，尝试把木线轴安在皮鞋下，试图在平坦的地面上滑行，他的试验在不断失败和改进后终于取得成功，创造了用轮子鞋“滑冰”的历史，从此轮滑运动在欧洲诞生和兴起，并得到了较快的发展。真正的现代意义上的轮滑是由美国的詹姆斯·普利姆普顿在 1863 年发明的，他创新地用金属轮子代替木质轮子，滑行起来具有更多的优越性，深受大家的欢迎，他的发明也推动了各国轮滑运动的发展。

今日的滚轴溜冰者主要使用直排轮，因此直排轮滑也几乎成了轮滑运动的代名词。今天的轮滑有广义和狭义之分，狭义轮滑运动俗称“溜旱冰”，是脚穿四轮特制鞋在坚实平坦的地面上滑行的运动，包括速度轮滑、花样轮滑、轮滑球及单排轮滑和双排轮滑；广义轮滑运动包括竞技滑板、空中滑板、轮滑（单、双排）等。

二、轮滑锻炼价值

（一）强身健体

轮滑作为体育运动，自然有着很高的锻炼和健身价值。经常参加轮滑运动，可有效地改善和提高运动者的机体中枢神经系统机能，增强呼吸系统、消化系统、血液循环系统及内脏器官的功能，能够全面协调和综合发展人体的速度、力量、耐力、灵敏等各方面素质，改善身体机能，提高平衡能力。

（二）娱乐性

轮滑是一项融健身、竞技、娱乐、趣味、技巧、艺术、休闲、惊险于一体的体育运动项目。当人开始学习轮滑时，轻轻一蹬就能轻松向前滑行，会产生很强的兴趣和学习欲望；当能够轻松滑行、自如转弯及随心所欲地做动作时，滑行者更能够感受到乐趣。

（三）有效塑造体形

轮滑运动是自身能够控制强度的运动，可以是高强度的剧烈运动，也可以是低强度的轻松滑行。据统计，低强度的轮滑运动 30 分钟，就能够消耗 285 千卡的热量；间断式的变速轮滑（一分钟高强度与一分钟低强度交替进行）则可以在 30 分钟内消耗掉 450 千卡的热量。同时，轮滑运动是全身运动，运动中消耗的脂肪比较平均。所以，轮滑运动能够帮助人们减去多余的脂肪，达到健身的目的。

（四）强化意志品质

想要学会轮滑是要付出很多努力的。在学习中，可能要练习很长时间，经过很多次摔倒才能熟练掌握一个动作的技术。每一次爬起，人们都坚定了要学会这项技术的决心，逐渐就会形成一种“抗压性”，不再惧怕摔倒，不再畏惧艰难；在每一次摔倒、爬起再练的过程中，培养了不怕苦、不怕累的精神和战胜种种困难的意志品质。

三、轮滑基本技术

正确地站立和稳定地移动重心是学习滑行的基础。由于轮滑鞋与地面接触面积小，加之滑轮与地面纵向摩擦力很小，容易前后滚动，所以初学者不易掌握平衡。因此初学者应首先学习站立、把握原地移重心和保持平衡的基本知识。

（一）站立姿势

基本站立方法包括丁字站立、外八字站立、平行站立三种。

对于上述三种站立姿势，初学者可根据个人习惯选择，其中外八字站立常见于滑跑的起步准备姿势。

1. 丁字站立（见图 9-1）

两脚呈丁字站立，前脚跟靠住后脚的脚弓处，两膝微屈，重心稍落于后脚上，上体稍前倾。对于初学者来说，要注意将重心放在后脚之上，但不要过于靠后，否则会因前脚悬空而摔倒。

2. 外八字站立（见图 9-2）

两脚尖自然分开，两脚跟靠近，上体稍前倾，两膝微屈，两臂自然垂于体侧，重心落在两脚中间。初学者要注意两腿夹紧，否则会出现两腿外开的情况，如果控制不好就会摔倒。

3. 平行站立（见图 9-3）

两腿分开与肩同宽，保持两脚平行。膝部稍前屈，上体稍前倾，头保持正直，身体重心落在两脚之间，平稳站立。初学者如果踝关节力量不够，内侧韧带力量会强于外侧，两脚会自然向内侧微倒，借以保持身体平衡，即用轮子的“内刃”着地。随着滑行能力的提高，这种站立姿势要逐渐改变为正直站立。

（二）原地移重心

稳健地移动重心是确保滑动稳定的必要条件，所以首先要练习在原地能够随心所欲地移动重心。原地移重心练习可以分成以下几步。

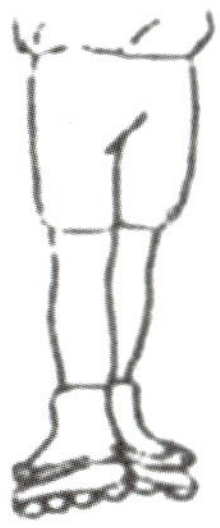

图 9-1

图 9-2

图 9-3

1. *原地蹲起*

两脚平行站立，双臂自然后背，做下蹲再起来的动作；开始先做半蹲练习，然后逐渐增加蹲的幅度。上体微前倾，注意下蹲时双膝既不要外展也不要内扣。

2. *左右移动*

两脚平行，身体向左侧移动，逐渐将重心移到左腿上，待重心平稳后再将重心向右腿移动，如此反复。

3. *原地踏步*

在两脚平行站立的基础上，将重心移到左腿上站稳，然后抬起右腿离地 10～20 厘米，落下站稳后，再将重心移到右腿，左腿离地。这样两腿交替进行，直到熟练为止。

（三）迈步移动重心

迈步移动重心也是掌握正确滑行的基础，移动重心的方法有以下几种。

1. *两脚原地前后滑动*

两脚平行站立，一脚向前，另一脚向后，由大腿发力来回滑动，两臂随其自然摆动保持平衡，重心要保持在两脚中间，两腿滑动距离以前后相距一脚为宜。该动作可以提高对身体重心的控制能力和相对滑动的适应能力。

2. *侧向并步移动*

两脚平行站立，两臂自然放松，左脚向左侧迈一步，随之身体重心迅速跟上，同时要做到鼻尖、膝盖、脚尖三点成一条直线；然后右脚向左脚靠拢着地，稳定后，右脚向右侧迈一步，随之身体重心迅速跟上，同时要做到鼻尖、膝盖、脚尖三点成一条直线，然后左脚向右脚靠拢着地。左右反复做，体会身体重心侧移的要点。

3. *向前八字行走*

两脚平行站立，一脚稍抬起向前迈出一小步，脚尖稍向外呈八字步落地，同时身体重心迅速跟上，后脚此时蹬地抬起再向前迈出，脚尖向外呈八字步落地；两脚交替进行，步幅由小至大，保持好身体的平衡，两臂自然前后摆动。

（四）停止方法

初学者应掌握的基本停止法有两种：转弯减速法和内八字停止法。

转弯减速法就是用做惯性转弯的动作来消耗掉滑行的惯性，减缓速度，达到停止的目的。在滑行中，两脚并拢，两脚同时向逆时针（或顺时针）方向转体 90°，右脚以轮内刃着地，左脚以轮外刃压紧地面，上体前倾，身体向左（右）侧倾，两臂自然放松。

内八字停止法就是两脚交替采用内八字着地的动作来减缓速度，达到停止的目的。在滑行中，两腿张开，两脚呈内八字，两腿微屈蹲低，身体微向前倾，每只脚交替用力外撑。

（五）滑行

1. 单蹬双滑

单蹬双滑是单脚蹬地、双脚向前滑行的一种滑行方法。练习时左脚在前，呈丁字步站立，膝部弯曲，以右脚内侧轮向身体侧后方蹬地，左脚尖外撇向前滑出，此时重心随之移至左脚，同时右脚自然收至左脚旁，双足着地向前滑行。然后，左右脚交替蹬地进行练习。

2. 交替单蹬单滑

交替单蹬单滑是两脚交替蹬地，两脚交替单足向前滑行的一种滑行方法。左脚在前，呈丁字步站立，以右脚内侧轮向身体的侧后方蹬地，左腿屈膝向前滑出，重心逐渐移至左腿，单足支撑滑行。然后以左脚内侧轮蹬地，右脚单足支撑向前滑行，重复交替进行。

3. 前滑压步转弯

左转弯时，右脚内侧轮蹬地，左脚以外侧轮着地并向前滑出，滑行一段后，右脚内侧轮蹬地向前，超越左脚，在左前侧落地滑出，此时重心移至右脚内侧轮上。同时左脚用外轮在右后侧蹬地，蹬后前移至左前侧，支撑滑行。右转弯与左转弯动作相同，方向相反。

4. 葫芦形后滑

两脚稍稍分开，平行站立，开始脚尖稍向内，两腿弯曲，用两脚内刃向前蹬地，同时两脚跟向两边分开，向后外沿至两脚稍宽于肩时，两脚跟内收靠拢，恢复至开始姿势。随后重复上述滑行动作，两脚一开一合向后滑行。

5. 蛇形后滑

两脚呈内八字，用右脚内刃蹬地，身体重心移向左侧，呈左脚向后沿行。右腿在体前伸直，随即右脚放在左脚内侧，恢复开始的姿势。然后用左脚蹬地，身体重心移向右侧，右脚向后滑行。左腿在体前伸直，随即左脚放在右脚的内侧，然后依次重复上述动作。

第二节　定向运动

国际定向运动联合会（International Orienteering Federation，IOF）（以下简称国际定联）将定向运动定义为一项参赛者借助地图和指北针，在尽可能短的时间内到达若干个被分别标记在地图上和实地中检查点的运动。

按照运动模式，国际定联将定向运动项目划分为徒步定向、滑雪定向、山地自行车定向和轮椅定向。其中，徒步定向也被称为定向越野。

一、定向运动概述

（一）定向运动的益处

1. 个人参与定向运动的益处

定向运动是一项非常健康的智慧型体育项目，是智力与体力并重的运动。它不仅能强健体魄，而且能培养人独立思考、独立解决所遇到困难的能力以及个体在受到压力时做出迅速反应，并果断决策的能力。

定向运动技巧容易掌握，不论男女，不分老幼，只要喜欢郊野活动，3～80 岁的人群都可以参加。

2. 学校开展定向运动的益处

由于定向运动是融健身性、知识性、趣味性和国防教育性于一体的一项体力与智力并重的体育项目，非常适合在各级各类学校开展。经常参与定向运动不仅能强健体魄，还能让学生在轻松愉快的游玩过程中增长识图、用图知识，同时对培养学生独立性、意志品质、自信心等非智力因素还具有独特作用。当前，在学校大力开展定向运动主要有以下意义。

（1）促进学生耐力发展

随着现代化的飞速发展，生活节奏不断加快，现代社会对人体抗疲劳能力提出了更高的要求。然而，作为提高耐力的有效手段——长跑运动，由于其枯燥无味的特点，使其很难吸引广大学生的积极参与。

定向运动所特有的趣味性使学生乐于坚持长时间的耐力锻炼。他们穿梭于空气清新的丛林、山地、溪流、湖泊等自然风光之间，角逐着体力，较量着智力。学生在不断地判断地形和选择路线中，快乐地接受野外生存训练，不知不觉中锻炼了耐力和意志力。

（2）拓展学校体育内容和空间

定向运动这种新兴体育项目非常有利于增进学生的身心健康。它不用太多投资，只要绘制定向地图和使用很少的器材，就可以充分利用校园、公园、郊外田野、森林等现有地形条件，有效地拓展学校体育课程的内容和空间，扩大学生体育活动空间。

（3）培养学生的心理品质

定向运动的参与性非常好，当学生独立处理比赛中所发生的各种问题，寻找到一个一个点标，并克服重重困难胜利到达终点时，会有非常强烈的成就感。这对培养学生顽强的意志力、沉着冷静、坚忍不拔和自信果敢等心理品质有良好的作用。

（二）定向运动器材

1. 定向地图

（1）定向地图定义

定向地图是一种专用地图，是附加了地面阻碍或妨碍通行信息，用磁北方向线定向的详细地形图。

（2）定向地图七要素

① 定向地图比例尺。地图比例尺是指地图上的线段长度和实地相应的线段的水平长度之比。

$$比例尺=图上距离/实地长度=1/M（缩小倍数）$$

地图比例尺可以采用不同形式表示：数字比例尺、文字比例尺、直线比例尺（见图 9-4）。采用何种比例尺表示，一般取决于项目类型、参赛者的年龄和使用地域。

等高距：相邻两条等高线之间的距离在地图上用等高距表示，通常为 2～5 米。不同地图，等高距不同。同一幅图上只采用同一等高距。

图 9-4

② 定向地图颜色（图 9-5）。

棕色：表示地貌和人工铺筑的地表。

黑色：表示岩石和石头等微小地貌、人造地物，包括磁北线和套印标记在内的技术符号。

灰色：表示露岩地等微小地貌，底下可以通过的建筑物。

白色：表示开阔容易通过的林区。

蓝色：表示任何水域。

绿色：表示浓密不易通过的森林区，颜色越深代表越难通过。

黄色：表示开阔地，田野、牧场或空旷区。

黄绿色：表示私家住宅或禁止入内的区域。

红/紫色：表示磁北方向线、南北线及比赛路线。

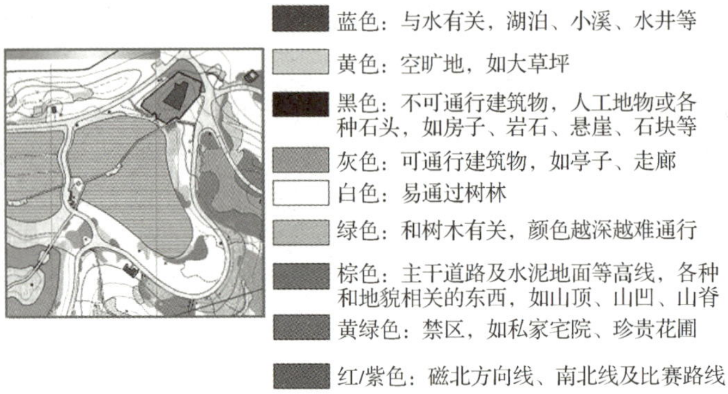

图 9-5

③ 定向地图上地物符号。在定向地图上用来表示实地某种物体的图形和注记的叫作地物符号。按符号所代表的事物情况，地图上的地物符号一般分为以下几种（见图 9-6）。

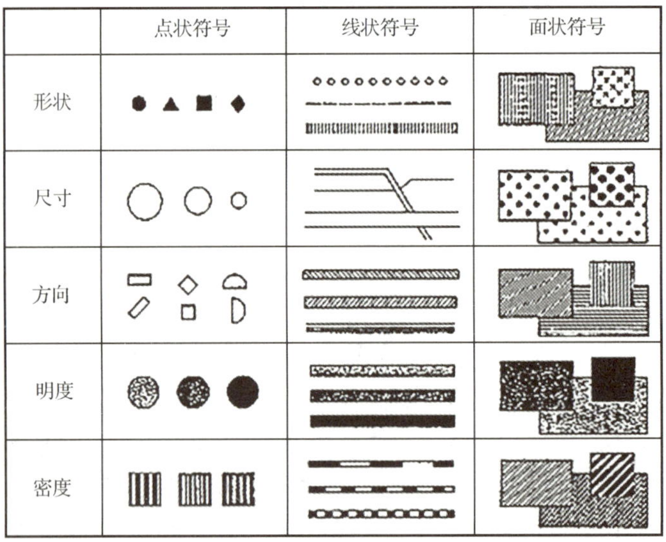

图 9-6

a. 点状符号：用来表示实地上很小但是有特别意义的一些地物，如独立树、山洞。

b. 线状符号：用来表示实地中线状特征，如电线、道路。

c．面状符号：用来表示实地中面积较大的区域，如建筑物、田野。

这些符号有以下特点：

a．地图上的地物符号与地物的平面形状相似，如公路、湖泊。

b．地图上的地物符号与地物的侧面形状相近，如突出树、烟囱。

c．地图上的地物符号与地物的意义相关，如石头、雕像。

④ 定向地图上地貌符号。在定向地图上，用等高线来表示地球表面起伏不平地貌的形状及起伏状态。等高线是地面上高程相等的点的连线在水平面上的投影。

等高线表示的地貌形态主要有山顶、山脚、山背、山谷、鞍部、凹地、斜面山等（见图 9-7）。

地形	山地山峰	盆地洼地	山脊	山谷	鞍部	峭壁陡崖
表示方法	闭合曲线外低内高	闭合曲线外高内低	等高线凸向山脊连线低处	等高线凸向山谷连线高处	一对山谷等高线组成	多条等高线会合重叠在一处
示意图						
等高线图			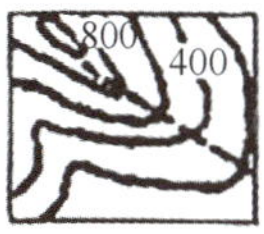	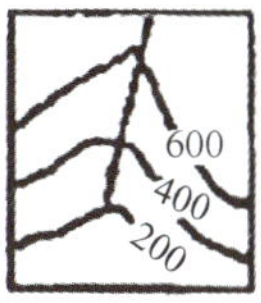		
地形特征	四周低中部高	四周高中部低	从山顶到山麓凸起部分	从山顶到山麓低凹部分	相邻两个山顶之间，呈马鞍形	近于垂直的山坡，称峭壁。峭壁上部突出处，称悬崖或陡崖
说明	示坡线画在等高线外侧，坡度向外侧降	示坡线画在等高线内侧，坡度向内侧降	山脊线也叫分水线	山谷线也叫集水线	鞍部是山谷线最高处、山脊线最低处	

图 9-7

等高线表示地貌起伏状态是通过各种基本地貌形态、地线性和特征点及它们与行进路线的关系来判定地面起伏（见图 9-8）。

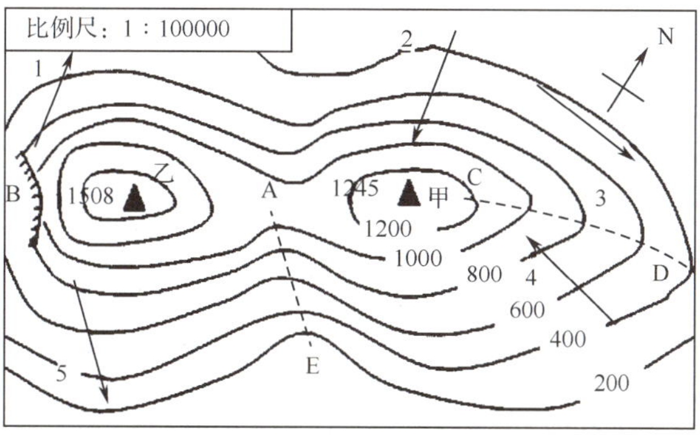

（1—下坡，2—上坡，3—平地，4—上坡，5—下坡）

图 9-8

等高线的特点：

a．同一条等高线上，各点的高度相等，并各自闭合。

b．在同一幅地图上，等高线多，山就高；等高线少，山就低。

c．在同一幅地图上，等高线间隔小，实地坡度陡；反之则相反。

d．等高线的弯曲形状与相应实地的地貌形态相似。

⑤ 定向地图方位与磁北方向线。定向地图的方位是上北下南、左西右东。图上绘有若干条相等距离的、平行的、北端带有箭头的红色线条，这就是磁北方向线。磁北方向线所指的方向是地图的北方。

⑥ 定向地图上图例注记。定向地图应有图例说明、检查点说明以及图名和出版单位说明等。图例说明可以帮助理解地图所表示的事物。根据国际定联制定的《国际定向运动图制图规范》要求，定向地图上的语言符号分为地貌、岩石与石块、水系与淤泥地、植被、人工地物、技术符号、线路符号 7 个类别。

在地图的一侧，我们还可通过一个以符号表形式出现的《检查点说明》（见图 9-9）帮助自己迅速找到检查点。

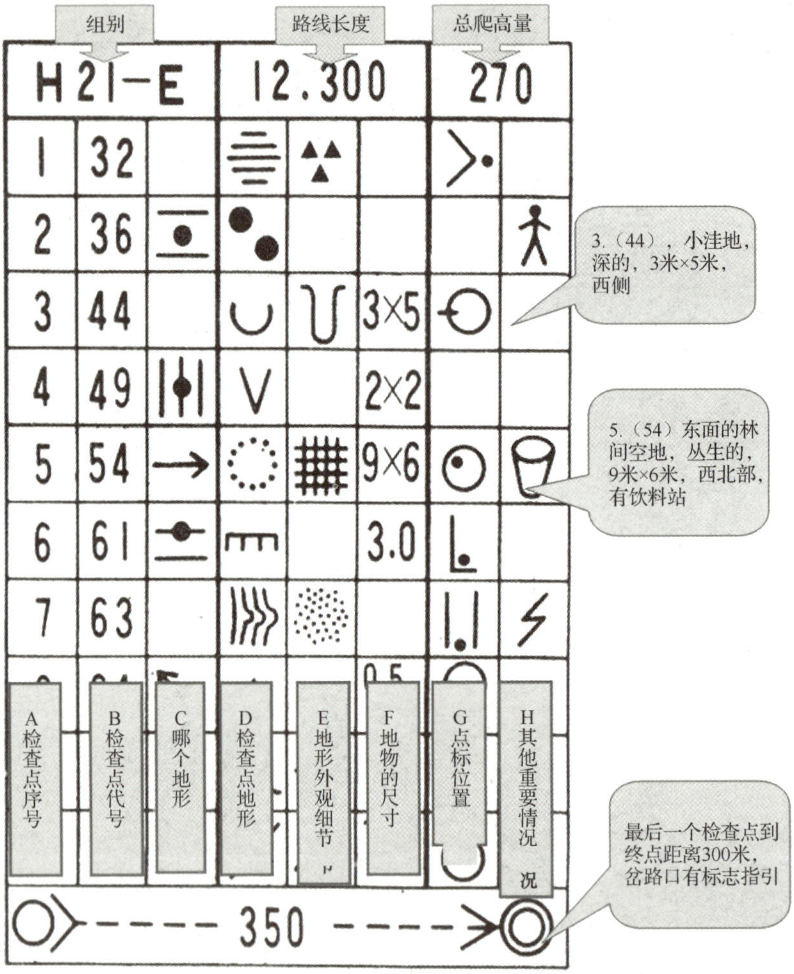

图 9-9

⑦ 比赛路线。定向运动比赛时在定向运动地图上标绘的路线称为定向比赛路线，它包括一个起点（用三角表示）、一个终点（用双圆圈表示）和一系列的点标（用单圆圈表示）（见图 9-10）。

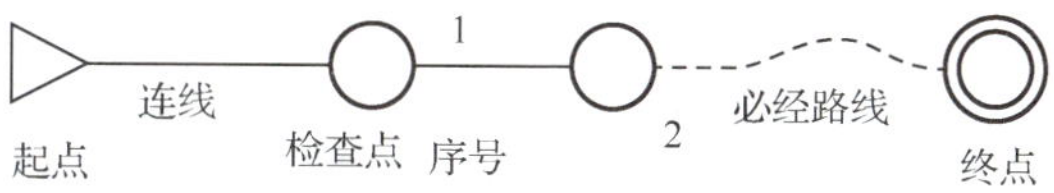

图 9-10

2. 指北针

（1）指北针类型

常见的定向运动指北针包括三种类型：刻度盘指北针、拇指指北针、拇指刻度盘指北针。如图 9-11 所示，从左往右分别是刻度盘指北针、拇指指北针、拇指刻度盘指北针。

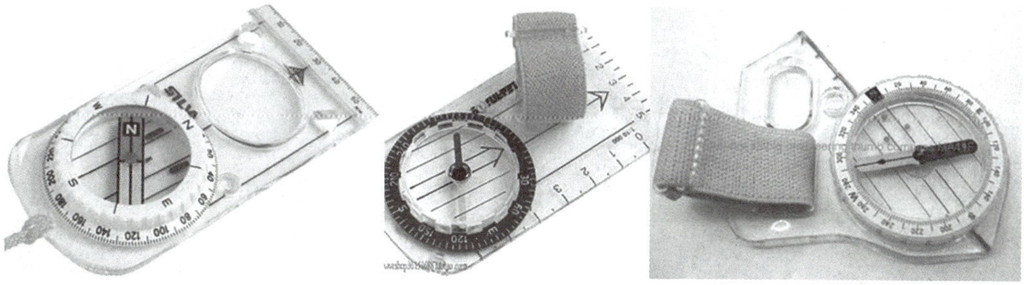

图 9-11

（2）指北针的作用及使用注意事项

① 指北针的作用：首先是标定地图，标定地图就是为了使越野图的方位与现地的方向相一致，这是使用越野图最重要的前提。其次是能帮助运动员确定前进方向。

② 注意事项：

a．使用时要将指北针水平放置。

b．不要靠近铁、磁性物质。

c．不要将指北针的 S 极和 N 极混淆。

d．使用前应检查磁针是否灵敏。

e．存放指北针时应注意存放位置。

3. 检查点点标旗

实地检查点位于地图检查点圆圈圆心处的地形特征上，用一个橘黄和白色相间的点标旗作为标记（图 9-12）。点标旗的尺寸长宽都为 30 厘米。

图 9-12

4. 打卡器

每个检查点都有一个或多个带有一样编码的打卡器。打卡器是与检查点的点标配合运用的，它给运动员提供一个到达未知的凭据。它主要有两种形式：一种是传统的钳式打卡器；另一种是新型的电子打卡计时系统，又称为点签器。

钳式打卡器装有钢针，每个打卡器上的钢针都不同，运动员可在记录卡上打孔（见图 9-13）。

随着定向运动的不断发展，目前大型定向赛事都采用电子打卡计时系统，它由纸卡、点签和终端打印机组成（见图 9-14）。

图 9-13

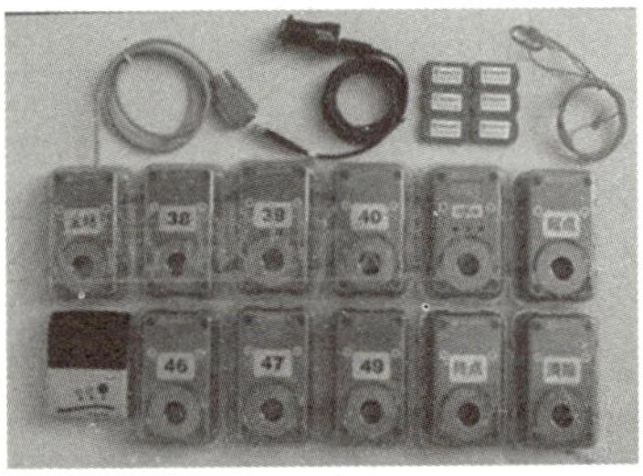

图 9-14

二、定向运动基本技术

定向运动基本技术是指参赛者完成定向运动所运用的各种方法，科学合理地运用各种定向技术是参赛者取得比赛胜利的基础。

根据国际定向运动联合会对定向运动技能要求的规定，定向运动应掌握的能力包括精确阅读地图、进行路线选择的评估、指北针导航、压力下集中注意力、果断决策、越野跑的能力。从技术应用的对象和训练学角度分析，定向运动技术内容应包括读图技术、指北针技术、距离判断、路线选择与评估、重新确定站立点、检查点捕捉、越野跑 7 个方面。

（一）读图技术

读图是将二维的平面地图通过心理过程在大脑中视觉化形成立体的三维实际地形，并与实地进行对照的认知过程。在定向运动中，迅速准确地读图非常重要。

读图技术可以分为动作技术和认知技术两个方面。读图技术从运动技术角度看，包括标定地图、确定前进方向、折叠地图和拇指行进；从认知技术角度看，包括简化地图、超前读图、精确读图和概略读图。

1. 读图动作技术

① 标定地图，使地图与实地保持一致（见图 9-15）。

② 确定前进方向，利用地图信息和指北针确定下一个目标的方位。

③ 折叠地图是指在拿到地图后将地图折叠成方便持图的大小，能更方便地读图。

④ 拇指行进，是在行进时将自己在实地中的位置与拇指在地图上的位置保持同步的方法。

图 9-15

2. 读图认知技术

① 简化地图，是指忽略地图上小的或次要的特征，仅选择大的或对寻找检查点有用的特征。

② 超前读图，是指在定向运动比赛中通过读图预先明确将有什么地形、地貌出现（见图 9-16）。

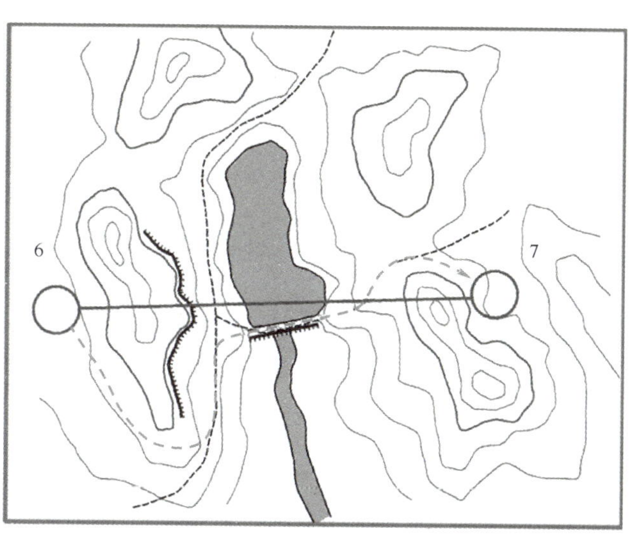

图 9-16

③ 精确读图，是指在短距离的路段或长距离路段的最后部分，借助指北针或在地图已被标定的情况下仔细瞄准方向和判读小目标前进的技术。

④ 概略读图，是指通过对图上的地物地貌进行简化处理，忽略细碎的不重要的地物地貌，关注一些突出的、大的、对定向有用的地物地貌特征，以尽量减少读图活动。该方法一般在距离较长的路段上使用。

一般练习读图技术的程序是：确定站立点—标定地图（或标定地图—确立站立点）—确定前进方位—提前判读点前方、左右侧即将出现的特征—前进中对照实地地形。

（二）指北针技术

指北针作为一种辅助工具，可帮助读图与导航。指北针标定的方法：使指北针磁针的北方向与地图磁北方向（或一般地图的极北方向）保持一致，以标定地图。

在定向运动中，指北针的使用要点如下。

① 指北针的主要作用是标定地图和确定前进方向。

② 使用指北针时应确保指北针呈水平位，并在磁针稳定后再进行。

③ 使用地图进行导航时，尽量不要使用指北针，因为有可能会降低行进速度。

④ 读图技术不高的，需要掌握好方向才能使用指北针沿正确路线行进。

⑤ 当标志物很少、植被浓密、天气能见度低的情况出现时，应通过使用指北针来辅助读图。

（三）距离判断

距离判断是指利用步测技术、时间判断技术、比例尺和目测技术，判断实际行进距离的技术。

（四）路线选择与评估

路线选择与评估是指在两个检查点间选择最优路线的策略，路线选择技术主要分为攻击点技术、偏向瞄准技术（见图 9-17）和等高线技术。

图 9-17

（五）重新确定站立点

重新定位是指在迷失站立点后，利用标定地图、路线回忆、安全方位和定位特征重新确定站立点的技术。

（六）检查点捕捉

检查点捕捉是指利用检查点附近大的地物、地貌，再根据检查点说明表上所指示的检查点的具体位置来捕捉检查点的方法。

（七）越野跑

定向运动是一项与自然地理环境紧密关联的运动项目，运动员在奔跑中要随时应对各种未知的、复杂的地理条件。定向跑的路面崎岖不平，跑动中有跳有跨有攀登，且常需披荆斩棘，才能穿越灌木丛林，运动员在比赛中奔跑的距离远远超过实际比赛规定的距离，同时在自然地理条件下的奔跑技术的难度大，所消耗的能量多，因此对运动员的运动素质要求极高。在长时间激烈的奔跑中要不断地完成跨越、跳跃、攀爬等动作，需要一定的爆发力、加速能力和协调能力；尤其是长时间的持续奔跑，对力量耐力、速度耐力、心血管系统、呼吸系统要求甚高。

三、定向运动损伤

由于定向越野运动的场地地形错综复杂，线路变化多端，运动员要在陌生的野外不断地奔跑，并及时判断信息选择路线，所以定向运动存在一定的危险性和运动伤害的风险。加之我国定向越野刚刚起步，训练的规范化和科学化程度较低，因此对该项运动的伤害预防就显得更为重要。

由于定向运动通常在野外进行，要完成穿越丛林、跨越河沟、翻越山岭等实践活动，不可预知的安全问题和运动损伤会经常发生，常见的有关节扭伤、肌肉痉挛、摔伤、中暑、野生动物伤害。

（一）关节扭伤

在定向运动中，运动员要穿越不同的地形，道路崎岖不平，地面湿滑，乱石、杂草、树枝纵横交错，而且定向运动强度较大，行进速度快，最容易出现关节损伤。定向运动中的关节扭伤以踝、膝关节损伤最为常见。

（二）肌肉痉挛

在复杂的场地和路线上快速跑动，参与者体能消耗比较大，尤其是小腿部位一直处于运动状态。因此，在定向运动中很容易出现小腿肌肉痉挛，俗称抽筋。引起小腿肌肉痉挛的原因很多，常起因于肌肉运动时间过长，长时间重复一个动作，引起小腿肌肉过度疲劳；或是肌肉受到冷刺激；又或是在运动前没有进行足够的热身就突然剧烈运动。此外，当中暑引起大量出汗导致体内流失钠盐过多时，也常引起小腿肌肉痉挛。

（三）摔伤

除扭伤外，摔伤在定向运动中也很常见。摔伤有一般摔伤和严重摔伤之分，前者主要是身体表皮或软组织受伤，以及开放性伤口；而严重摔伤主要有深度开放性伤口、骨折、内部脏器受损。

（四）中暑

在闷热的夏季，在山区或密林中开展定向运动很容易引起中暑。对于中暑的表现，按病情轻重可分为先兆中暑、轻度中暑及重度中暑。

（五）野生动物伤害

在山地场所的定向运动中，最常见的野生动物伤害是昆虫叮咬、蛇咬伤和野蜂蜇伤。如果所选择的场所要经过蛇类栖息的草丛、石缝、枯木、竹林、溪畔或其他比较阴暗潮湿处，往往容易出现被蛇咬伤的情况。

此外，定向越野中的运动伤害还包括因长时间跑步引起的脚底水疱；因跌倒撞在岩石或树上引起的擦伤、挫伤或撞伤；或是因树枝或藤条等刷在脸上引起的眼部戳伤、皮肤磨损、割伤或擦伤等。

第三节　花式跳绳

跳绳运动在我国有着数千年的历史传承，早在唐宋年间便有记载。日常的跳绳运动是单人或多人手持绳子，将身体腾空，让绳子能够越过跳跃者头顶并穿过脚底而完成一次完整跳跃的体育运动项目。

花式跳绳作为传统跳绳项目的衍生创新产物，与当前时代发展潮流紧密结合，得到了大力推广与广泛普及。自 2012 年国家体育总局将花式跳绳纳入全民健身重点推广项目之后，越来越多高校将其引入学生的体能训练中。凭借花式跳绳的诸多优势，吸引了许多学生参与，提高了学生自主锻炼的积极性。因此，通过向学生普及花式跳绳的基本技术及辅助练习方法，让学生在充分掌握花式跳绳项目运动技能的基础上提高锻炼意识，助力学生身体素质的全面增强。

一、花式跳绳概述

（一）花式跳绳的概念

花式跳绳主要以普通跳绳项目作为基础而衍生，增加了一系列花样动作，结合跳绳运动的规律去安排各种姿态的变化交替，融入了体操、武术、舞蹈等元素，常在音乐的伴奏之下，单人或多人在身体韵律下完成跳绳动作。

（二）花式跳绳的特点

1. 危险小

花式跳绳对场地与器材的要求不高，能够快速且大面积普及，只要保证足够空地能够摇动绳子便可。这是一项危险系数极小的运动，属于有氧运动范畴，能够锻炼身体的协调性，受伤的概率非常低。

2. 难度小

花式跳绳对于初学者而言并无太多基础要求，仅仅是在跳绳动作上加入花式动作，难度可大可小，易于普及。就现阶段全国跳绳大众等级锻炼标准来看，其中一级与二级动作非常适用于初学者，并且还能与搭档配合创新出更多的花式动作。

3. 花样多

花式跳绳有着繁多花样，能够充分吸引学习者的兴趣，较过去单纯的计数类竞技性跳绳运动而言，更具观赏性与表演性。同时在音乐的伴奏下练习，能够让身心达到舒适状态，众人整齐划一的动作与节奏形成的震撼场面，能够大大激发跳绳者的自豪感。

（三）花式跳绳与传统跳绳的区别

1. 动作上

传统跳绳运动：必须使绳越过头顶通过脚下绕身体一周即可。

花式跳绳运动：有一定的灵活性，对动作没有过多的要求，只要把规定的动作表现出来，跳的过程当中完全可以加入自己的创意。

2. 评分标准上

传统跳绳运动：以参赛者比赛跳得的个数为标准。

花式跳绳运动：基础分+难度分+创意分=个人得分。

3. 种类上

传统跳绳运动：种类很少，仅仅是双脚跳以此来记录跳了多少个，很容易掌握。

花式跳绳运动：种类很多，有一人转、双手互换、双摇跳、侧甩绳跳、两人同步花式跳等等。

二、个人花式跳绳动作名称

个人花式跳绳动作名称如表 9-1 所示。

表 9-1

序号	初级动作名称	中级动作名称	高级动作名称
1	正单摇跳	单手摇绳单摇跳	双摇跳
2	反单摇跳	蹲背交叉单摇跳	反双摇跳
3	正摇单编花跳	蹲活编花单摇跳	开合双摇编花跳
4	反摇单编花跳	反蹲活编花单摇跳	反开合双摇编花跳
5	正摇固定单编花跳	蹲固定编花单摇跳	合合双摇编花跳

续表

序号	初级动作名称	中级动作名称	高级动作名称
6	反摇固定单编花跳	反蹲固定编花单摇跳	反合合双摇编花跳
7	正摇换把单摇跳	反左右空单摇编花跳	上下交替编花单摇跳
8	反摇换把单摇跳	单腿下单摇跳	蹲双摇跳
9	正蹲单摇跳	双腿下交叉单摇跳	反蹲双摇跳
10	反蹲单摇跳	左斜花单摇跳	左空蹲双摇跳
11	左右空单摇编花跳	右斜花单摇跳	左蹲背花单摇跳
12	左背花单摇跳	背交叉编花单摇跳	右蹲背花单摇跳
13	右背花单摇跳	正摇变反摇下换单摇跳	平座单摇跳
14	抬腿单摇跳	正摇变反摇上换单摇跳	左空双摇跳
15	上下轮地单摇跳	盘座单摇跳	左空三摇跳
16	左右单摇跳	特短单摇跳	双摇换把跳
17	钟摆前后单摇跳	绳把着地转圈单摇跳	三摇换把跳
18	左右扭动单摇跳	左编花抬腿单摇跳	蹲三摇跳
19	开合交叉单摇跳	右编花抬腿单摇跳	单腿下双摇跳
20	左右抬腿单摇跳	固定编花转体单摇跳	双腿下交叉双摇跳
21			背父叉双摇跳
22			反左右空双摇编花跳
23			左右空双摇编花跳
24			左背花双摇跳
25			右背花双摇跳
26			腿下交叉双摇编花跳
27			360 度转圈双摇跳
28			倒立单摇跳
29			俯卧撑单摇跳
30			双腿下转圈单摇跳

三、花式跳绳几种动作分解

（一）弓步跳

1. 动作描述

两手持绳向前摇，当绳子过脚置于空中时，两脚分开成前后弓步动作，当绳子打地快过脚时，双脚并拢跳过绳。一拍一动，左右边各四次，完成弓步跳。

2. 练习提示

（1）先做徒手动作练习，分手部摇绳，脚部弓步跳，再接着单手带绳摇与双脚成弓步跳动。

（2）做弓步跳时，两手腕注意放松，自然柔和摇绳，手与脚的节奏注意做到一摇一跳，一弓一并。

（3）做弓步跳时，踝关节与膝关节注意放松，控制好节奏与时机，做到前脚掌着地，富有弹性。

（二）勾脚点地跳

1. 动作描述

两手臂向前摇绳，其中一只脚勾脚同时向前点地，另外一只脚直立跳跃过绳，接着交换另外一只脚做同样动作，一拍一动，左右各个次，完成勾脚点地跳。

2. 练习提示（图 9-18、图 9-19）

（1）先做徒手动作练习，分手部摇绳，脚部勾脚点地跳，再接着一起配合。

（2）做勾脚点地跳时，两手腕注意放松，自然柔和摇绳，手与脚的节奏注意做到一摇一跳，一勾点一并跳。

（3）做勾脚点地跳时，下肢部位踝关节与膝关节注意放松，控制好节奏与时机，做到前脚掌着地，富有弹性。

图 9-18

图 9-19

（三）后吸腿跳

1. 动作描述

两手持绳向前摇，当绳子过脚置于空中时，一脚向后折叠后踢，另外一脚直立跳跃过绳，反之为另外一脚折叠后踢，一脚直立跳跃过绳，一拍一动，左右边各四次，完成后吸腿跳。

2. 练习提示

（1）先做徒手动作练习，分手部摇绳，脚部后吸腿跳，再接着手脚一起配合。

（2）做后吸腿跳时，两手腕注意放松，自然柔和摇绳，手与脚的节奏注意做到一摇一跳，一吸一跳。

（3）下肢部位踝关节与膝关节注意放松，控制好节奏与绳过脚的时机，做到前脚掌着地，富有弹性。

（四）左右钟摆跳

1. 动作描述

两手持绳向前摇，当绳子过脚置于空中时，一脚向同一侧摆动，另外一脚直立跳跃过绳，反之为另外一脚动作，一拍一动，左右边各四次，完成左右钟摆跳。

2. 练习提示

（1）先做徒手动作练习，分手部摇绳，脚部左右钟摆跳，再接着手脚一起配合。

（2）做左右钟摆跳时，两手腕注意放松，自然柔和摇绳，手与脚的节奏注意做到一摇一跳，一左一右。

（3）下肢部位踝关节与膝关节注意蹦直摆动，控制好节奏与绳过脚的时机，做到前脚掌着地，富有弹性。

（五）手臂缠绕

1. 动作描述

两手持绳背绳预备姿势，两手向前摇绳至一边，如左手边顺着向前方缠绕左手腕一圈，再摆至右边反向打开所缠绕的绳子；反之为右手缠绕绳子，再摆至左边打开所缠绕的绳子。

2. 练习提示（图 9-20、图 9-21）

（1）学会此动作，先学会同一方向的缠绕，如一边向前缠绕后接着向后打开，再接着左右手一起配合。

（2）做手臂缠绕时，两手腕注意放松，自然柔和摇绳，摆动的弧度，手的节奏做到一摇一绕，一摇一打地。

（3）下肢部位踝关节与膝关节注意放松，控制好绳子与身体节奏，膝关节富有弹性。

图 9-20

图 9-21

（六）提膝侧点跳

1. 动作描述

此动作由四拍组成，两手持绳向前摇，当绳子过脚一拍时，其中一只脚扣脚提膝，当绳子过第二拍时，提膝脚侧点地，第三拍还原成提膝，第四拍为并脚跳跃过绳，反之异侧重复动作完成一遍，左右各一次，完成提膝侧点跳。

2. 练习提示（图 9-22）

（1）先做徒手动作练习，分手部摇绳，脚部提膝侧点地跳，再接着手脚一起配合。

（2）做提膝侧点地跳时，两手腕注意放松，自然柔和摇绳，手与脚的节奏注意做到一摇一跳，一提一点一跳。

（3）下肢部位踝关节蹦直与膝关节垂地侧点，大腿与地面平行，控制好节奏与绳过脚的时机，做到前脚掌着地，富有弹性。

图 9-22

（七）双脚交叉侧勾点地跳

1. 动作描述

此动作由两拍组成，两手持绳向前摇，第一拍为两脚交叉跳跃过绳，第二拍为一脚侧勾，支撑脚弯曲跳跃过绳，反之为另外一方动作，左右侧勾点地各四次，完成双脚交叉侧勾点地跳动作。

2. 练习提示

（1）先做徒手动作练习，分手部摇绳，脚部交叉侧勾点地跳，再接着一起配合。

（2）做交叉侧勾点地跳时，两手腕注意放松，自然柔和摇绳，手与脚的节奏注意做到一摇一交叉一勾点跳动。

（3）做交叉侧勾点地跳时，下肢部位踝关节与膝关节注意放松，当做侧勾时，一边直腿侧点，一边屈腿跳跃过绳，控制好节奏与时机，到前脚掌着地，富有弹性。

（八）混合交叉单摇跳

1. 动作描述

此动作由两拍完成，两手持绳，第一拍为两手向一侧甩绳，第二拍为其中一只手位于身体的前方，另外一手位于身体的背后，呈交叉状态摇绳，两脚并拢跳跃过绳，完成此动作；反之为另外一侧动作。

2. 练习提示

（1）先做徒手动作练习，分手部练习好混合交叉单摇绳，再接着手脚一起配合。

（2）做混合交叉单摇跳时，两手腕注意放松，自然柔和摇绳，应注意好手部的位置手，尽量向两边伸，使绳子绕过身体更到位。

（3）下肢部位踝关节膝关节注意放松，控制好节奏与绳过脚的时机，做到前脚掌着地，富有弹性。

（九）背后交叉单摇跳

1. 动作描述

做此动作需两拍完成，第一拍为两手持绳向前直摇，第二拍为两手背后交叉，两脚跳跃过绳，一拍一动，完成此动作。

2. 练习提示

（1）先做徒手动作练习，分手部练习好背后交叉摇绳，再接着手脚一起配合。

（2）做背后交叉单摇跳时，两手腕注意放松，自然柔和摇绳，注意两手于背后的位置，尽量做到交叉点向下，手与脚的节奏做到协调。

（3）下肢部位踝关节与膝关节注意放松，控制好节奏与绳过脚的时机，做到前脚掌着地，富有弹性。

（十）异侧跨下交叉

1. 动作描述

此动作两拍组成，第一拍为两手向前摇绳时，一只脚提膝，异侧手放于膝下，同侧手放于膝上，两手成交叉状态摇绳，另外一只脚跳跃过绳；第二拍为两手摇绳向一侧打开绳，不过脚；反之为另外一侧动作；一拍一动，完成此动作。

2. 练习提示（图 9-23、图 9-24）

（1）先做徒手动作练习，手部练习异侧手腿交叉单摇绳，再接着手脚一起配合。

（2）做异侧手腿交叉单摇跳时，两手腕注意放松、自然柔和摇绳，学本动作关键在于手部要做到灵活，在绳子摇到体前时，应迅速放于异侧腿下，手与脚的节奏注意做到协调。

图 9-23

图 9-24

（3）下肢部位踝关节与膝关节注意放松，提腿的脚应注意一定的高度，同时控制好节奏与绳过脚的时机，做到前脚掌着地，富有弹性。

（十一）后抛旋转放绳

1. 动作描述

两手持绳，当绳子向后抛，其中一只手持绳放开绳柄，另外一只手持绳做内旋或外旋转动绳子，接着做提拉绳子动作，放绳的那只手接回绳柄完成此动作。

2. 练习提示

（1）学此动作，主要在于后抛放绳协调，以及掌握提拉的力度、方向以及接绳的时机。

（2）做后抛时，绳子后摇，身体侧身同时放一只手的绳柄，提拉的力度应适中，方向为内旋或外旋转动，应注意安全，在刚练习此动作时，就慢慢尝试，防止受伤。

（3）接绳柄手应虎口打开，准备接绳动作，接绳时注意抓时机。

（十二）同侧手腿交叉单摇跳（胯下 A）

1. 动作描述

两手持绳向前摇绳时，其中的一只手放于同侧方向的一条腿下，手与腿成交叉姿态，另外一侧的一只脚跳跃过绳；反之为另外一侧动作；一拍一动，完成此动作。

2. 练习提示

（1）先做徒手动作练习，手部练习同侧手腿交叉单摇绳，再接着手脚一起配合。

（2）做同侧手腿交叉单摇跳时，两手腕注意放松、自然柔和摇绳，学本动作的关键在于手部要做到灵活，在绳子摇到体前时，应迅速放于同侧腿下，手与脚的节奏注意做到协调。

（3）下肢部位踝关节与膝关节注意放松，提腿的脚应注意一定的高度，同时控制好节奏与绳过脚的时机，做到前脚掌着地，富有弹性。

四、花式跳绳基本技术指导

结合花式跳绳运动项目特点，我们从车轮跳（小绳）与交互绳（大绳）两个技术方面入手，对花式跳绳的基本技术予以介绍，并提出针对性的辅助练习方法，希望能够为学生的锻炼提供指导。

（一）车轮跳（小绳）

这一技术在花式跳绳中最为基本且关键，主要由两名或多名学生共同配合、轮流展开。其中，两名学生以类似蹬脚踏车的摇绳动作依次跳跃，待车轮练习熟练之后便可通过人数的增加而形成多人车轮，整体队形可设计为圆形或一字形。下面主要以两人配合为例介绍基本技术动作与辅助练习方法则。

1. 车轮直飞

该技术动作主要分解为左右两侧学生同时用左手握住一根绳子，用右手握住另一根绳子，两名学生的每次起跳都需保证绳子直摇过身体一周。除了可做向前摇绳练习之外，还可尝试向后摇绳练习和两人前后交叉摇绳练习。具体的辅助练习方法有两种：其一，单人练习。由一名学生左右手同时分别握住一根跳绳，身体呈立正姿势，摆动手臂在身体两侧画圆。与传统跳绳时双手同时同步摇绳有所不同，车轮直飞练习需要双手依次摇动绳子，并找准每次腿部的跳跃节奏。其二，双人练习。左侧学生左手握住绳子一端，右手握空，而右侧学生同样左手握绳（左侧学生绳子的另一端），但右手将另一根绳子的两个手柄握在一起。跳绳练习开始后，左侧学生按照绳子的节奏跳跃，但切记双手不可同步，而右侧学生则依次摇动双手绳子，跳空绳。多次练习熟练后，左右两侧学生交换位置练习。

2. 车轮挽花

该技术动作基于车轮直飞稍加复杂化，在第一次跳跃时两名学生分别做直摇动作，待第二次跳跃时则分别做两手臂腹部前交叉编花动作，形成前交叉，即两名学生的左手臂同时往右边摇绳，右手臂同时往左边摇绳，让两手臂在自身腹部形成交叉，自己所摇的绳由同伴完成跳跃动作。此外，车轮挽花还可双手分前后进行，形成体前体后的交叉挽花动作。具体辅助练习方法可分为两种：其一，单人练习。在熟练车轮直飞动作要领之后，练习中让左右手臂依次摆至腹部前方，之后尝试扯花，先摆动的手臂先扯花、先出，后摆动的则后扯花、后出，切记要依次进行。同时扯花手臂应当有一个向上带绳的巧力，让绳子能够保证圆滑摆动。待熟练之后便可混合直飞与挽花动作加强练习，比如一次直飞混合一次挽花等。其二，双人练习。一方面，可采取在车轮直飞双人练习基础上加入挽花动作；另一方面，两名学生中一人挽花，而另一人同时转体，同样需要两人交换位置加强练习。

3. 车轮扯花

在车轮挽花动作的基础上，两名学生中先挽花的手臂先开，后挽花的手臂后开，之后便形成车轮直飞动作。针对车轮扯花的辅助练习方法在上述挽花部分中已作说明。

4. 车轮转体

车轮转体技术动作主要是在车轮直飞基础上，一侧学生保持直飞动作不变，另一侧学生身体向内旋转一周，或是两侧学生同时旋转。更为复杂的车轮转体动作为交互绳外转体，两名学生面对面站立，两根绳子平行手握，在摇动的同时向外转体，还可多圈转体。主要辅助练习方法分为两种：其一，单人练习。身体呈直立状态，双手臂伸直，在转体的同时保证两只手臂呈上下姿态，并且眼睛要盯着右手臂在下经体侧成上举，左手臂至下，身体转动，头部保持原来的状态，盯着左手，可提高跳跃成功率。其二，双人练习。在熟练车轮直飞双人握绳的基础上，左侧学生右转体，而右侧学生左转体，手臂则按照上述单人练习方法训练，同样在熟练后交换位置练习。

5. 车轮全闪身跳

两名学生在车轮直飞跳跃的基础上，身体两边的学生互换位置，经过两名学生前后交错便能够连续性互换。在练习过程中为了保证两名学生动作保持在同一节奏上，可由其中一名学生边做边喊口令，在位置互换的过程中，由于右边学生需要多跳一次，因此左边学生需要先从右侧学生的身后移动至其右侧，而右侧学生平移便可。位置互换时左侧学生跳跃并作闪身，而右侧学生则需要完全跳过再作闪身，如此可提高成功率。

（二）交互绳（大绳）

两名学生面对面呈站立姿势，保证手握的两根绳子呈平行状态，不得交叉，此时便可挥动手臂让绳子向内交互摇动，这便是“交互绳”名字的来历。具体来讲，交互绳的基本技术动作主要分为大摇、中摇与小摇。大摇是指以肩关节为轴心，手臂伸直且保证在体侧摇动；中摇则以肘关节为轴心，在前臂外张的基础上转动肘关节而摇动绳子；小摇则以腕关节为轴心转动绳子。动作不同，选择的摇绳方法也不一样，相较于传统的单根绳摇动来讲，交互绳的摇动节奏会再增加一倍，当然乐趣也会大大提升，能够衍生出快节奏跳跃、体操动作、武术动作、街舞动作以及绳中绳等各种花式。下面便针对交互绳的基本技术动作进行介绍。

1. 穿越

其中一根绳子打地，另外一根绳子在最高点处快速启动穿过，保证在空中的滞留时间不宜过长，两组学生可进行交叉穿越练习，也可平行穿越练习。具体的辅助练习方法为：单根绳的正反方向摇绳穿越，其中穿越的学生应当在摇绳学生一侧进入，在另一侧学生旁出来。正摇绳可直接通过，而反摇绳需要在当中进行一次跳跃再通过，交互绳便由两根正摇与反摇的绳组成。

2. 单腿交替跳

该技术动作的要点在于一根绳打地，而另一根绳在最高点时保持跳跃姿势进入，一只脚跳跃从最高处下落的那根绳，而另一只脚则跳跃正在打地的绳，交替使用单腿跳跃，在熟练之后便可加快速度练习，摇绳方法采用小摇。具体辅助练习方法为：个人在空地中作无绳练习，不断训练高抬膝动作，保证支撑脚在离地之后能够有所滞空，找到单腿交替跳的感觉。

3. 双腿跳

该技术动作是在单脚交替跳基础上变为双腿跳跃，所以跳跃节奏要比单绳快一倍，辅助练习方法与单腿交替跳练习方法相同。

4. 一跳双摇

该技术动作是在双腿跳的基础上尽力提高跳跃高度至原来的两倍，让两根绳子都能够顺利通过，跳跃者落地之后便接着完成下一次跳跃。这一动作的难点在于跳跃者与摇绳者需要保持高度默契，双方节奏要准确、及时且同步。具体的辅助练习方法为：其一，摇绳练习。在一摇双跳的技术动作中，摇绳的节奏掌握同样是关键，要保证一根绳在打地的瞬间，另一根绳能够快速地追赶前绳，使得两根绳子的打地时间能够尽量接近。其二，跳跃练习。使用单绳进行跳跃练习，在单绳打地之后能够尽量跳跃且保证一定滞空，在单绳跳跃熟练之后便可加入另外一根绳，形成双绳练习。

参 考 文 献

[1] 陈先明，王进，赵俊. 大学体育[M]. 长春 ：东北师范大学出版社，2021.
[2] 王思迪，郑影. 大学生体育与健康[M]. 长春：东北师范大学出版社，2019.
[3] 葛志贤，姜科，李萍. 大学体育健康教程[M]. 长春：东北师范大学出版社，2014.
[4] 盛丽芳，罗词安，李红莲. 体育健康[M]. 北京：中国原子能出版社，2018.
[5] 吴松伟，王保奎. 体育与健康[M]. 长沙：国防科技大学出版社，2010.
[6] 辛克海，刘凯. 体育与健康[M]. 北京：北京师范大学出版社，2010.
[7] 邹师，高军斌，潘海波. 大学体育健康教程[M]. 北京：北京体育大学出版社，2011.
[8] 冯国超. 中国传统体育[M]. 北京：首都师范大学出版社，2007.